華志文化

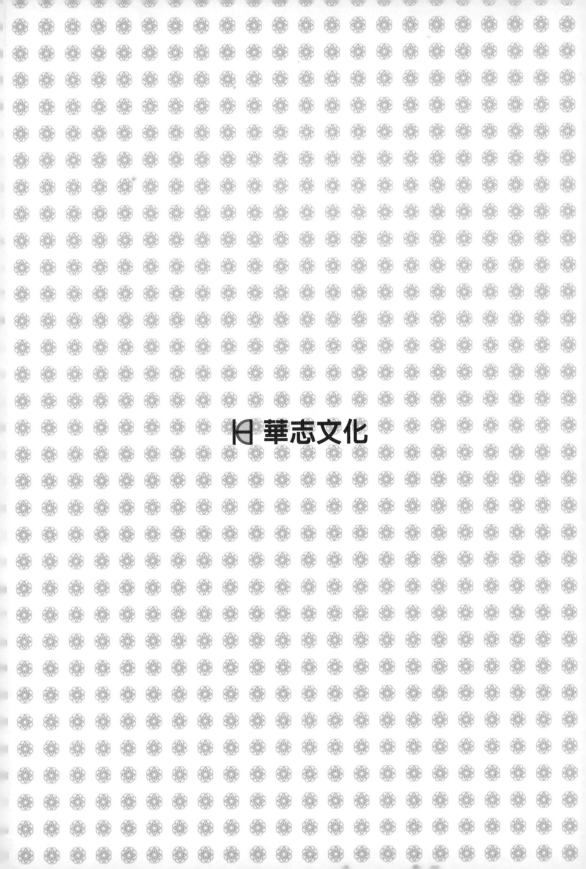

華志文化

EQ

用**情商**的力量
構築一生的幸福

克里‧摩斯（Kelly Morth） 著

序 言《有好情商就會有好人生》

　　情商EQ讓你學習審視和瞭解自己，學會怎樣激勵自己，你將不會再無助地聽任消極情緒的擺佈，能夠從容地面對痛苦、憂慮、憤怒和恐懼，並且，你會發現自己能輕而易舉地駕馭它們。高情商者不但容易形成良好的人際關係，而且易於為自己營造良好的成就環境，從而更容易在職業生涯和私人生活中取得成就。人們認為，智商決定錄用，情商決定提升，這一說法反映了企業組織中的人力資本管理事實。情商影響了產品推銷員的成功、經理的業績，甚至影響科技研發人員的成果。那些成功的人士，如政治家、軍事家、企業家等，都具有很高的情商，他們之所以成功，是因為在最困難的時候，情商支撐他們渡過了難關。有個非常有意義的情商真實故事：

致命的一躍

　　那天，我駕車經過蒙巴爾大橋時，親眼看到了慘烈的一幕：一個三十歲左右的男子快速越過橋上的護欄，縱身躍入距橋三十五公尺高的蒙巴爾河。這自然不是明尼蘇達州體育局常規的跳水訓練。當天晚上的電視新聞節目，第二天的大小報紙，到處都是該事件的連篇報導。據報導，該男子名叫伊頓，是一名博士，三年前從著名的史丹福大學畢業，一直在一家不知名的企業工作。在三年多的時間裏，老闆和所有的同事竟然對他沒有太深的印象，只知道他孤僻、冷漠，除了工作，從不與人交往。而且，他的職位也很一般：一位普通的行政管理人員。媒體不厭其煩地走訪了伊頓的母校，令學校難以置信的是，伊頓在校時表現十分優異，而且，他與他的導師同是數項重要研究成果的擁有

者。類似的事件在美國已發生多起，許多人為此發出了這樣的疑問：這些優秀的學生在走入社會後，怎麼會作出如此輕率的舉動呢？他們理應成為一個優秀的成功者，他們非但沒有，反而虛擲了自己年輕而寶貴的生命。

我沒有這樣的感慨，我是一個心理學家，一個情感矯正與培訓學校的校長，我每天都和這樣的人接觸，我理解他們。到這所學校接受培訓的成年學員，常常會向我提出久久困擾著他們心靈的問題：我在校時成績是那樣優秀，但現在，我卻找不到一份好工作。

你能告訴我，決定我事業成敗的關鍵因素是什麼？我只想過平靜幸福的生活，但我總是陷在痛苦和憂思之中，我該怎麼辦？我的第四任妻子仍不能帶給我美滿的婚姻生活，我還要結第五次婚嗎？這樣的問題實在是太多了，僅僅根據從大學學習過的那些課程，顯然無法得到比較準確的答案。

其實，這些問題幾乎都與潛伏於我們心靈的一個因素有關，那就是「情商EQ」。優異的學業成績，並不意味著你在生活和事業中能獲得成功。成功不僅取決於個人的謀略才智，在根本上，還取決於正確處理個人情感與別人情感之間關係的能力，也就是自我管理和調節人際關係的能力。對自己和他人情緒的評估能力是一個人最基本的情商。高情商者之所以更受歡迎，在於他對自己和他人的情緒能作出準確的判斷，在此基礎上見機行事，調整自己的言行，而低情商者則因無法認知自己和他人的情緒，容易陷入心靈的困境中不能自拔，在現實生活中處處碰壁。

我不想在這篇短小的序言中，對情商這個複雜的理論大作文章，我是個情商培訓專家，在講演的過程中，我一般不給學員灌

輸高深的理論，我喜歡深入淺出。我又記起了那個將生命溺於蒙巴爾河的男子，直至最後，誰也沒有找出他的死因，他的屍體也沒撈著，雖然警方人員整整打撈了三天。但我敢肯定，他一定是有著難以排解的痛苦，在走投無路之際，才絕望地縱身一躍！ 我很遺憾他沒有上過我的培訓課，這將是我終生的遺憾。安息吧，伊頓，蒙巴爾河會超度你那缺少情商的靈魂。

克里・摩斯 Kelly morth

■ 推薦序 ～

改變命運的情商EQ《奮力破繭》

　　心理學家認為：人的好惡和自我評價來自於價值選擇，當消極的情緒困擾你的時候，改變你原來的價值觀，學會從「逆向思考」問題，這樣就會使你的心理和情緒發生良性變化，從而得出完全相反的結論。

　　這種運用心理調節的過程，稱之為逆向心理調節法，亦是情商EQ的表現，它常常能使人戰勝沮喪，從不良情緒中解脫出來。

　　一個小女孩看見一隻蛾正奮力「破繭而出」，為了幫助牠，她拿出小刀，小心地把繭劃破，讓蛾出來。

　　蛾出來後，一直在鼓翅，但始終飛不起來。最後，翅膀終於垂下去，那隻蛾死了。

　　小女孩傷心地哭了，她姐姐對她說：「蛾破繭時的奮鬥，可使蛾的翅膀增加力氣，你把繭劃破後，就剝奪了牠練習的機會，才使牠無法飛起來。」

　　沒有人喜歡面對困難和不幸，但情緒智商高的人把它當作成長的機會。困難有助於樹立勇氣和輝宏的氣度，自信的人敢於奮鬥，他們在困苦中鍛鍊自己。他們知道，如果不經過這種練習，生命就不會爆發出強大的活力，置身於「溫室」中的人，永遠是長不大的。

　　下面是一個自信心與一個心理學家的實驗：

在一次世界足球冠軍比賽中，要靠踢十二碼球取勝。一個一流的足球名將竟然將球高高踢飛。教練問他為什麼會失敗，他說他滿腦子想的，就是千萬別踢出球門。如果他當時自信能夠射中球門，就會是另外一種結果。

人們常有這樣的感受：相信自己成功，鼓勵自己成功，就會感到成功在自己內在的力量逐漸增加充分地顯現出來，做什麼事都感到勇氣倍增，輕而易舉，甚至在無比艱難的情況下，也可以創造奇蹟。

哈佛大學曾做過一項能力追蹤調查實驗，對象是一群智力、學歷、環境等條件差不多的年輕人，調查目的是測定目標對人生有著怎樣的影響。調查結果發現：

27％的人沒有目標

60％的人目標模糊

10％的人有清晰但比較短期的目標

3％的人有清晰且長遠的目標

二十五年的追蹤研究結果發現，他們的生活狀況及分布現象十分有意思。那些占3％的人，二十五年來幾乎都不曾更改自己的人生目標。二十五年來他們懷著自己的夢想，朝著同一方向不懈地努力，二十五年後，他們幾乎都成了社會各界頂尖的成功人士，他們之中不乏白手創業者、行業領袖、社會精英。

那些占10％有清晰短期目標者，大都生活在社會的中上層。他們的共同特點是，短期目標不斷被達成，生活狀態穩步上升，

成為各行各業的不可或缺的專業人士。

其中占60％的模糊目標者，幾乎都生活在社會的中上層面，他們能安穩地生活與工作，但沒有什麼特別的成績。

剩下27％的是那些二十五年來都沒有目標的人群，他們幾乎都生活在社會的最底層。他們的生活都過得不如意，甚至失業，靠社會的救濟。並常常抱怨他人，抱怨社會，抱怨世界。

目標是對所期望成就事業的真正決心，目標跟夢想比起來較易於實現，因此更貼近現實。主宰自己不是口號式的宣言，而是情商EQ正向引領的結果，是在奮進過程中的心理能動力量，是積極的心理自我暗示產生出來的結果。

在逆境中，人的情緒會極端消沈，高情商者能很快走出失敗的陰影，自己拯救自己。

情緒智商高的人對現實的適應性強，集中地展現在挫折承受能力上。正視失敗並不意味著消極地承受，相反，它意味著轉敗為勝的可能。轉敗為勝的關鍵在於信心。只要建立起信心，堅持奮鬥，就必定能突破困境。

與其一天到晚怨天怨人說自己多麼不幸福，不如藉由改變自己的情緒智商的EQ來改變自己命運。沒有人天生注定要不幸福的，除非你自己關起心門，拒絕幸福之神來訪。讀完本書後，它將默默的改變你一生。

心理系教授　林振國

目錄

第一篇　　發現情商

一　聰明人並非都是成功者 016

二　情感是如何發生的 023

三　情緒影響你的人生 027

四　情商的形成 039

五　表達和控制情緒的藝術 044

六　情商決定命運 047

第二篇　　瞭解自我

一　武士與禪師論道 052

二　神秘的第六感 054

三　一個旁觀的自我 058

四　內省，認識自我的魔鏡 061

五　知己知彼易溝通 065

六　「自信心」助你認識自己 068

第三篇　　自我管理

一　槍聲在驚恐後響起 072

二　對衝突的有效管理 075

三　操之在我 082

四　逆境中的情商 099

五　情緒化是幸福的殺手 103

六　學會制怒 107

七　不因耗竭而停止 112

八　學會彎曲 115

九　面對羞辱，冷靜安詳 118

十　退一步海闊天空 122

十一　給心靈鬆綁 125

第四篇　自我激勵

一　生命美麗的翅膀 132

二　思想的魔力 136

三　務實者因夢想而高飛 141

四　構造自信 145

五　主宰你自己 157

六　你是老虎而非山羊 161

七　駕馭生活中的負面情緒 165

八　樂觀的死刑犯 176

第五篇　識別他人的情緒

一　不要妄下結論 184

二　發問時不可冒失 186

三　角色轉換與情緒表現 189

四　生理特徵下的情緒心理 192

五　言語中流失的心理秘密 196

六　說服需要揣摩 200

七　具備同情心的EQ 203

八　傾聽者的魅力 206

九　豐富無聲的身體語言 212

十　看他人的身體在說話 215

十一　人並不都直接顯露感情 225

第六篇　EQ造就影響力

一　不做空洞的交際人 230

二　曼德拉的智慧與幽默 233

三　寬容可以傳遞 238

四　給予的方式=真正的給予 243

CONTENTS

五　微笑的力量 246

六　真誠的讚美 255

七　馬麗亞的傳奇人生 261

八　鼓勵可以傳染 264

九　激戰的士兵為什麼停火 266

十　高EQ的老人和盛怒的醉漢 270

十一　贏得歡迎的妙招 272

第七篇　EQ的修煉

一　EQ的修煉在於細節 282

二　EQ自我訓練班 284

三　創造，EQ的最高追求。 289

四　上下級的EQ 291

五　夫妻間的EQ 302

後記　Behind the Scene 314

目

錄

第一篇

發現情商

　　與交往能力差、性格孤僻的高智商者相比，那些能夠敏銳
瞭解他人情緒、善於控制自己情緒的人，更能得到一份稱心的工
作，也更能取得成功。

　　情商（EQ）為人們開闢了一條事業成功的新途徑，它使人
們擺脫了過去只講智商（IQ）所造成的無可奈何的宿命論態度。

一 聰明人並非都是成功者

智商高的聰明人卻不一定都是成功者，這說明，智商的高低並不能決定成就的大小，情商才是影響智商的最重要因素。

① 智商的盲點

在人類歷史上，科學家們曾陷入各種各樣的盲點，智商測驗便是其中之一。

一九〇四年，法國教育部成立了一個專門委員會，委託專家研究公立學校低能兒童的管理問題，比納是這個委員會的委員。

比納試著用一種測驗的方法，去辨別有心理和智慧缺陷的兒童。他與另一位醫學家西蒙合作研究，次年，一套用以測量兒童智力高低的問卷編制出來，這就是世界上最早的智力測驗科學量表。

比納——西蒙量表的問世，很快引起法國教育部的重視，繼而得到大力推廣。從此以後，智商（Intelligence Quotient，簡稱IQ）測驗便開始被用來幫助預測兒童的能力，判斷他們在經過智力訓練後得到多大的收益。

不久，為成人編制的智力測驗表也出現了，並在西方社會迅速普及蔓延，掀起一股智商測試的熱潮。

第一次世界大戰期間，約有二百萬人參加了智力測驗，受到智力是否適宜的甄選，根據測驗情況他們被安排以適當的職位。

此後，各種測量智力的測驗表相繼問世，智力測驗迅速滲透到各行各業、各年齡階層當中。第二次世界大戰期間，又有數百

萬人參加測驗者的行列。在二十世紀的西方世界，幾乎沒有人在其一生中能夠逃脫這種測驗。

智力測驗日益推廣，它對人們生活的影響也越來越大。

在當時的美國，智力測驗已成為社會文化的一個重要組成部分，一個人在個體和團體智力測驗上的得分，是指導其一生職業選擇、安置和決策的主要依據。

測驗分數決定著誰被定為弱智、天才，決定誰進入名牌大學，或被提供其他教育機會。在部隊和一些大型企業裏，誰服役當軍官，誰接受管理訓練，智商測驗都有著決定性的作用。

然而，自智商出現百餘年來，智商能在某種程度上預測一個人的未來，這一問題引起了心理學家們的廣泛爭議。因此，智力測驗是否有效，智商分數是否有實際功用，理所當然受到人們的頗多質疑。

為此，美國心理學家做過一項有趣的研究。

一九八一年，他們挑選了伊利諾州某中學八十一位畢業演說代表，這些人的平均智商在全校是最高的。

研究發現，這些學生畢業後進入大學，學習期間都取得了很好的成績，但到三十多歲時卻表現平平。從中學畢業算起，十年後，只有四分之一的人在本行業中達到同年齡層的最高階層，很多人的表現甚至遠遠不如同輩。

波士頓大學教授凱倫‧阿諾參與了此項研究，他針對這一調查結果指出：「面對一位畢業致詞代表，你唯一知道的就是他考試成績不錯，而對一位高智商者，你所知道的也就只是，他在回答某些心理學家們所編制的智力測驗時成績不錯，但我們無法準確地預測他未來的成就。」

《鐘形曲線》一書的作者亨斯坦與穆瑞也坦言：「假設一個

17

人參加智商測驗，數學一項僅得五十分，也許他不宜立定志向當數學家。但如果他的夢想是自己創業，當參議員，或者賺上一千萬，並非沒有實現的可能。影響人生成敗的因素實在太多，相比之下，區區的智商測驗何足道哉。」

的確，智商測驗在某種程度上能預測孩子的學業成績，但是，學業成績能否準確地預測他們的未來呢？

如果智商測驗無法預測誰會獲得事業上的成功，誰會享有令人滿意的社交生活，那麼它的存在又有多少實際價值呢？

心理學家們提出了新的可能，成功因素中至少還有70％以上的作用有待發現，它們不是智力，那麼它們是什麼呢？

嘉德納是美國哈佛大學的心理學教授，在對智力測驗提出嚴厲批評的同時，他開始研究智商以外的智力。

不久，他提出了人際智力和自知智力。他認為，人際智力能夠認識他人情緒、性情、動機、慾望，並能作適度的反應。而自知智力則能夠根據自己的感受，規範個人的行為。

在這兩類智力當中，嘉德納明確提到了認識自我和他人情緒的重要性，為情感智商的產生作了有力的鋪墊。

② 成功並不都來源於智力

有過人的智慧的確是一件幸運之事，智力自有它動人璀璨的一面。然而，許多智商高的人仍然在生活的底層苦苦跋涉中。

十年前，莫奈就是他們當中的一個。

那時，莫奈還只是一個汽車維修員，當時的處境離他的理想差得很遠。一次，他在報紙上看到一則招聘廣告，休士頓一家飛機製造公司正向全國廣納賢才。他決定前去一試，希望幸運會降臨到他的頭上。

他到達休士頓時已是晚上，面試就在第二天進行。

吃過晚飯，莫奈獨坐在旅館的房間裏陷入了沈思。他想了很多，自己多年的生活歷歷在目，一種莫名的惆悵湧上心頭：我並不是一個低智商的人，為什麼我老是這麼沒有出息？

他取出紙筆，記下幾位認識多年的朋友的名字，其中有兩位曾是他以前的鄰居，他們已經搬到高級住宅區去了。

另外兩位是他以前的同學，他捫心自問，和這四個人比，除了工作比他們差以外，自己似乎沒有什麼地方不如他們。論聰明才智，他們實在不比自己強。

最後他發現，和這些人相比，自己分明缺乏一種特別的東西，那就是性格、情緒經常對自己產生很大的影響。

城市裏的鐘聲敲了三下，已是凌晨三點鐘。但是，莫奈的思緒卻很清晰。他第一次看清了自己的缺點，發現過去很多時候自己不能控制情緒，比如易衝動，遇事從不冷靜，甚至有些自卑，不能與更多的人交往等。

整個晚上他就坐在房間裏檢討，他發現自己從懂事以來，就是一個缺乏自信、妄自菲薄、不思進取、得過且過的人。他總認為自己無法成功，卻從不想辦法改變性格上的缺陷。

同時他發現，自己一直在自貶身價，從過去所做的每一件事就可以看出，自己幾乎成了失落、憂慮而又無奈的代名詞。

於是，莫奈痛定思痛，做出一個令自己都很吃驚的決定：自今往後，絕不允許自己再有不如別人的想法，一定要控制自己的情緒，全面改善自己的性格，塑造一個全新的自我。

第二天早晨，莫奈一身輕鬆，像換了一個人似的，懷著新增的自信前去面試，很快，他被順利地錄用了。

莫奈心裏很清楚，他之所以能得到這份工作，就是因為自己

的醒悟，因為對自己有了一份堅定的自信。

兩年後，莫奈在所屬的公司和行業內建立起了名聲，人人都知道，他是一個樂觀、機智、主動、關心別人的人。

在公司裏，他再三得到升遷，成為公司所倚重的人物。即使在經濟不景氣時期，他仍是同業中少數可以做到生意的人。幾年後，公司重組，分給了莫奈可觀的股份。

動動腦筋，尋找辦法，但這並不是說，所有的成功都會來自你的智慧，更重要的是，你要發現自己的不足，讓你的性格和情緒得以完善。

只有這樣，你才能在事業中不斷前進，實現自己的夢想。你可以毫不懷疑地相信，成功者其實就是善於調節自己情緒的人！

③ 是什麼讓桑尼成功

然而，加拿大少年桑尼卻沒有莫奈那麼幸運，這是說，桑尼從小就不是一個聰明的孩子。

桑尼一直希望自己能考上大學，滿足父母對自己的期望。但他的智商太低，儘管他十分用功，他的各門功課還是都不及格。所有認識他的人都明白，桑尼肯定考不上大學。

桑尼不得不輟學，為一個富商打理他的私人花園。

桑尼一直都生活在憂鬱之中，他心裏很愧疚，他沒有上大學，肯定讓父母非常失望。

但不久以後，桑尼便明白了一個道理：是啊，我確實不那麼聰明，但也不是個癡呆兒。我雖然不能改變智商，但總可以改變一點什麼。

改變什麼呢？是的，我不能自卑，要勇敢。還有，既然我天生愚鈍，我為什麼還要承擔憂鬱這種不幸呢？是的，我至少可以

活得快樂點。

桑尼真的變了一個樣子，做任何事情，他總能看到好的一面。

有一天，桑尼進城去辦事，在市政廳後面，他看到一位市政參議員正在跟人講話，在他跟前不遠處，是一片滿是污泥濁水的垃圾場。

這不應該是一塊髒地，它應該是上面開滿鮮花的草坪。桑尼想。

於是他勇敢地走上前去，向參議員問道：「先生，你不反對我把這個垃圾場改成花園吧？」

參議員說：「你的建議當然很好，但是，你知道，市政廳可拿不出這筆錢讓你做這件事情。」

「我不要錢，」桑尼說，「你只要答應由我辦就可以了。」

參議員大為驚奇，他還從來沒有碰到過這種事情呢，哪有辦事不花成本的。但他還是認真聽取了桑尼的想法，並答應了他的請求。

第二天，桑尼拿了幾樣工具，帶上種子、肥料來到這塊爛泥地。

一位熱心人給他送來了一批樹苗，富商允許他到自己的花圃剪用玫瑰插枝。一家規模很大的家具廠聞訊後，立即表示要免費承做公園裏的長椅，但懇請桑尼讓他們在椅子上刊登廣告。

桑尼努力地工作，不久，這塊泥濘的污穢場地竟變成了一個美麗的公園。這裏有綠茵茵的草坪、曲折的小徑，在長椅上坐下來，人們還能聽到清脆的鳥鳴。

所有的人都在說，一個年輕人辦了一件了不起的大事，晚報上也刊登出桑尼站在公園草坪上的照片。這個小小的公園，像一

個生動的展覽櫥窗，人們從中看到了桑尼在園藝方面的天賦和才幹。

二十五年後，桑尼已經是全國知名的風景園藝家了。他雖然沒有考上大學，但是，他從一件不起眼的事情中發現了自己，同時獲得了事業上的成功。一直到現在，桑尼漸已年邁的雙親一提起自己的兒子，仍會感到無比的驕傲。

這是美國作家奧斯勒在《一個低智商的孩子》中講述的故事。

智商的不足沒能阻止桑尼獲得成功，那麼他的成功來源於什麼呢？許多人覺得是好的運氣，他們卻忽視了一個人自身的改變。

至於成功究竟是如何發生的，當時，除了成功者自己，沒有人能作出準確的回答。

二　情感是如何發生的

在人類的進化歷程中，內在的情感一次又一次反覆出現，直至烙印在神經系統，成為先天的、自主性的情緒反應傾向，這再次證實了情感的存在價值。

一八九二年，南美發生了一次強烈地震，在清理一棟建築物的廢墟時，人們發現了一對母子，母親已死去，而那不滿周歲的孩子竟還活著。

許多人都為之驚異，那棟建築物塌陷後，樓內無一人倖免，孩子能生存下來幾乎是一個奇蹟。

但隨後人們發現，那位母親在死時呈現出弓著腰的狀態，雙手支撐在地板上，他用自己的身軀，竭盡全力抵擋住垮壓下來的重物，為孩子留下了一絲呼吸的空間，也為他留下了一條生路。

這是一個真實的故事，一位母親在生命的危急關頭，沒忘記用愛為他們的親情做出最後的注腳，是愛這種強烈的情感，激起他非凡的勇氣。

這感人的故事證實，無私的愛和感情，在人們生活中是多麼重要，人們從中看到了情感的目的性和巨大的能量。愛這種偉大的情感，演變成強大的力量，去拯救自己的子女，並壓倒了自己求生的本能。

以理智的眼光看，自我犧牲是非理性的，但對情感而言，這是唯一的選擇。

情感在人們生活中如此重要，那麼，什麼是情感呢？

　　每個人都有自己的需要、態度和觀念，情感就是人在這些因素的支配下，對事物的切身體驗和反應。

　　情感與人的需要之間存在著密切的關係，當人的需要得到滿足時，就會產生滿意、愉快、興奮等積極的情感；而當人的需要不能得到滿足時，則會產生失意、憂傷、恐懼等消極情感。

　　科學家經由對大腦的研究，揭示了情感來自何處，以及人們為何需要情感的祕密。

　　研究發現：情感來自於一個被稱為大腦邊緣系統的部位，快樂、厭惡、憤怒和恐懼都出自這裏，慾望也來自這個系統，而愛則來自大腦的一個叫做新皮質的部位。

　　生活中常會出現一些現象：恐懼使血液流向大腿肌肉，從而使人更易於奔跑；厭惡使臉部肌肉向上皺起，同時關閉鼻孔，從而阻擋難聞氣味的進入；驚訝使眉毛上揚，從而擴大眼睛視野，以獲取更多的資訊等等，這些都是人類原始的情緒沈澱。在人類的大腦反應中，依然存在著原始的情感。

　　人的情感有著很強的指向性，即情感的傾向性。例如，有的人會厭惡和抵觸危害社會的行為，而有的人則無動於衷；有的人能虛心接受別人的批評，而有的人則會產生不滿。

　　如何引導人的情感傾向性呢？人的情感傾向性是由其需要決定的。需要得到了滿足就產生肯定性情感，需要得不到滿足就產生否定性情感。

　　僅僅追求感官需要的人，其情感傾向必然低下、卑微；一切以滿足個人需要為準則的人，其情感傾向必然自私狹隘。情感的傾向性直接影響人們在面臨重大抉擇時的態度和傾向，能集中表現出一個人的人生觀和價值觀。

　　情感的穩固性，即情感的穩固程度和變化情況，它與情感的

深度密切相關。淺薄的情感是變化無常的、短暫的，而深厚的情感則是穩固持久的。

變化無常是情感不穩固的主要表現，情感不穩固的人，情緒變化非常快，一種情緒很容易被另一種情緒所取代，人們通常用「喜怒無常」、「愛鬧情緒」等來形容這種人。

情感的不穩固還表現在情感強度的急劇變化上。這類人往往在開始時情緒高漲，但很快就會冷淡下來，人們通常用「轉瞬即逝」、「三分鐘熱度」來形容他們。

情感的穩固性是衡量人的性格成熟與否的標誌之一，穩固的情感是獲取良好人際關係的重要條件，更是取得工作成績和人生成功的重要條件。

情感能對人的生活產生作用，這就是情感的效能。

情感效能高的人，能夠把各種情感都化為動力。愉快、樂觀的情感可以促使其積極工作，即使情感處於悲傷階段，也能化悲痛為力量。

情感效能低的人，雖然其情感感覺在某些時候也會很強烈，但這種情感僅僅停留在感覺上，不能付諸行動。他們在愉快、樂觀等積極性情感中盡情陶醉，行動一再被延遲、停止甚至放棄，而在面臨悲傷、抑鬱的情感時，就更不能自拔。

情感與健康狀況和認知水準也有密切的關係。

人的健康狀況良好與否，直接影響到人的情緒的好壞，過度疲勞、傷痛、疾病等，都能對人的情感產生不良影響，尤其是得了重病，人的情感變化往往到了令人無法接受的程度。例如，營養學家確認，人體缺乏維生素B_2，會導致生活情趣降低，情緒逐漸惡化，甚至使人產生自殺傾向。

情感佔據著人類精神世界的核心地位。社會生物學為此就指

出，人們危急時刻的情緒高於理性，發揮著主導作用。的確，**當人們面臨挫折、失敗和危險的時候，僅靠理智是不足以解決問題的，它還需要情緒來作為引導。**

　　人類內在的情感，伴隨著人類悠遠的進化歷程，默默地一次又一次地反覆出現，直至它被烙印在神經系統，成為先天的、自主性的情緒反應傾向。這個漫長的歷史過程，再次印證了人類情緒的存在價值。

　　情感的力量是不可小覷的，在任何時候，人們都不應忽視情感的力量。當年鐵達尼號沉沒的時候，年老的船長平靜地留在輪船上，平靜地面對死亡，他們的行為感動了許多人，致使這些人即將來臨的死亡面前，也表現得異常鎮靜，這充分地表現了情感在人類生活中的重要性。

　　人們在進行決策或採取行動的時候，情感與理智是並駕齊驅的，有時甚至是情感略占上風。其實人們往往還是把由智商所評定的純理智看得太重了，強調得太過分了。殊不知，**當情感獨領風騷的時候，理智根本就無能為力。**

三 情緒影響你的人生

　　人都有五彩繽紛的情緒世界，釋放積極情緒和調節消極情緒，能保持生命健康成長，激勵自己踏上成功的人生之路。

① 孩子與軟糖

　　研究者曾進行過一個試驗，一群兒童依次走進一個空蕩蕩的房間，在房間最顯著的位置為每個孩子放了一顆軟糖。

　　測試老師對每一個孩子說：「誰能堅持到老師回來時還沒把這顆軟糖吃掉的話，誰就可以得到另外一顆糖的獎勵。但是，如果老師沒回來你就把糖吃掉的話，那麼你們就只能得到這一顆。」

　　試驗的結果發現，有些孩子缺乏控制能力，大人不在，又受不了糖的誘惑，就把糖吃掉了。另外一些孩子，則牢牢記住了老師的話，認為自己只要堅持一會兒，就可以得到兩顆糖。於是，他們盡量克制自己。他們並非不受糖的誘惑，卻努力地轉移自己的注意力，他們有的唱歌，有的蹦蹦跳跳，有的乾脆離開座位到旁邊玩去，堅持不看那顆軟糖，一直等到老師回來。

　　就這樣，他們得到了獎勵──第二顆軟糖。

　　研究者把孩子分成兩組：能夠抵擋住誘惑，堅持下來得到兩顆軟糖的孩子，和不能堅持下來只得到一顆軟糖的孩子，並對他們進行了長期的追蹤調查。

　　結果發現，孩子長大後，那些只得到一顆糖的孩子普遍沒有

得到兩顆糖的孩子獲得的成就大。這就說明，凡是小時候缺乏控制力的，無論他的智商如何高，其成功的機率都很小，反之，那些小時候便能控制自己，尤其能夠經由轉移注意力來控制自己的孩子，往往能夠更好地把握自己的人生。

由此看來，人的非智力心理因素的作用，在決定人生的成敗方面，常常超過智力因素。於是，越來越多的心理學家把研究的重點轉移到心理因素的探索上，「情緒」逐漸成為他們研究的重點。

② 複雜的情緒

鮑勃失業幾個月了，他的心情一直很低落，他發現自己對一切都很厭煩。妻子說他變成了一個喜怒無常的人。

在一個朋友的幫助下，鮑勃決定前去一家公司應聘，他調整了一下自己數月間累積起來的消極心態，在面試中他自我感覺不錯。

幾天後，公司人事部打來電話，通知他一週後去上班。鮑勃高興得幾乎跳起來，他一下抱起身邊的妻子，旋轉著跳起舞來。他甚至還親吻了妻子，這在過去的幾個月裏是不可思議的。

鮑勃由憂鬱變得興奮，主要是因為他的情緒發生了變化。那麼，具體來說，情緒是怎樣一個概念呢？

情緒是指在人的需求得到滿足，或沒有得到滿足後產生的暫時性的、比較明顯的心情變化，如興奮、快樂、憤怒、悲傷等，它為人和動物所共有，是情感的具體表現。

情緒主要有三個特點，即情況性、不穩定性和短暫性。

特定的情景產生相應的情緒，當這種情況消失改變後，情緒

也會隨之改變。

　　當一個人獲得成功時，一般會產生興奮、歡快、喜悅、滿足等情緒；當一個人遭受失敗時，則可能會出現悲傷、沮喪、失望、不滿等情緒。

　　情緒種類繁多，差別細微，變化多端，複雜異常，其短暫性更為明顯，瞬息萬變屢見不鮮。

　　情緒具有兩極性。

　　情緒的兩極性首先表現為肯定和否定的對立性質。如滿意和不滿意、愉快和悲傷、愛和恨等等。而每兩種相反的情緒中間，又存在著許多程度上的差別，具體表現為情緒的多樣化形式。

　　兩種情緒雖然處於明顯的兩極對立狀態，但其仍可以在同一事件中同時或相繼出現。例如，兒子在悍衛國家的戰爭中犧牲了，父母既體驗著英雄為國捐軀的榮譽感，又深切感受著失去親人的悲傷。

　　積極和消極的情緒就是情緒兩極性的典型表現。積極、愉快的情緒使人充滿信心，努力工作，消極的情緒如悲傷、鬱悶等，則會降低人的行為效率。

　　兩種對立情緒可以同時或相繼出現，同樣，對於人來說，同一種情緒也可能同時具有積極和消極的作用。例如，恐懼會使人緊張，抑制人的行動，減弱人的正常思考能力，但同時也可能調動他的精力，促使他向危險挑戰。

　　緊張和輕鬆也是情緒兩極性的一種表現。緊張總是在一定的環境和情況下發生，如一旦發生緊急和重要的情況時，人們就極易產生緊張情緒，當然，緊張也決定於人的心理狀態，如腦力活動的緊張性、注意力的集中程度、活動的準備狀態等。

　　通常情況下，緊張能對人活動的積極狀態產生顯著的影響。

它引起人的動力，產生對活動有利的一面。但過度的緊張則可能使人產生厭惡、抑制心理，並導致行為的瓦解和精神的疲憊甚至崩潰。

情緒的兩極性還可以表現為激動和平靜。

爆發式的激動情緒強烈而短暫，如狂喜、激憤、絕望等。而平靜的情緒狀態在人們的日常生活中佔據著主導地位，人們就是在這種狀態下，從事著持續的智力活動。

作為情緒兩極性的一種表現方式，情緒的強弱變化也異常明顯。它經常呈現出從弱到強，或由強到弱的變化狀態，如從微弱的不安到強烈的激動，從平靜到狂喜，從微慍到暴怒，從擔心到恐懼等等。情緒變化的強度越大，自我受情緒影響的趨向就越大。

情緒的表現形式多種多樣，各種不同的情緒表現形式，都可用來作為度量情緒的尺度，如情緒的緊張度、情緒的激動程度、情緒的快感程度等。

在人們繪畫的時候，紅、黃、藍三原色經常被提到和用到，而相關的研究也表明，情緒也有著基本的原始情緒，以下略舉例子說明。

愛心：友善、信賴、親密、摯愛、寵愛、迷戀。

快樂：滿足、愉悅、驕傲、幸福、興奮、狂喜以及狂躁。

驚訝：震驚、詫異、驚喜。

厭惡：輕視、輕蔑、譏諷、排斥。

羞恥：尷尬、愧疚、懊悔、恥辱。

憤怒：微慍、生氣、憤恨、惱怒、不平、焦躁、敵意、恨與暴力。

恐懼：焦慮、驚恐、緊張、慌亂、憂悶、警覺、疑慮等。

③ 情緒的幾種狀態

　　一個震驚世界的重要發現是在凌晨時分發生的，地點是靠近德國萊茵河邊的一個小鎮，一處簡陋的居所。

　　發現者猛然站起來，將手中的筆擲於桌上，失聲大喊：「就是它，我找到了！」爾後他欣喜若狂，激動地在昏暗的燈光下手舞足蹈。

　　在寧靜的曙光尚未出現的深夜，沒有人聽見一位科學家宣告般的吶喊。在發現量子力學原理後，海森堡是這樣描述他當時的感受：

　　「當計算的最後結果出現在我面前時，差不多已是凌晨三點鐘了。能量守恆定律對所有現象都成立……最初一瞬間，我深感驚慌，我感到，經由過原子現象的表面，我正在窺探一個異常美的內部。當上帝如此慷慨地向我展示出這個數學結構的寶藏時，我幾乎暈眩了，我情不自禁地在屋子裏轉著圈，手舞足蹈起來。」

　　科學家獲得重大科學發現時那種興奮情緒溢於言表，他對科學發現的強烈感受，以及他當時欣喜若狂的情緒狀態，極真切地讓人們分享了。

　　上述科學家的這種欣喜若狂的情緒，只是眾多情緒狀態中的一種。

　　作為具有多種多樣的表現形式的情緒狀態，比較常見的有情緒、激情、刺激三種。

　　其中，情緒是一種常見狀態，它是一種在一段時間內具有持續性、擴散性，而又不易察覺的情緒狀態。

情緒對人的生活、工作、學習有著直接而明顯的影響，能對人的精神狀態產生很大的影響。當人們處在某種情緒時，在幾乎完全沒有意識到的情況下，這種情緒就不自覺地擴散到人們的活動過程中，使其以同樣的情緒狀態看待一切事物，從而對人們的行為產生影響。

人的情緒有好壞之分，當人的情緒很好時，會有萬事皆如意的感覺，當人在情緒不好時，做什麼都提不起勁來。

除了外界因素可以影響人的情緒外，身體的自我感覺（如健康狀況、個性特點等）也可以引起情緒的變化。例如，情緒穩定與否與人的個性特徵息息相關，樂觀灑脫的人情緒一般都很愉快，而悲觀狹隘的人情緒通常很鬱悶。

在日常生活中，人們很難發現引起情緒變化的原因，經常聽人說：「不知道怎麼搞的，這幾天煩透了。」當一個人意識到自己的情緒不好時，就應當努力找到導致這種情緒的原因，並設法改變這種情緒狀態。

與那些飄忽不定、影響時間較短的情緒相比，每個人所特有的穩定情緒才是構成人們各自獨特性格的主要原因。

一個人穩定的情緒是由其占主導地位的情感體驗所決定的。例如，有的人總是生氣勃勃、笑口常開，這種人的愉快的情緒占主導地位；有的人總是死氣沈沈、愁容滿面，這種人的憂傷的情緒占主導地位。我們要注意培養、保持積極健康的穩定情緒，和諧的人際關係、積極向上的生活態度、健康的身體等，都是形成積極性穩定情緒的重要條件。

與情緒不同，激情和刺激是兩種特殊的心理狀態。

激情，是指在較短時間內，以極快的速度，將身心置於強烈激動的情緒狀態中。如狂喜、亢奮、盛怒、悲慟、恐懼、絕望

等，都是人處於激情中的具體表現。

由於人處於激情狀態時，皮層下神經中樞失去了大腦皮層的調節作用，皮層下神經中樞的活動占了優勢，因此在這種情況下，人的自我控制能力減弱，會發生「意識狹窄」現象，下意識地做出與平常行為很不相同的舉動。

處於激情狀態下的人們，並非完全意識不到或不能控制自己。大體上，激情是可以控制的。比如，在情緒還沒有達到激情狀態時，如及時加以調節，就能有效地避免激情的出現。

激情會因性質不同而對人產生不同的影響。積極的激情，可以激發起身心的巨大潛力，對工作和生活產生積極作用，許多創造性的藝術作品就是這樣產生的。而消極的激情如盛怒等則會使人衝動、呆滯甚至失去理智。

消極的激情是人們應當竭力避免的，因為在它出現時，常會使人表情難看，容易使人失去理智，在憤怒的驅使下，甚至連說話都語無倫次。尤其是經常出現類似的消極激情，對人的身心傷害就更大了。

刺激狀態是一種典型的特殊情況下的心理狀態。在遇到出乎意料的緊張情況時，人都會出現高度緊張的情緒狀態。比如親人死亡、意外事故、患上不治之症等，都可能引起刺激狀態。

當人處於刺激狀態時，身體會發生急劇的變化。刺激狀態下，神經內分泌系統緊急調節並動員內臟器官、肌肉骨骼系統，加強生理、生化過程，促進有機能量的釋放，提高機體的活動效率和適應能力。但另一方面，過度的或長期的刺激狀態，則可能導致過多的能量消耗，引起某些疾病，甚至導致死亡。

刺激狀態有利有害。適當的刺激狀態，可以使人急中生智。但在刺激狀態下，不但意識活動的某些方面受到抑制，還可能使

人出現知覺、記憶等方面的錯誤，對出乎意料的刺激產生的強烈反應，會使人的注意和知覺範圍縮小。

美國紐約大學的神經系統學者勒杜，從生理上對這種現象做出了解釋。他發現了大腦中的一種短路，這種短路使情感在智力還沒有介入之前，就驅使人做出行動。

一個人在森林中徒步行走，他眼角的餘光突然發現一條長而彎曲的東西，腦子裏驀的竄出蛇的樣子，下意識地跳到了一塊石頭上。這最初的反應，就是大腦的情感反應與智力反應的「短路」。

但經過仔細察看，他緊張的情緒釋然了，原來那是一根青藤而不是蛇。於是他調整了最初的反應。

在這種突然的、不可預料的刺激狀態下，在大腦中出現情感與智力的「短路」是正常、可以理解的。然而，有些人很難調節自己的情緒，稍遇情緒波動就產生這種「短路」，產生感情衝動，以感情代替理智，以感情衝擊理智，顯然這是極不明智的。

為了減少在刺激狀態下不理智行為的出現，人們可以透過有意識的訓練、豐富的經驗、強烈的責任感和高度的思想認知來實現。

情緒還有一種表現狀態，就是表情。

表情是內在情緒的一種外在流露，如面部表情、肢體表情和言語表情等，它具體表現一個人的情緒狀態。

臉部的表情動作就叫面部表情。眼睛被稱為「靈魂之窗」，它的形態變化往往直接表現情緒的變化。哭泣時眼部肌肉收縮，憤怒時橫眉張目。嘴巴也直接表現情緒的變化，悲哀時嘴角下垂，高興時嘴角後縮，上唇提升。眼睛和嘴巴的形態變化，最能表現一個人的情緒變化。肢體表情即是人的動作表情，它是人的

情緒狀態在身體上伴隨的動作。肢體表情主要表現在手和腳的動作上，而兩者之中又以手的動作最為重要。手舞足蹈、手忙腳亂、手足無措、捶胸頓足、拍案而起、拍手叫絕、掌聲雷動等，都是情緒特徵的特定表現。

人在說話時聲音的音調、節奏、速度、強度等都會表達出一定的情緒內容，這種情緒內容就是言語表情。語言不僅用於人們的溝通交流，而且它也是表達感情的重要手段。例如，悲哀時音調低，節奏緩慢，聲音高低差別很小；喜悅時音調高，速度較快，聲音高低差別較大；憤怒時聲音則高而尖，並且伴有顫抖等等，都是很好的說明。

在直接表達情緒、情感方面導致主要作用的是面部表情和言語表情，面部表情直觀，言語表情準確。而動作只是表達情緒、情感的一種輔助手段。

由於單獨從動作本身出發，難以準確推斷出具體的情緒內容，因此要準確認知一個人的情緒狀態，需要從面部表情、肢體表情、言語表情等多方面進行分析和判斷。

④ 積極情緒是生命之基

一九三九年，德國軍隊佔領了波蘭首都華沙，此時，卡亞和他的女友迪娜正在籌辦婚禮。

然而，卡亞做夢都沒想到，他和其他猶太人一樣，在光天化日之下被納粹推上卡車運走，關進了集中營。

卡亞陷入了極度的恐懼和悲傷之中，在不斷地遭到摧殘和折磨下，他的情緒極不穩定，精神遭受著痛苦的煎熬。

同被關押的一位猶太老人對他說：「孩子，你只有活下去，才能與你的未婚妻團聚。記住，要活下去！」

卡亞冷靜下來，他下定決心，無論日子多麼艱難，一定要保持積極的情緒。

所有關在集中營的猶太人，他們每天的食物只有一塊麵包和一碗湯。許多人在饑餓和嚴酷刑罰的雙重折磨下精神失常，有的甚至被折磨致死。

卡亞努力控制和調適著自己的情緒，把恐懼、憤怒、悲觀、屈辱等拋之腦後，雖然他的身體骨瘦如柴，但他的精神狀態卻很好。

五年後，集中營裏的人數由原來的四千人減少到不足四百人。納粹將剩餘的猶太人用腳鐐鐵鏈穿成一長串，在冰天雪地的隆冬季節，將他們趕往另一個集中營。許多人忍受不了長期的苦役和饑餓，最後橫屍於茫茫雪原之上。

在這人間煉獄中，卡亞奇蹟般地活了下來。他不斷地鼓舞自己，靠著堅韌的意志力，維持著衰弱的生命。

一九四五年，盟軍攻克了集中營，解救了這些飽經苦難、劫後餘生的猶太人。卡亞活著離開了集中營，而那位給他忠告的老人，卻沒有熬到這一天。

若干年後，卡亞將他在集中營的經歷寫成一本書，他在前言中寫道：「**如果沒有那位老者的忠告，如果放任恐懼、悲傷、絕望的情緒在我的心中彌漫，很難想像，我還能活著出來。**」

是卡亞自己救了自己，是他用積極樂觀的情緒救了自己。

人的情緒對人體的身心健康發揮著至關重要的作用。積極良好的情緒，能保持人的精神與身體的健康，短暫的消極情緒不會對健康造成不利影響，但長期消極和不愉快的情緒，就會對人的健康帶來損傷，嚴重的甚至引起疾病。

美國著名家庭經濟學家海倫‧科特雷克研究發現，負面情緒會影響體內營養素的吸收利用。

科特雷克認為，經常在緊張情緒狀態下生活的人，心跳加快，血流加速。這種加大負荷的運行，必須消耗大量的氧和營養素。

而且，處於緊張狀態下的人體器官，特別是全身肌肉，在消耗比平時多出一～二倍營養素和氧的同時，又會產生比平時多得多的廢物。要排除這些廢物，內臟器官得加緊工作，又必須消耗氧和營養素，從而造成惡性循環。

較長時間處在抑鬱中的人，因中樞神經系統指令傳導受阻，胃中消化液分泌大量減少。缺少消化液對胃壁的刺激，人的食量會銳減。即使勉強地進食，也會出現胃中脹滿和腹瀉的情況，這便使營養素穿腸而過卻所獲甚少。

由於消化液減少，缺乏消化液對營養素的分解化合，有時雖不發生腹瀉，亦難使營養素在體內消化吸收。

另外，由於體內營養素缺乏，身體會發生種種生理不適，而這些生理不適，又會加重其心理不適，使抑鬱更為嚴重，從而也造成惡性循環。

煩惱雖然只是一種情緒，卻具有強大的破壞力，能對人的身心健康構成某種的威脅。人在煩惱時，可使意志變得狹窄，判斷力、理解力降低，甚至理智和自制力喪失，造成正常行為瓦解。

煩惱和恐懼在使心靈飽受煎熬的同時，還會摧毀人的身體。

流行病學的研究成果顯示，緊張的生活事件，如戰爭、遷居到不同社會文化和地理環境中、生活方式和社會地位的改變等原因，使高血壓、潰瘍病等身心疾病的發病率明顯增加。

心理學家發現，喪偶六個月的婦女，因其處在痛苦、悲傷的

情緒中，其冠心病的發病率為正常婦女的六倍。

把兩隻同窩的羔羊放在溫濕度、陽光、食物相同環境的條件下生活，在其中一隻羔羊旁拴著一隻狼，讓牠總能看見狼，結果這隻羔羊在極度恐懼中不思進食，逐漸消瘦而死，而另一隻羔羊則能健康地生長。

憤怒會使人體內分泌系統功能失調，胃中消化液分泌過多，超過生理所需。多餘的胃液較長時間侵蝕胃粘膜，會引起左上腹灼熱難熬，影響進食，還為胃及十二指腸潰瘍種下禍根。

當胃因消化液過多引起炎症或潰瘍後，消化液對胃粘膜的刺激症狀加重，進食就更少，體內營養素就更為缺乏，從而引起惡性循環。

經常有負面情緒的人，身體會受到這三種惡性循環的侵害。儘管有的人尚能進食一些高營養素的食物，但終因消化吸收利用受限，難以獲得健康的體質。

根據不列顛健康服務中心的一篇報告顯示，在第二次世界大戰中，居住在長期有炮火襲擊的倫敦市中心的民眾，罹患胃潰瘍的比例增加了50％。

所以，科特雷克告誡人們，保持健康良好的情緒，有利於體內對營養素的吸收利用，這的確是生命科學的新見解。

為了保持生命的健康成長，激勵自己早日踏上成功的人生之路，就要儘量保持積極的情緒，努力調控消極的情緒。

四 情商的形成

　　情商比智商更重要，如果說智商更多地被用來預測一個人的學業成績，那麼，情商則能被用於預測一個人能否取得職業上的成功。

① 樂觀的測試

　　二十世紀七〇年代中期，美國某保險公司曾聘雇了五千名推銷員，並對他們進行了職業培訓，每名推銷員的培訓費用高達三萬美元。誰知聘雇後第一年就有一半人辭職，四年後這批人只剩下不到五分之一。

　　原因是，在推銷保險的過程中，推銷員得一次又一次地面對被拒之門外的窘境，許多人在遭受多次拒絕後，便失去了繼續從事這項工作的耐心和勇氣了。

　　那些善於將每一次拒絕都當作挑戰而不是挫折的人，是否更有可能成為成功的推銷員呢？該公司向賓夕法尼亞大學心理學教授馬丁・塞里格曼討教，希望他能為公司的招聘工作提供幫助。

　　塞里格曼教授以提出「成功中樂觀情緒的重要性」理論而聞名，他認為，當樂觀主義者失敗時，他們會將失敗歸結於某些他們可以改變的事情，而不是某些固定的、他們無法克服的困難，因此，他們會努力去改變現狀，爭取成功。

　　在接受該保險公司的邀請之後，塞里格曼對一萬五千名新員工進行了兩次測試，一次是該公司常規的以智商測驗為主的鑑別測試，另一次是塞里格曼自己設計的，用於測試被測者樂觀程度

的測試。之後，塞里格曼對這些新員工進行了追蹤研究。

在這些新員工當中，有一組人沒有通過智商甄別測試，但在樂觀測試中，他們卻取得「超級樂觀主義者」的成績。

追蹤研究的結果表明，這一組人在所有人中工作任務完成得最好。第一年，他們的推銷業績比「一般悲觀主義者」高出21％，第二年高出57％。從此，通過塞里格曼的「樂觀測試」便成了該公司錄用推銷員的一道必不可少的程序。

塞里格曼的「樂觀測試」實際上就是情商測驗的一個雛形，它在保險公司中取得的成功是最主要的直接證明，與情緒有關的個人素質在預測一類人能否成功中起著重要作用，也為「情緒智商」這一概念和理論的誕生，提供了實驗上的有力支持。

② 情商的內容

經過幾年時間的研究和醞釀，一九九○年，美國耶魯大學的沙洛維教授和新罕什布林大學的梅耶教授，正式提出「情緒智商」這一術語。

兩年後，他們將情緒智商定義為社會智力的一種類型，並對其應包含的能力內容作出界定，這三種能力是：

——區分自己與他人情緒的能力；

——調節自己與他人情緒的能力；

——運用情緒資訊去引導思維的能力。

「情緒智商」這一概念的提出，立刻在心理學界引起了廣泛的重視，並開始受到一些企業界人士的注意。不少企業管理人員嘗試著把它運用到實際工作中。

紐澤西州聰明工程師思想庫ATT貝爾實驗室的一位負責人，曾經用情緒智商的有關理論對他的職員進行分析，結果他發現，

那些工作績效好的員工，的確不都是具有最高智商的人，而是那些情緒傳遞得到回應的人。

這表明，與社會交往能力差、性格孤僻的高智商者相比，那些能夠敏銳瞭解他人情緒、善於控制自己情緒的人，更可能得到為達到自己目標所需要的工作，也更可能取得成功。

另外一個例子是，美國創造性領導研究中心的坎普爾及其同事，在研究「曇花一現的主管人員」時發現，這些人之所以失敗，並不是因為技術上的無能，而是因為情緒能力差，導致人際關係方面陷入困境而最終失敗的。

因為在企業界的成功應用，情緒智商聲名大震，並開始引起新聞媒介的濃厚興趣。

一九九五年十月，美國《紐約時報》專欄作家丹尼爾·戈爾曼出版了《情緒智商》一書，把情緒智商這一研究新成果介紹給大眾，該書迅速成為世界性的暢銷書。一時間，「情緒智商」這一概念在世界各地得到廣泛的宣傳。

簡單來說，情緒智商是自我管理情緒的能力。和智商一樣，情商（Emotional Quotient，簡稱EQ）是一個抽象的概念，EQ情緒商數是一個度量情緒能力的指標。

戈爾曼在他的書中明確指出，情商不同於智商，它不是天生注定的，而是由下列五種可以學習的能力組成：

1.**瞭解自己情緒的能力——自我瞭解**：能立刻察覺自己的情緒，瞭解情緒產生的原因；

2.**控制自己情緒的能力——情緒控制**：能夠安撫自己，擺脫強烈的焦慮憂鬱以及控制刺激情緒的根源；

3.**激勵自己的能力——自我激勵**：能夠整頓情緒，讓自己朝著一定的目標努力，增強注意力與創造力；

4.**瞭解別人情緒的能力──瞭解別人**：理解別人的感覺，察覺別人的真正需要，具有同情心；

5.**維繫融洽人際關係的能力──維繫能力**：能夠理解並適應別人的情緒。

心理學家認為，這些情緒特徵是生活的動力，可以讓智商發揮更大的效應。所以，情商是影響個人健康、情感、人生成功及人際關係的重要因素。

從此，「情商」作為一個時髦的名詞，出現在人們的言談話語中。關於它的重要性，各方面的專家學者都發表了自己的見解。

EQ的創始人沙洛維博士和梅耶博士說：「EQ已成為二十世紀最重要的心理學研究成果。」

丹尼爾‧戈爾曼認為：「僅有IQ是不夠的，我們應用EQ來教育下一代，幫助他們發揮與生俱來的潛能。」

美國的《讀者文摘》更堅定地向讀者反問：「掌握了EQ，還有什麼不能利用的呢？」

美國的《時代周刊》甚至宣稱：「如果不懂EQ，從現在起，我們宣佈：你落伍了！」

與EQ有關的新生事物也層出不窮，美國有了《EQ》月刊，它倡導人們：「做EQ測驗吧，你會發現一個全新的自己！」

美國EQ協會也迅速成立，它以研究和宣傳EQ的作用，證明它的重要性為目的。該協會的宣言是：「讓我們再進化一次，成為智慧的上帝！」

近年來，國外心理學家們又提出了「新情商」的概念，為EQ注入了新的活力。

他們認為，情商是測定和描述人的「情緒情感」的一種指

標。它具體包括情緒的自控性、人際關係的處理能力、挫折的承受力、自我的瞭解程度，以及對他人的理解與寬容。

　　現代心理學家認為，情商比智商更重要，如果說智商更多地被用來預測一個人的學業成績，那麼情商則是被用於預測一個人能否取得職業上的成功，它更好地反映了個體的社會適應性。

　　情商為人們開闢了一條事業成功的新途徑，它使人們擺脫了過去只講智商所造成的無可奈何的宿命論態度。

五 表達和控制情緒的藝術

情商是一種能力，是一種準確覺察、評價和表達情緒的能力，一種接近並產生感情，以促進思維的能力，一種調節情緒，以幫助情緒和智力發展的能力。

二十世紀六〇年代早期的美國，有一位很有才華、曾經做過大學校長的人，競選美國中西部某州的議會議員。此人資歷很高，又精明能幹，博學多識，十分有希望贏得選舉的勝利。

但是，一個很小的謊言散佈開來：三年前，在該州首府舉行的一次教育大會中，他跟一位年輕的女教師「有那麼一點曖昧的行為」。這其實是一個彌天大謊，而這位候選人不能控制自己的情緒，他對此感到非常憤怒，並盡力想要為自己辯解。

由於按捺不住對這一惡毒謠言的怒火，在以後的每次集會中，他都要站起來極力澄清事實，證明自己的清白。

其實，大部分選民根本沒有聽到或過多地注意到這件事，但是，現在人們卻越來越相信有那麼一回事了。公眾們振振有辭地反問：「如果你真是無辜的，為什麼要百般為自己狡辯呢？」

如此火上加油，這位候選人的情緒變得更壞，他氣急敗壞、聲嘶力竭地在各種場合為自己辯解，以此譴責謠言的傳播者。然而，這卻更使人們對謠言信以為真。最悲哀的是，連他的太太也開始轉而相信謠言了，夫妻之間的親密關係消失殆盡。

最後他在選舉中敗北，從此一蹶不振。

這位候選人雖然智商很高，但明顯的是他缺乏高的情商，他不懂得利用情商表達和控制自己的負面情緒。

一個人在生活中經常會遇到種種不如意，有的人會因此大動肝火，結果把事情弄得越來越糟。而有的人則能很好地控制住自己的情緒，泰然自若地面對各種刁難，在生活中立於不敗之地。

為了更好地適應社會，取得成功，有必要控制自己的情緒，理智客觀地處理所有問題。一個高情緒智商的人，應該是一個能夠成熟地控制自己情緒和情感的人，從而他也就具備了調節別人情緒的能力。

情商是一種能力，是一種準確覺察、評價和表達情緒的能力，一種接近並產生感情，以促進思維的能力，一種調節情緒，以幫助情緒和智力發展的能力。

——情商具有評價與表達功能。

情緒智商首先表現為對自己和他人情緒的識別、評價和表達。也就是對自己的情緒能及時地識別，知道自己情緒產生的原因，還能透過言語和非言語（如面部表情或手勢）的手段，將自己的情緒準確地表達出來。

人們不僅能夠覺察自己的情緒，而且能覺察他人的情緒，理解他人的態度，對他人的情緒作出準確的識別和評價。

這種能力對人類的生存和發展至關重要，它使人們之間能相互理解，使人與人之間能和諧相處，有助於建立良好的人際關係。

在對他人情緒的識別評價和表達這種情緒智力中，移情起著主要作用。所謂移情，就是瞭解他人的情緒，並能在內心親自體驗到這些情緒的能力。

——情商具有調節功能。

Emotional Quotient

45

人們在準確識別自我情緒的基礎上，能夠經由認知和行為策略，有效地調整自己的情緒，使自己擺脫焦慮、憂鬱、煩躁等不良情緒。

如有人在跳舞時能體驗到快樂的情緒，找朋友談心可以產生積極的情緒。當人們情緒不佳時，就可以採取這些方式迴避消極的情緒，使自己維持積極的情緒狀態。

同時，人們也能在覺察和理解別人情緒的基礎上，經由一些認知活動或行為策略，有效地調節和改變其他人的情緒反應，這種能力也是情感智商的表現。

——**情商還具有解決問題的能力。**

研究顯示，情商在人們解決問題的過程中，能影響認知的效果。情緒的波動可以幫助人們思考未來，考慮各種可能的結果，幫助人們打破定勢，或受到某種原型的啟發，可以使人們創造性地解決問題。

茫然的情緒能打斷正在發生的認知活動，但人們可以利用這種情緒，審視和調整內部或外部的要求，重新分配相應的注意力，把注意力集中於最重要的部分，更有利於抓住問題的關鍵而解決問題。

另外，情緒是一個基本的動機系統，它具有動力的作用，能激發動機來解決複雜的智力活動。充分發揮情緒在解決問題中的積極作用，也是一種情緒智力，在這方面每個人的情商各有不同。

要把這些不同的能力有效地結合在一起，可不是那麼容易，情商能有效地發揮這種能力。所以有人說，情商是一種表達和調節情感的藝術。

六　情商決定命運

　　情商的高低，可以決定一個人的其他能力（包括智力）能否發揮到極致，從而決定他的人生有多大的成就。

　　有這樣一個笑話，問：一個笨蛋十五年後變成什麼？

　　答曰：老闆。

　　從某種意義上說，這個答案再正確不過了。即使是笨蛋，如果情商比別人高明，職業上的表現也必然勝出一籌，他的命運自然會大為改觀。

　　許多證據顯示，情商較高的人在人生各個領域都占盡優勢，無論是談戀愛、人際關係，還是在主宰個人命運等方面，其成功的機會都比較大。

　　此外，情商高的人生活更有效率，更易獲得滿足，更能運用自己的智慧獲取豐碩的成果。反之，不能駕馭自己情感的人，內心激烈的衝突，削弱了他們本應集中於工作的實際能力和思考能力。

　　也就是說，情商的高低可決定一個人其他能力（包括智力）能否發揮到極致，從而決定他有多大的成就。

　　多年以來，人們一直以為高智商等於高成就，其實，人一生的成就至多只有20％歸之於智商，80％則受情商因素的影響。

　　所謂20％與80％並不是一個絕對的比例，它只是表示，情感智商在人生成就中起著至關重要的作用。儘管智商的作用不可缺少，但過去把它的作用估量得太高了。

為此，心理學家霍華·嘉納說：「一個人最後在社會上佔據什麼位置，絕大部分取決於非智力因素。」

現代研究已經證實，情商在人生的成功中有著決定性因素，只有與情感智商聯袂登臺，智商才能得到淋漓盡致的發揮。在許多領域頗有成就的人當中，有相當一部分人，在學校裏被認為智商並不太高，但他們充分地發揮了他們的情商，最後獲得了成功。

達爾文在他的日記中說：「教師、家長都認為我是平庸無奇的兒童，智力也比一般人低下。」但他成為了偉大的科學家。

愛因斯坦在一九九五年的一封信中寫道：「我的弱點是智力不行，特別苦於記單詞和課文。」但他成為了世界級的科學大師。

洪堡上學時的成績也不好，一次演講中他提到：「我曾經相信，我的家庭教師再怎樣讓我努力學習，我也達不到一般人的智力水準。」可是，二十多年後他卻成為傑出的德國植物學家、地理學家和政治家。

凱文·米勒小時候學習成績很差，高中畢業時靠著體育方面的才能，才勉強進入芝加哥大學。許多年後，在他公開的日記中有這樣的記述：「老師和父親都認為我是一個笨拙的兒童，我自己也認為其他孩子在智力方面比我強。」可是，這位凱文·米勒經過多年的努力，卻成為美國著名的洛茲企業集團的總裁。

戈爾曼用了兩年時間，對全球近五百家企業、政府機構和非營利組織進行分析，除了發現成功者往往具備極高的工作能力以外，卓越的表現亦與情緒智慧有著密切的關係。

在一個以十五家全球企業，如IBM、百事可樂及富豪汽車等數百名高層主管為對象的研究中發現，平凡領導人和頂尖領導人

的差異，主要是來自情緒智慧的差異。

　　卓越的領導者在一系列的情緒智慧，如影響力、團隊領導、政治意識、自信和成就動機上，均有較優越的表現。

　　情商對領導人特別重要，是因為領導的精髓在於使他人更有效地做好工作。一個領導人的卓越之處，最主要表現於他的情商。

　　所以說，情商是一個人命運中的決定性因素，成功者和卓越者並不是那些滿腹經綸卻不通世故的人，而是那些能調動自己情緒的高情商者。

第二篇

瞭解自我

　　善於瞭解自己情緒的人，大多善於將自己的情緒調整到一個最佳位置，調諧或順應他人的情緒基調，輕而易舉地將他人的情緒納入自己的思唯中。這樣，在交往和溝通中將一帆風順。

　　認識並把握住自己的情緒，便能指導自己的人生，從而主宰自己的人生。

一 武士與禪師論道

人在陷入某種情緒中時往往並不自知，總是在事情發生過後才會發現。

好鬥的武士向一位老禪師詢問天堂與地獄的涵義。

老禪師說：「你性格乖戾，行為粗鄙，我沒有時間跟你這種人論道。」

武士惱羞成怒，拔劍大吼：「你竟敢對我這般無禮，看我一劍殺死你。」

禪師緩緩道：「這就是地獄。」

武士恍然大悟，心平氣和納劍入鞘，伏地鞠躬，感謝禪師的指點。

禪師又言：「這就是天堂。」

武士的頓悟說明，人在陷入某種情緒時往往並不自知，總是在事情發生過後，經過有意識地反省才會發現。

古希臘戴爾菲城的一座神廟裏，鑴刻著蘇格拉底的一句名言：「認識你自己」。它是這座神廟裏唯一的碑銘，它要求人們在情緒產生的時候，能覺查它的存在，進而有目的地控制它。

一般來說，人們往往可以影響和改變他們所瞭解的東西，當你想要積極改變自己的時候，你首先必須有自知之明。

情緒也是這樣。誰瞭解自己的情緒，誰就能充分合理地利用它們，誰就能操控、駕馭它們。誰要是不瞭解自己的情緒，就只

能無助地聽任它們的擺佈，成為情緒的奴隸。

　　當你開始觀察和注意自己內心的情緒狀態時，一個有積極作用的改變正悄然發生，那就是情商的作用！

　　高情商者往往能有效地察覺出自己的情緒狀態，理解情緒所傳達的意義，找出某種情緒和情緒產生的原因，並對自我情緒作出必要恰當的調節，始終保持良好的情緒狀態。

　　低情商者則因不能及時地認識到自我情緒產生的原因，自然無法有效地進行控制和調節，致使消極情緒如霧一樣彌漫情緒，久久不退。

Emotional Quotient

二 神秘的第六感

像兔子嗅到從狐狸身上飄過的氣息就立刻屏氣斂神，像史前哺乳類一見到攫食的恐龍便四散逃匿，一種內在的警覺控制了我，迫使我暫停，多加小心，警惕步步逼近的危險。

這座橋在我孩提時候就有了。

一天下午，老師帶著我們在橋上玩，我現在仍然記得，那天我和傑米因為爭論橋的年齡而被老師表揚好學。

現在，我每天都要從這座橋上至少走兩次，當然，是開車經過。

秋日的午後，我回家取一樣東西，在離橋還有六百公尺的時候，感覺橋似乎抖了一下。一種奇怪的感覺攫住了我，就在此時，我覺得自己很噁心，好像要嘔吐。

我於是就把車停在了路邊，搖開了車窗，呼吸新鮮空氣。突然，橋發出了巨大的聲音，它斷了！接下來的事我無法描繪出來，肯定是人類不多見的災難場面之一。

恐懼衍生的謹慎救了我一命。像兔子嗅到從狐狸身上飄過的氣息就立刻屏氣斂神，像史前哺乳類一見到攫食的恐龍便四散逃匿，一種內在的警覺控制了我，迫使我停車，多加小心，警惕步步逼近的危險。

以上是美國《紐約時報》專欄作家戈爾曼在一本書上描述的文字，這也就是他說的第六感。

第六感是在人類進化中沉澱下來的一種直覺，它綜合了人類

進化過程中不同場景下不同的情緒特徵。一旦場景有異,人的第六感馬上作出反應,即刻會產生同類的情緒反應,或焦躁,或恐懼,或憤怒,或快樂,從而迫使人作出適當的反應和行動。

戈爾曼認為,幾乎所有的情緒都是進化配置好的程式,是驅動人們應付環境、即刻行動的反應衝動。

情緒一詞的拉丁語詞根為「行動」(motere),加上了字首「e」,表示「離開」,意味著採取行動逃離危險的內在動力。觀察動物或兒童,可以很明顯地看到情緒引發行動。

人類情緒反應的每一種都有其獨特功能,各有其不同的生物特徵。以下就是戈爾曼列舉的,促使有機體作出不同反應的情緒生理機制:

◆人在憤怒時,血液湧向手部,便於抓住武器,攻擊敵人。此時心跳加快,腎上腺素類激素分泌劇增,注入血液,產生強大的能量,應付激烈的行動。

◆人在恐懼時,血液流向大骨胳肌,如流向大腿,以便於奔跑;臉部則因缺血而變得慘白,同時會有血液流失的「冰冷」感覺。

◆可能有一瞬間,身體僵化,也許是爭取時間來衡量藏匿是否為上策。大腦的情緒反射中樞激發大量激素,使身體處於全面警戒狀態,一觸即發,密切注視逼近的威脅,隨時採取最佳的反應行動。

◆人在快樂時,大腦中樞抑制消極情緒的部位啟動,產生憂慮情緒的部位則沉寂,準備行動的能量增加。不過,除這種靜止狀態外,並無其他特殊的生理變化,這將有利於機體從消極情緒的生理激發狀態迅速恢復。

這一機制不僅可使機體以逸待勞，而且還有養精蓄銳之意，可隨時迎接一切挑戰。

◆愛、溫柔、性滿足則啟動副交感神經系統，在生理反應上，剛好與恐懼和憤怒引發的「戰鬥或逃跑」反應相反。副交感神經系統主要是「放鬆反應」，使機體處於一種平靜和滿足的狀態，樂於合作、配合。

◆人在驚訝時，眉毛上揚，擴大了視覺搜索範圍，視網膜上接收到更多的刺激，可獲取意外事件的更多資訊，有助於更準確地判斷事件性質及策劃最佳行動方案。

◆人在厭惡時，上唇扭向一邊，鼻子微皺。這種表情幾乎全世界都一樣，它明白無誤地顯示：某種氣味令人噁心。達爾文認為這是為了關閉鼻孔，阻止吸入討厭的氣味，或欲張嘴嘔出有毒食物。

◆悲哀的主要功能是幫助調適嚴重的失落感，諸如最親近的人逝世或重大失敗等。悲哀減退了生命的活力與熱情，對消遣娛樂已全無興致，繼續下去幾成抑鬱，機體的新陳代謝也因之減慢。但這種回撤提供了一個反省的機會：悲悼所失，同時細嚼生命希望之所在，重聚能量，重整旗鼓，從頭再來。

悲哀可使能量暫時衰退，就早期人類而言，可把他們留在家裏，因為此時他們較脆弱，易遭受傷害。其實這是一種安全保護機制。

所以，當你身處某個場合，霎那間有以上所舉述的特別感受時，一定不要輕易否定它，它或許就是你情緒最精確的表現。

很多時候，人們在尚未知覺有某事發生之前，已出現該種感受的生理反應。舉例來說，當怕蛇的人看到蛇的圖片時，皮膚的

感受器可觀察到汗水冒出，這是焦慮的徵兆，但這個人並不一定感覺害怕。

甚至在圖片只是快速閃過時，他並沒有明確意識到看見什麼，當然也不可能開始感到焦慮，但仍然還是會有冒汗的現象。

當這種潛意識期的情緒刺激持續增強時，最後終將凸顯於意識層。可以說人們都有意識和無意識兩層情緒，情緒到達意識層的那一刻，表示在前額葉皮質留下了記錄。

在意識層之下，某些激昂沸騰的情緒會嚴重影響人們的反應，雖然他對此可能茫然不覺。

比如說，你早上出門時摔了一跤，到公司時好幾個小時都因此煩躁不安，疑神疑鬼，亂發脾氣。但你對這種無意識層的情緒波動一無所察，別人提醒時你還頗為驚訝。

一旦這種反應上升到意識層，便會對發生的事重新評估，決定是否拋開早上的事帶來的不愉快，換上輕鬆的情緒。

從這種意義來看，人們剛好可以從情緒的自我意識基礎上，建立起一項情商的能力，即走出惡劣情緒的能力。

三 一個旁觀的自我

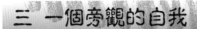

高情商者是自我覺知型的人，他們瞭解自己的情緒，對自己情緒狀態能進行認知、體察和監控。他們具備自我意識，能在情緒紛擾中保持中立自省的能力。

一個小男孩，見了一棵自認為不同凡響的大樹就圍著轉，這邊看看，那邊瞧瞧，父母以為他在玩耍，卻聽他嘴裏嘀咕著：

「像天鵝！」

「像扇子！」

「哦，又變了，像鹿角！」

後來，這孩子成了出名的盆景園藝大師。

潛在的自我總會以某種方式呈現出來。發現了潛在的自我，也就發現了自己內在情緒的變化。

認識並把握了自己的情緒，便能指導自己的人生，從而主宰自己的人生。然而，體察自我需要莫大的勇氣。

在生活中，有的人樂觀向上，有的人卻悲觀絕望，究其原因，是他們觀察和處理自己情緒的方式不同。

根據這種不同的方式，心理學家邁耶將其分成幾種類型：

◆**自我覺知型**：一旦情緒出現，自己便能覺察，這種人情緒複雜豐富，心理健康，人生觀積極向上。情緒低落時絕不輾轉反側，纏綿其中。自我覺知型能有效地管理自己的情緒。

◆**難以自拔型**：這種人常捲入情緒的低潮中無力自拔，聽憑情緒的主宰。情緒多變，反覆無常，而又不自知，常常處於情緒失控狀態，精神極易崩潰。

◆**逆來順受型**：很瞭解自己的感受，接受認可自己的情緒，並不打算去改變。這類人也被稱為認可型。

認可型又分為兩種。一種是樂天知命型：整天開開心心，自然不願也沒必要去改變；另一種是悲觀絕望型：雖然認識到自己處於不良的情緒狀態中，但採取不抵抗主義，抑鬱症患者就屬於這種類型，他們束手待斃於自己的絕望痛苦中。

高情商者是自我覺知型的人，他們瞭解自己的情緒，對自己情緒狀態能進行認知、體察和監控。他們具備自我意識，注意力不因外界或自身情緒的干擾而迷失、誇大，或產生過度反應，能在情緒紛擾中保持中立自省的能力。

能認知自己心緒不佳的人多半有意擺脫，但不一定會克制衝動。

如果自覺地抒發強烈的負面情緒會有效果，如果你能清楚地知道「我現在的感受是憤怒」，便擁有較大的轉變空間，可以選擇發洩，也可以決定退一步。對於情商高的人來說，後者是他們明智的選擇。

著名作家威廉‧史泰隆在自述嚴重抑鬱的情緒時，也有十分生動的描述：「我感覺似乎有另一個自我與我相隨——一個幽魂的旁觀者，心智清明如常，無動於衷，帶著一絲好奇，旁觀我的痛苦掙扎。」

有些人在自我檢查時，的確對激昂或困擾的情緒了然於胸，從自身的體驗向旁邁開一步，彷彿另一個自我在半空中冷靜旁

Emotional Quotient

59

觀。

「我在憤怒面前不能自已了！」有人這樣描述自己當時的情緒。

在這種場景中有兩個我，一個身臨其境怒火中燒的我，一個旁觀的我。「旁觀的自我」以局外人的身份來觀察自己，來評判自己的情緒。這個時候他與自己之間存在某種程度的距離，是以一種鳥瞰的方式來打量自己。

與「身處其中的我」保持一定的距離，能夠更清楚地瞭解那個潛在的我，瞭解自己真實的情緒。

一般來說，高情商者都是經過兩種途徑瞭解自己。

一是經過別人對自己的評價來認識自己。他人評價比自己的主觀認識具有更大的客觀性，如果自我評價與周圍人的評價相差不大，表示自我認識能力較好，反之，則表示在自我認知上有偏差，需要調整。

然而，對待別人的評價，也要有認知上的完整性，不可只以自己的心理需要，注意某一方面的評價。應全面聽取，綜合分析，恰如其分地對自己做出評價和調節。

二是經過生活閱歷瞭解自己。大多數人經過別人的看法來觀察自己，為獲得別人的良好評價而苦心迎合。

但是，僅憑別人的一面之辭，把對自己的認識建立在別人身上，就會面臨嚴重束縛自己的危險。**人生的棋局該由自己來擺，不要從別人身上找尋自己，應該經常自省並塑造自我。**

成功和挫折最能反映個人的性格情緒，因此，還可以經由自己成功或失敗的經驗教訓，來發現自己的情緒特點，在自我反省中重新認識自我，把握自己的情緒走向。

四　內省，認識自我的魔鏡

認識了自己，你就是一座金礦，你就能夠在人生中展現出應有的風采。認識了自我，你就成功了一半。

自省是自我動機與行為的審視與反思，用以清理和克服自身缺陷，以達到心理上的健康完善。它是自我淨化心靈的一種手段，情商高的人最善於經由自省來瞭解自我。

自省是現實的，是積極有為的心理，是人格上的自我認知、調節和完善。自省同自滿、自傲、自負相對立，也根本不同於自悔、自卑這種消極病態的心理。

從心理上看，自省所尋求的是健康積極的情感、堅強的意志和成熟的個性。它要求消除自卑、自滿、自私和自棄，消除憤怒等消極情緒，增強自尊、自信、自主和自強，培養良好的心理品質。

自省者審視自我，使個性心理健康完善，擺脫低級情趣，克服病態畸形，淨化心靈。自省有助於強者倫理人格的完善，和良好心理品質的培養，同時也成為強者的特徵之一。

強者在自省中認識自我，在自省中超越自我。自省是促使強者塑造良好心理品質的內在動力。

自我省察對每一個人來說都是嚴峻的。要做到真正認識自己，客觀而中肯地評價自己，常常比正確地認識和評價別人要更困難得多。能夠自省自察的人，是有大智大勇的人。

哲學家亞里士多德認為，對自己的瞭解不僅僅是最困難的事

情，而且也是最殘酷的事情。

心平氣和地對他人、對外界事物進行客觀的分析評判，這不難做到。但這種心態伸向自己的時候，就未必讓人心平氣和、不偏不倚了。

然而，自我省察是自我超越的根本前提。要超越現實水準上的自我，首先必須坦白誠實地面對自己，對自身的優缺點有個正確的認識。

在人生道路上，成功者無不經歷過幾番蛻變。蛻變的過程，也就是自我意識提高、自我覺醒和自我完善的過程。

人的成長就是不斷地蛻變，不斷地進行自我認識和自我改造。對自己認識得越準確越深刻，取得成功的可能性越大。

在每個人的精神世界裏，都存在著矛盾的兩面：善與惡，好與壞，創造性和破壞性。你將成長為怎樣的人，外因當然起作用，但你對自己不斷地反思，不斷地在靈魂世界裏進行自我揚棄，內省所起的作用是不能低估的。

任何只停留在外表的修飾美化，如改變口才、風度、衣著等，都無法使人真正得到成長。要徹底改變舊我，要成長為一個真正的人，必須有一顆堅強的心，來支撐著你去經歷更高層次的蛻變。

一個真正成熟的人，應該在充分認識客觀世界的同時，充分看透自己。

常會遇到一些這樣的人，他們身上有些缺點那麼令人討厭：他們或愛挑剔、喜爭執，或小心眼、好忌妒，或懦弱猥瑣，或浮躁粗暴……這些缺點不但影響著他的事業，而且還使他不受人歡迎，無法與人建立良好的人際關係。

許多年過去了，這些人的缺點仍絲毫未改。細究一下，他們

的心地並不壞，他們的缺點未必都與道德品質有關，只是他們缺乏自省意識，對自身的缺點太麻木了。

本來，別人的疏遠，事業的成敗，都可作為對自身缺點的一種提醒。但都被他們粗心地忽略了，因而也就妨礙了自身的成長。

用誠實坦白的目光審視自己，通常是很痛苦的，因此，也是難能可貴的。人有時會在腦子裏閃現一些不光彩的想法，但這並不要緊，人不可能各方面都很完美、毫無缺點，最要緊的是能自我省察。

凡屬對自身的審視都需要有很大勇氣，因為在觸及到自己某些弱點、某些卑微意識時，往往會令人非常難堪、痛苦。不論是對自己、對自己的偏愛物、對自己的民族傳統、對自己的歷史，都是這樣。

但是，無論是痛苦還是難堪，你都必須去正視它。不要害怕對自己進行深入的思考，不要害怕發掘自己內心不那麼光明，甚至很陰暗的一面。

勇士稱號不僅屬於手執長矛、面對困難所向無敵的人，而且屬於敢於用鋒利的解剖刀解剖自己、改造自己，使自己得到昇華和超越的人。

當然，自我省察不僅僅是對自己的缺點勇於正視，它還包括對自己的優點和潛能的重新發現。

每個人都有巨大的潛能，每個人都有自己獨特的個性和長處，每個人都可以經由自省發揮自己的優點，努力不懈去爭取成功。

認識自我，是每個人自信的基礎與依據。即使你處境不利，遇事不順，但只要你的潛能和獨特個性依然存在，你就可以堅

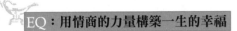

信：我行，我能成功。

一個人在自己的生活經歷中，在自己所處的社會境遇中，能否真正認識自我、肯定自我，如何塑造自我形象，如何把握自我發展，如何抉擇積極或消極的自我意識，將影響或決定著一個人的前程與命運。

換句話說，你可能渺小而平庸，也可能美好而傑出，其實取決於你是否能夠反省，充分地認識自己。

認識自我，你就是一座金礦，你就一定能夠在自己的人生中展現出應有的風采。

五　知己知彼易溝通

善於瞭解自己情緒的人，大多善於協調或順應他人的情感，輕而易舉地將他人的情緒納入自己的思維。這樣，在交往和溝通中將一帆風順。

高情商者是自省能力強的人，是善於聆聽自己內在聲音的人，他們最容易將自己的情緒調整到最佳位置，並能用流利的語言表達其情感，當他與人交往時，也更能與人溝通。

良好的溝通建立在情商之上，情商高的人，能敏銳地監控自我的情緒表達，隨機應變他人的反應，不斷調整自己的社會表演，他們類似高明的演員。

知己知彼，百戰百勝，良好的溝通必須從瞭解自我開始。瞭解自己的感覺和情緒，才能把自己的位置擺正，在溝通過程中才能揚長避短。

瞭解你自己的情緒變化情況——也就是說，在溝通中，什麼是觸動你某種情感的誘因，尤其是最強烈的感覺被觸動時，是什麼讓你感覺受到了激發。

只要你能清楚地瞭解這些誘因，就能對溝通中發生的各種情況，進行妥當的處理。當你知道是什麼使你處於良好的狀態時，就能幫助你進入與人的溝通中，在進行交談時就感覺自己受到了激勵。

瞭解自己的情緒，意味著能夠更好地瞭解他人的情緒。

這就是說，人應該學會異位思考，工作中因為某件事發生

了衝突，設想如果自己處於那個位置，你會是什麼樣的感覺，先瞭解自己的感受，才能更好地瞭解別人的感受。先做好自己的主人，才能做好別人的主人。

如果你能做得很好，你就會贏得他人的信賴，以及他們全心的投入。

善於瞭解自己情緒的人，大多善於協調或順應他人的情感，甚至輕而易舉地將他人的情緒納入自己的思維。這樣，在交往和溝通中將一帆風順。

強有力的領袖人物，富於感染力的藝術家，他們都有這一特徵，能以這樣的方式影響成千上萬人與自己同醉同癡。

如果你是一位管理者，瞭解自己的情緒，你可以對照自己，更容易瞭解是什麼使屬下能夠持續堅持下去，而感到高興。

如果你是銷售部門人員，可以用自己的這種能力去尋找顧客，並且當他們對你的產品感興趣時，確認他們的需要。

人的感情往往使人看問題不能客觀，帶有情緒，而一帶有情緒，就會使你忽略了對方的想法，導致溝通的失敗。

要能瞭解和控制自己的情緒，即使對方有些蠻不講理，也不可大動干戈，氣惱不止。而應冷靜應付，必要時以不變應萬變。

缺乏瞭解自己情緒的人，肯定是個非常不成功的人，是個情商低能兒。儘管他擁有很高的智力，儘管他以較高的效率做著自己的工作，但是他不參照自己的情緒反應，瞭解他人會有何種感覺。

他會對其他人的工作十分挑剔，不是鼓勵或幫助他們，不去關心他們，甚至用冷酷的態度來教訓他們，而不是嘗試去溝通。因此，他人可能把他看做是一個冷酷無情的人，並盡量迴避他，他們可能以各種負面的方式來描述他，例如，自私、冷漠、不關

心人等等。

　　然而事實的真相卻是，這些描述可能沒有一個是準確的，這個人只是缺乏情緒智商而已。

　　當你可以清楚地確認你自己的感覺時，要瞭解其他人的感覺就更加容易。研究證實，用開放的態度來處理資訊會更準確。

　　就感情方面來說，你越能設身處地為別人著想，就越能瞭解別人的看法，團隊整體的溝通效果也會越好。當團隊成員能夠彼此適應、彼此協調時，就能夠發揮出團隊的合作加分作用。

　　以前的總裁們很少會面帶微笑，事實上，有時可以用一個人的笑容多寡，來判別他的身份地位。在階級組織中的地位越高，面帶微笑的表情就越少。

　　而今天，那些擁有高情緒智商的總裁則不同，他會展現出和藹可親的形象。他更像是一個優秀的溝通者，一個熱誠、關心他人的人，同時也很受大家的歡迎，具有領導者的魅力。

　　一個擁有高情緒智商的人，知道如何與他人和睦共處，有信心和毅力，能很輕鬆地適應不同的個人風格。除此之外，他十分具有適應性，當情況發生變化時，他會及時作出調整。

　　在大多數情況下，高情商者在開口說話之前，先瞭解自己，後傾聽。當需要的時候，他會很有說服力，給人一種值得信任的感覺，並知道應該如何去做。

　　除了能夠清楚地瞭解其他人的感覺，並表達出一種有支持力的個性之外，擁有高情緒智商的人還有其他兩種能力：在兩個敵對的派系之間能進行有效的周旋，以及能將不同的個體進行有效地組織，以提高團隊的效率。

六 自信心助你認識自己

如果你的自信心是一個低能者，你就會在自己內心深處的那塊螢幕上，經常看到一個無所作為、不受人重視的平庸小人物。

自信心是在自我認識或自我意識的基礎上形成的，自信心就是自我認識或自我意識的一部分。

自信心是根據自己過去成功或失敗的經驗、他人對自己的反應和評價而不自覺形成的。

童年經驗對自信心的形成有重要影響。自信心偏重於對自身價值、能力、以及在社會上的地位進行評估。

自信心雖然是不自覺形成的，但這種心態一旦形成，人們就依據它去判斷自己，並指導自己的行動，而很少懷疑它的可靠性。

如果你的自信心是一個低能者，你就會在自己內心深處的那塊螢幕上，經常看到一個無所作為、不受人重視的平庸小人物。

而且，遇到困難時你會對自己說沒有能力，在生活和工作中，你就會感到自卑、沮喪、無力。

如果你的自信心是一個多才多藝者，你就會在自己內心深處的螢幕上，經常看到一個辦事有力、受人尊重、進取向上的自我。

這樣，在任何情況下，你都會對自己說：「我能做好。」在工作中，你就會有自信、愉快、好勝等良好的心態，從而在工作中取得成績。

　　自信心確立的原則是：在真實自我的基礎上，最好稍微高一些。高一些的自信心會使你信心更強，制訂的目標更大，把你的潛力更多地挖掘出來。偏低，尤其是明顯偏低，是確立自信心的大忌。它會損傷你的自信心，可能使你連現有的能力也發揮不出來，更不要說挖掘潛力了。

　　當你第一次獲得成功時，良好的自信心就開始形成了。

　　對於許多人來說，有無良好的自信心，首先取決於父輩是否有良好的自信心。沒有良好自信心的父母，很難培養出自信的孩子。

　　最需要調整的就是自卑的自信心，當你總覺得自己一無是處，事事不如別人時，就應當主動修改自信心了。

　　這時候，應當牢固地樹立起這樣的信念：我是造物主的獨特創造，在這個世界上，沒有跟我完全相同的第二個人。天生我才必有用，我的存在一定會有價值，我也一定能夠找到自己存在的價值，因為我是獨一無二的！

　　過於高大的自信心也應進行適當調整。對自己估價過高，不僅不利於客觀地設計進取目標，還會破壞人際關係，使人際環境惡化，給自己走向成功的道路設置許多障礙。

　　威廉·詹姆斯透過研究提出了一個公式，即：自足感=成就÷抱負。這個公式顯示了一個人的自我感覺滿足與否，與個人的實際成就成正比，與抱負水平成反比。

　　如果一個人所取得的成就與其抱負水準相當，那麼他將對自己感到滿意，進而產生積極的自信感、成就感等。如果成就小而抱負大，那麼此人將感到不滿足，他可能更加努力地取得成就，也可能放棄努力，從而降低或拋棄抱負。要達到對自我肯定性的評價，或提高自信心，不外乎是提高成績或降低抱負水平。這個

公式可以成為調節自信心的一個參考。

只有自信心與成就、抱負處於一種動態的平衡狀態，或一定程度的不平衡，即自信心略強、抱負略大，才有利於成就的取得和自我能力的提高。

堅定的信心與過於高大的自信心，有時很難區分。獨特的見解、超凡脫俗的創造、別出心裁的設計、反潮流的行為，這些往往都是高級才智的表現。

但是，它在多數情況下，在很長一段時間內，很難為多數人所接受，甚至所有的人都不理解。這時，堅持己見是自信心的表現，是有巨大創造才能的人才所具備的一種心理品質。

可是，當對自己的能力和貢獻大小的評價，與多數人發生了分歧時，就應當考慮，是不是自己過度放大了自信心。這時應當儘量拉短真實的自我與自信心之間的距離了。

有自信心的人通常的表現是，認為自己有智慧、有能力，至少不比別人差；有獨立感、安全感、價值感、成就感和較高的自我接受度。同時，有良好的判斷力、堅持己見，具有良好的合作精神和適應性。

自信心如何，是能否取得成功的首要基礎。你覺得自己是個聰明的人，你就不會在難題面前輕易罷休。你覺得自己將一事無成，你就不會再向更高的目標努力。因為良好的自信心表現出來就是自信心。

自信心是建立在自信心基礎上的，也就是說，自信心以對自己基本客觀的評估為基礎。

自信心是一種向量，它的方向始終指向遙遠的終點，指向困難，指向難於完成的事業。

所以，自信心能有助於認識自己。

第三篇

自我管理

　　人的情緒表現受到眾多因素的影響，遇到不好的事情發生時，人們或低落消沈，或火冒三丈，或憤憤不平，或心煩氣躁，種種劣質情緒都會給人帶來負面影響。

　　所以，必須運用各種情緒管理技巧，靈活地調控自己的情緒，舒解矛盾，保證情緒的穩定和行為的積極。

一 槍聲在驚恐後響起

恐懼本是人類進化過程中遺留下來的原始情緒，驅使我們遠離危險、保護家人。然而，恐懼使父親甚至沒來得及聽出女兒的聲音，沒來得及看清槍口對準的是誰，便開槍了。

———————————————————————————

傑西卡是加州一所大學的學生，暑假時他來到姑媽家度假，正好在開學前幾天他過生日，這讓他很興奮。

姑媽的女兒，他十六歲的表妹琳娜，決定在傑西卡生日那天，給他來點意外的驚喜。

生日那天晚上，傑西卡和姑媽一家在電影院看完電影，準備到公園散散步，琳娜有事先回了家。

等到他們三人都到家的時候，卻發現屋子裏一片漆黑，姑父叫了好幾聲琳娜都沒有回答。

大家一時都很緊張，姑父迅速掏出了手槍，門卻是虛掩著的。就在推開門的時刻，響起了生日歌和琳娜劃火柴準備點蠟燭的聲音。

然而，槍聲同時響起。

子彈準確地擊中了琳娜的胸口！之後，琳娜在被送往醫院的途中停止了呼吸。

事情發生後，琳娜的父親痛心疾首，一家人也都陷入了極度的痛苦之中……

———————————————————————————

這之前，當地發生了多起居室性侵案，媒體進行了大量報

導，並提醒人們注意防範。琳娜的父親一到家門口，眼前便產生了類似場景的幻覺，恐懼和緊張促使他本能地掏出手槍，悲劇就這樣發生了。

恐懼本是人類進化過程中遺留下來的原始情緒，驅使人們遠離危險、保護家人。正是這一恐懼本能驅使父親拿起槍，搜尋他所以為的入侵者。

然而，恐懼使父親甚至沒來得及聽出女兒的聲音，沒來得及看清槍口對準的是誰，便開槍了。

進化論生物學家認為，像恐懼這類自主性的反應，早已烙刻在人類的神經系統上，因為在漫長而又危險的人類史前時期，這關係著人類的生死存亡。

儘管在進化的漫長歷程中，情緒英明地指引著人類前進，但進化的緩慢步伐，仍追趕不上現代文明的日新月異。

人類在早期曾頒佈過許多法則和法令，如《漢謨拉比法典》、《摩西十戒》、《阿索略大帝敕令》等，這些都可看作是約束、駕馭或馴化情緒的企圖與努力。

這是因為，社會在原始的毫無節制狀態下，只有制訂戒律，才能降低恣肆洶湧的情緒浪潮。

無視社會規範，激情一再衝垮理性，這是人類本性使然。為人類所獨有的情緒神經反射，是人類自進化以來的最佳生物學設計，百萬年以來，進化過程緩慢而精細地建構著人們的情緒。

最近一萬年來，人類文明有了飛躍發展，人口也從五百萬爆炸性地增加到六十多億，但這一切都沒有在人情緒的生理模板上留下任何印痕。

人們對每天遭遇事物的評估及其反應，不僅僅取決於我們的理性判斷與個別經驗，還來自於悠遠祖先的回聲。這難免有時會

Emotional Quotient

73

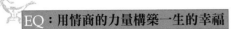

導致類似琳娜悲劇的發生。

　　當代人類在遭遇現實的困境時，常常訴之於原始情緒。這種困惑正是本書要探討的核心主題，也是人們重視情商，並利用它來管理自我的意義所在。

二　對衝突的有效管理

衝突是由劣質情緒引起的，在人的內心它會留下難以磨滅的
印記，表現在外部，它甚至就是人際交往的障礙。

① 如何面對激烈的情緒衝突

凱莉在一家高技術設備公司工作，他是該公司的高級經理。

在與一家大型企業交易時，公司的供貨訂單上出現了嚴重的
錯誤，為此公司將蒙受幾百萬美元損失。

凱莉從一開始就介入了這一訂單合約，她被通知去參加由主
管主持召開的經理級別會議，會議的目的是找到如何保住合約的
方法。

會議一開始，管理主管就對經理們發出了嚴厲的指責，每一
位經理都因各自的責任而受到粗暴嚴厲的責問。

主管不但不允許他們做出任何辯解，而且諷刺的口吻越來越
強烈。這似乎在告訴在場者，他舉行會議的目的，就是為了將所
有的人羞辱一番。

有兩位高級經理對這種羞辱很不滿，並提出異議，但主管立
刻聲嘶力竭，咆哮不已，於是，所有的人都畏縮和靜默了。

關鍵時刻，凱莉舉起了手，所有的眼睛都轉向她。

主管遲疑了一下，同意她發言。

凱莉首先提醒主管開會的目的，並詢問他，是否可以開始討
論這一合約的補救方法。

主管兇狠地盯著凱莉，反覆盤問她在這一事件中應承擔的責

任。

凱莉對視主管緊逼的目光，平靜地回答了她提出的所有問題，沒有流露出絲毫膽怯和遲疑。

她承認已經出現的錯誤，但是堅定地說，公司現在最需要做的事情，是討論如何保住這張訂單。

凱莉提出，她非常想瞭解主管對這一問題的意見，她冷靜地重複這一觀點，直到主管逐漸開始平靜下來，會議終於轉回到對實際問題的討論上來。

幾個月以後，凱莉在這位主管的推薦下得到晉升。

當時，整個會議籠罩在畏懼和憤怒的氣氛中，凱莉拒絕讓自己陷進去。她挺身而出，因為她冷靜，並且對目前的合約狀況極為關注。

凱莉的成功就在於，她能夠把主管的憤怒與自己的工作能力問題區分開來，從而使他能夠冷靜清晰，表達出採取積極行動所需要的觀點，而不是消極對抗、揭醜和反詰。

也就是說，她在情緒衝突面前做出了良好的判斷，而且對自己不必做的事情，做出了恰如其分的情緒回應。

② 運用想像力管理畏懼情緒

積極情緒與人們的價值取向相聯繫，而消極情緒通常與畏懼和憤怒相聯繫。當積極情緒遍及心靈時，消極情緒就幾乎沒有立足之地。

但是，消極情緒也有有益的一面，例如，畏懼可以保護我們，使我們免受危險的傷害，特別是在從事某些高危險的事情時，例如捕捉一條劇毒的蛇。而憤怒經過疏導，能夠轉變成積極的行動，比如與不公平現象作抗爭。

　　但是，在大多數情況下，畏懼和憤怒都是一種破壞性力量，是引發衝突的誘因。

　　畏懼會阻礙人們採取行動。如果畏懼是現實的，那麼人們就必須改變他們的計劃，使畏懼感消失。

　　可悲的是，畏懼經常建立在想像的基礎上。人們在自己的頭腦裏構建出一幅大災難的可怕圖景，而它賴以產生的基礎僅僅是可能發生的事情——對某個資訊產生的悲觀判斷，而且經過大腦的不斷加工，人們還會不斷為它加上一些更可怕的後果。

　　五十年前，美國的研究機構對人的畏懼心理進行了調查，調查對象被問到，在今後的幾週裏，他們可能會擔心發生什麼事情。

　　調查後發現，在他們所擔心的事情中，超過90％根本就沒有實際發生，而在發生了的事情中，有70％並不像他們想像的那麼糟糕。

　　當然，生活中發生的某些事情是難以避免的，比如年齡增長、投資失敗、事故、戰爭、疾病及生離死別等。帶著戰戰兢兢的畏懼心理對待它們，將會使它們變得比事實本身更加糟糕。而如果勇敢地接受它們，人們就能夠預先做好準備，迎接它們的挑戰。

　　畏懼能夠傳染，因為它經常以想像為燃料。為了克服被畏懼控制的天性，人們需要建設性地運用自己的想像力，不是用可能發生的最糟糕的事情，來使自己驚恐不安，而是運用想像力，思考將如何迎接它的挑戰，這是一種更積極的生活方式。

　　首先，想像某件你擔心會在未來發生的事情。然後，想出最好的結果，最壞的結果，以及最可能出現的結果。想像最壞的情況，以及你如何妥善地處理它，想像如果它真的發生，你將如何

應付。想像最可能出現的結果，並詢問自己：我現在應該怎樣去避免這一情況的發生，或者為它的發生做好準備？

蘇姍·婕菲絲曾提醒人們：畏懼將取決於我們的行動——面對畏懼，我們也許可以與之為伍，並從中做出最佳決定。

③ 衝突解決之道

瓊斯是一家廣告公司經理，他主要負責為客戶作市場調查，並製作市場銷售文案，發佈廣告，樹立公司品牌。

詹妮在這家公司中負責與客戶進行溝通和聯絡，她似乎沒有受過這方面的職業訓練，她常常不能如期完成負責的專案，而且，她最後設計出來的文案總包含著一些不符合顧客要求的特徵，導致重複設計，加大了專案成本。

為此，瓊斯與詹妮面談了四次，但詹妮彷彿都置若罔聞，瓊斯的忍耐到了極限。

在一次工作會議快結束時，他專門對詹妮進行了指責，對他提出了非常嚴厲的警告。

儘管如此，瓊斯感到這不一定能解決問題，他準備再花半天時間與詹妮進行交談，討論如何解決這些問題。

那一天，瓊斯為這次交談定下了目標，他想要讓詹妮努力做到：

——在規定期限內會見顧客。

——嚴格遵守預算，不得超出。

——尊重顧客的要求。

他們的這次交談像是一次自由討論的練習。瓊斯要求詹妮，在聯絡客戶時，要對其目標進行想像，應該說，以上三個目標都將非常容易實現。

　　然後瓊斯問，在她的想像中，公司其他成員是何種類型的人？

　　詹妮告訴瓊斯，她認為瓊斯是一個老於世故，喜歡兜圈子的人，而且，他對員工的希望常常不切實際。她甚至宣稱，在設計問題上，她不會改變自己的意見去遷就顧客。

　　他們兩人開始直率坦誠地交談，在交談中，瓊斯對詹妮有了更多的認識，他同時也讓詹妮對自己有了更多的瞭解。

　　這次會面成為他們工作關係的轉捩點。瓊斯對詹妮所受到的限定性因素給予了更多的理解，而詹妮也做出了積極的回應，她極力地改善了自己，讓人感到耳目一新的努力，在預定期限內完成了工作和管理預算。

　　瓊斯採取了積極的行動，預防自己產生出徒勞無益的憤怒，並有效地避免使憤怒轉化為不斷增加的挫折感。

　　他還增加了雙方的協調性和創造性，這意味著他能夠超越個人的立場，去探究他人。這種能力有效地攔截了他的憤怒和挫折感，把有用的能量全都轉換為改善業績中。

　　他還是一個開誠佈公和具有移情作用的人，能夠虛心地傾聽詹妮的意見，並由此找到使自己走出僵局的途徑。

　　在現實中，衝突經常會愈演愈烈，雙方都固守自己的立場，不肯讓步，拒絕站在對方的立場去思考。

　　如果雙方能夠端正心態，詢問第三方對這一問題的立場和看法，或者從大局角度來看問題，那麼他們就有可能從各自的立場上退一步，研究其他可選擇的解決方法。

　　在合約談判中，職業談判專家共同採用的一種方法是，採用客觀的標準決定公正的處理方式。這樣，雙方在進行談判時，就會有一個起碼的標準，就像由第三方來做出決定一樣。

以上這種方法就是重新構造，它將各種不同的觀點轉換成另一種觀點，它不讓人的思想在問題之中打轉，它擺脫了因為局限性思維創出的視野狹隘，從而不會使人產生消極的情緒。

另外，對話是拒絕衝突和改善關係的關鍵。對話就是進行語言交流，它是這樣一個框架：瞭解自己的觀點——探究他人的觀點——中立方的觀點——建立良好的溝通。

對話能發展人際關係，卸掉雙方衝突的導火線，並能對兩者的情緒產生相互影響，從而為共同的目標與人尋求合作。

人們經由對話尋求理解，發現內心深處的擔憂和恐懼：對開誠佈公的恐懼，對誠實的恐懼，對說出心裏話的恐懼，對發現他人真實意願是什麼的恐懼。

從這個意義上講，對話是一種有效的工具，它運用情緒智力，使消極情緒無法變成有效溝通的障礙。

運用對話，第一步是開誠佈公地公開你的感覺和需要。那些能夠很好地運用自己情緒智力的人，經常會對他人開誠佈公，公開自己的感覺和需要。只有這樣，各自的觀點才能進行交換，雙方的解決方案才能公開地進行討論，衝突才能得以解決，因為，他們對存在的差異性擁有足夠的認識。

在亞洲的一些偏遠地區，為捕捉到猴子，獵人在叢林的地面上綁上一個小柳條籠子。籠子的口很小，僅僅允許猴子空著手伸進去並抽出來。

獵人在籠子裏放上一兩根香蕉，當猴子看見時，就會把手伸進去取香蕉，但是，當牠手上拿著香蕉時，手就抽不出來了。

於是，猴子就很容易被獵人捕獲。

人沒有什麼不同——人們緊緊地抓住其情緒香蕉，不肯鬆手，感到失去了它們就會有威脅。

常見的情緒香蕉包括：對身份地位的渴望，需要得到他人的愛和尊重，控制欲的需要，對得到承認的渴望，對不舒適的逃避等。

我們所攫取的「香蕉」越少，屈從情緒劫持的可能性就越小。當我們告訴自己，我必須擁有某種東西時，就失去了對它的情緒控制力。

當我們告訴自己，是的，你給我這些，我願意收下，但是我並非必須擁有它，這樣，我們就重新獲得了對「香蕉」的情緒控制力。

解決衝突就變成這麼簡單。

三 操之在我

操之在我是自我情緒管理的技巧，它指的是要能夠控制自己的情緒，不受制於人，不為環境因素所左右，它是情商的至高境界。

① 憂慮是不停往下滴、滴、滴的水

在歐洲中古時期，殘忍的將軍要折磨他們的俘虜時，常常把他們的手綁起來，放在一個不停往下滴水的袋子下面。

水滴著，滴著……夜以繼日。

最後，這些不停滴落在心頭的水，變得像是槌子敲擊的聲音，使那些人神經失常。這種折磨人的方法，以前西班牙宗教法庭和希特勒手下的德國集中營都曾使用過。

憂慮就像不停往下滴、滴、滴的水，而那不停往下滴、滴、滴的憂慮，通常會使人心神喪失而自殺。

憂慮者彷彿是一個隨時馱著殼的蝸牛，只是束縛他的繭殼是無形的；憂慮者宛若是置身於一個孤獨的城堡，他出不來，別人也進不去。

曾經獲得諾貝爾醫學獎的亞歷克斯‧卡瑞爾博士說：「不知道抗拒憂慮的人都會短命而死。」

恐懼使你憂慮，憂慮使你緊張，並影響到你胃部的神經，使胃裏的胃液由正常變為不正常，因此就容易產生胃潰瘍。

在談到憂慮對人的影響時，一位醫生說，有70％的人只要能

夠消除他們的恐懼和憂慮，病就會自然好起來。

約瑟夫‧蒙塔格博士曾寫過一本《神經性胃病》的書，他也說過同樣的話：胃潰瘍的產生，不是因為你吃了什麼而導致的，而是因為你憂愁些什麼。

憂慮也容易導致神經和精神問題。著名的梅奧兄弟宣佈，在病床上躺著患有神經病的人，在強力的顯微鏡下，以最現代的方法來檢查他們的神經時，發現大部分都非常健康。

他們「神經上的毛病」，都不是因為神經本身有什麼異常，而是因為情緒上有悲觀、煩躁、焦急、憂慮、恐懼、挫敗、頹喪等等情形。

醫學已經大量消除了由細菌所引起的疾病。可是，醫學界一直還不能治療那些不是由細菌所引起、而是由情緒上的憂慮、恐懼、憎恨、煩躁以及絕望所引起的病症。這種情緒性疾病所引起的災難正日漸增加，日漸廣泛，而且速度快得驚人。

精神失常的原因何在？沒有人知道全部的答案。可是在大多數情況下，極可能是由恐懼和憂慮造成的。焦慮和煩躁不安的人，多半不能適應現實生活，而跟周圍的環境隔絕了所有的關係，縮到自己的夢想世界，以此解決他所憂慮的問題。

許多人都想辦法趕走自己的憂慮情緒，許多人這樣做到了。

「沒有時間去憂慮」，這是邱吉爾在戰事緊張、每天要工作十八個小時的時候說的話。當別人問他是否為自己肩負的重任而憂慮時，邱吉爾說：「我太忙了，沒有時間去憂慮。」

「讓自己忙著」這一件簡單的事情，就能夠把憂慮趕出去。心理學上一條最基本的定律就是：一心不能二用。人們不可能既激動、熱誠地去想令人興奮的事情，又同時陷入憂慮當中。

「讓他們忙著」這句話，曾被醫生用來治療心理上的精神衰

弱症。除了睡覺的時間之外，每一分鐘都讓這些在精神上受到打擊的人充滿了活動，比如釣魚、打獵、打球、打高爾夫球、種花以及跳舞等等，根本不讓他們有時間閒著。

「職業性的治療」是近代心理醫生所用的名詞，也就是拿工作當成治病的處方。這並不是新的辦法，古希臘的醫生早已經使用了。

每一個心理治療醫生都能告訴你：工作——讓你忙著——是精神病最好的治療劑。

要是你不能一直忙碌著，而是閒坐在那裏憂愁，你會產生一大堆被達爾文稱之為「胡思亂想」的東西，而這些「胡思亂想」就像傳說中的妖精，會掏空你的思想，摧毀你的行動力和意志力。

高情商者說：有憂慮時不必去想它，在手掌心裏吐口唾沫，讓自己忙起來，你的血液就會開始循環，你的思想就會開始變得敏銳。

馬特先生就是這樣一位高情商者，他在那段焦慮的時間裏，完成了一次生命的航行。

一九五三年的一天晚上，馬特先生胃出血，被送進芝加哥醫學院的附屬醫院。

不到幾天，他的體重從一七五磅銳減到九十磅，只能每小時吃一湯匙半流質的東西。

每天早上和晚上，護士把橡皮管插進他的胃裏，把裏面的東西洗出來。醫生坦率地告訴他已經無藥可救了。

馬特先生想了許多，他開始焦慮、發怒，病情因此加重許多。他甚至想到了自殺。

就這樣過了幾個月，馬特發現自己幾乎只剩下一個軀殼，這不是他原來的樣子。他決定作一些改變。

他對自己說：馬特，如果你除了等死以外，再也沒有別的指望了，還不如好好利用一下剩餘的時間呢！你不是一直想環遊世界嗎？現在可以去做了。

當馬特把這個想法告訴醫生時，醫生以為他瘋了，並警告他說：「如果你環遊世界，就只有葬身大海了。」

馬特說：「不會的。我已經告訴了親友，我要葬在尼布雷斯卡州老家的墓園裏，我打算把棺材隨身帶著。」

他真的買了一具棺材，和輪船公司講好，萬一死了，就把他的屍體放進冷凍艙裏。

馬特從洛杉磯上了「亞當斯總統號」船，開始向東方航行了。真奇怪，他居然覺得好多了！漸漸地不再吃藥和洗胃，不久之後，任何東西都能吃了，甚至可以抽長長的黑雪茄，喝幾杯酒，多年來他從來沒有這樣享受過了。

馬特在船上和人們玩遊戲、唱歌、交新朋友，晚上聊到半夜。他感到非常舒服，充滿了歡樂。回到美國之後，他的體重增加了六十磅，幾乎完全忘記了以前的焦慮和病痛。他一生中從來沒有這樣開懷過。

回來後，馬特先生對他的家人說：「如果上船之後我繼續憂慮下去，毫無疑問，我只會躺在棺材裏完成這次旅行了。」

② 別讓小憂慮困住自己

在非洲草原上，有一種不起眼的動物叫吸血蝙蝠。牠身體極小，卻是野馬的天敵。

這種蝙蝠靠吸動物的血生存，牠在攻擊野馬時，常附在馬腿上，用鋒利的牙齒極敏捷地刺破野馬的腿，然後用尖尖的嘴吸血。

無論野馬怎麼蹦跳、狂奔，都無法驅逐這種蝙蝠。蝙蝠卻可以從容地吸附在野馬身上，落在野馬頭上，直到吸飽喝足，才滿意地飛去。

而野馬常常在暴怒、狂奔、流血中無可奈何地死去。

動物學家們在分析這一現象時指出，吸血蝙蝠所吸的血量是微不足道的，遠不會讓野馬死去，野馬的死亡是牠的暴怒和狂奔所致。

現實生活有著驚人的相似之處。將人們擊垮的，有時並不是那些看似滅頂之災的挑戰，而是一些微不足道的雞毛蒜皮小事。

的確，人們通常都能勇敢地面對生活中的大危機，可是，卻會被那些小事情弄得垂頭喪氣。然而一個具有高情商的人，絕不會讓小事情困住自己的情緒。

芝加哥的薩伯斯法官曾仲裁過四萬多件不愉快的婚姻案件，他說：「婚姻生活之所以不美滿，最基本的原因通常都是一些小事情。」

紐約州的地方檢察官弗蘭克‧霍根也說：「我們處理的刑事案件裏，有一半以上起因於一些很小的事情：在酒吧裏逞英雄，為一些小事情爭吵，講話侮辱別人，措辭不當，行為粗魯——就是這些小事情，引起傷害和謀殺。」

羅斯福夫人剛結婚的時候，她憂慮了好多天，因為她的新廚子做飯做得很差。

「可是如果事情發生在現在，」羅斯福夫人說，「我就會聳

聳肩膀把這事給忘了。」

就連凱瑟琳女皇——這個最專制的女皇，在廚子把飯做得不好的時候，通常也只是付諸一笑。

一條法律上的名言也告訴人們：法律不會去管那些小事情。所以，人不必為這些小事憂慮，如果他希望求得心理上的平靜的話。

大多數的時間裏，要想克服一些小事情所引起的困擾，只要把自己的看法和重點轉移一下就可以了——讓你有一個新的、能使你開心一點的看法。

狄士雷里說過：「生命太短促了，不能再只顧小事。」這句話曾經幫安德烈‧摩瑞斯捱過很多痛苦的經歷。

摩瑞斯說：「**我們常常讓自己因為一些小事情，一些應該不屑一顧和很快忘記的小事情弄得非常心煩……我們活在這個世上只有短短的幾十年，而我們浪費了很多時間，去為一些一天之內就會被人忘記的小事憂愁。不要這樣，不要再顧及那些小事。**」

一個善於運用情商的人，完全能夠掌控和調適自己的情緒，不會為一點瑣碎小事而憂慮。

特別不要讓還沒有發生的憂慮困住自己，因為，99％的憂慮其實不太會發生。

一九四三年夏季，世界上大多數煩惱似乎都降到史密斯先生的頭上。

四十年來，他的生活一直很順暢，只有一些身為大夫、為人之父及生意上的小煩憂，他通常也都能從容應付。

可是突然間，接二連三的打擊向他襲來，他因為下面這些煩惱，整晚輾轉反側，陷入深深的憂慮之中。

他辦的商業學校，因為男孩都入伍作戰去了，因此面臨嚴重

的財務危機。

他的長子也在軍中服役，像所有兒子出外作戰的父母一樣，他非常牽掛擔憂。

奧克拉荷馬市正在徵收土地建造機場，他的房子正位於這片土地上。他能得到的賠償金只有市價的十分之一。

最慘的是，他無家可歸，因為城市內的房屋不足，他擔心不能找到一個遮蔽一家六口的房子。說不定他們得住在帳篷裏，連能不能買到一頂帳篷，他也感到擔憂。

他農場上的水井乾枯了，因為他房子附近正在挖一條運河。再花五百美元重新挖個井，等於把錢丟到水裏，因為這片土地已被徵收了。

他每天早上得運水去餵牲口，可能要花兩小時，說不定後半輩子都得這麼累了。

他住在離商業學校十英哩遠的地方，礙於戰時的規定，他又不能買新輪胎，所以他老擔心那輛老爺福特車，會在前不著村後不著店的荒郊野外拋錨。

他大女兒提前一年高中畢業，下定決定要念大學，他卻籌不出學費，她會因此而心碎的。

一天下午，史密斯正坐在辦公室裏為這些事憂慮著，他忽然決定把它們全部寫下來，因為這些困難好像已超出他的控制範圍。看著這些問題，他覺得束手無策。

一年半以後的一天，史密斯在整理東西時，發現了這張紙片，上面記載著他曾經有過的六大煩惱。但有趣的是，他發現其中沒有一項真正發生過：

擔心學校無法辦下去是沒有意義的，因為政府開始撥款訓練退役軍人，他的學校不久就招滿了學生。

擔心從軍的兒子也沒有意義，他毫髮無傷地回來了。

擔心土地被徵收去建機場也是無意義的，因為附近發現了油田，因此不可能再被徵收。

擔心沒水餵牲口是無意義的，既然他的土地不會被徵收，他就可以花錢掘口新水井。

擔心車子在半路上拋錨是無意義的，因為他小心保養維護，倒也堅持下來了。

擔心長女的教育經費是無意義的，因為就在大學開學前六天，有人奇蹟般地提供他一份從事稽查的工作，可以用課後的時間兼差，這份工作幫助他籌足了學費。

99％的憂慮其實不會發生，直到看到自己這張煩惱單，史密斯先生才明白這個道理。

難忘的經驗讓史密斯體會到，為了根本不會發生的事而飽受煎熬，這是一件多麼愚蠢的事啊！

今天正是你昨天憂慮的明天。在憂慮時不妨問問你自己：我怎麼知道我所憂慮的事真的會發生？

③ 不為別人的批評而煩惱

即使被別人說了無聊的閒話，被人當成笑柄，被人騙了，或者被最親密的朋友出賣了——也千萬不要縱容自己而只知道自憐，應該時刻提醒自己。

雖然，我們不能阻止別人對自己做出不公正的批評，卻可以做一件更重要的事，我們可以決定不讓自己受到不公正批評的干擾。

已故的美國人馬修·布拉，當年是華爾街四十號國際公司總裁，有人問他是否對別人的批評很敏感，他回答說：

　　「是的，我早年對這種事情非常敏感。我當時急於要使公司裏的每一個人，都認為我非常完美。要是他們不這樣想的話，就會使我憂慮。只要一個人對我有一些怨言，我就會想法子去取悅他。可是我所做的討好他的事，總會讓另外一個人生氣。然後等我想要補足這個人的時候，又會惹惱其他的人。」

　　「最後我發現，我愈想去討好別人，就愈會使我的敵人增加。所以最後我對自己說：只要你超群出眾，你就一定會受到批評，所以還是趁早習慣的好。這一點對我大有幫助。」

　　「從此以後，我就決定只盡自己最大的能力去做，而把我那把破傘收起來，讓批評我的雨水從我身上流下去，而不是滴在我的脖子裏。」

　　林肯要不是學會對那些謾罵置之不理，恐怕他早就受不住內戰的壓力而崩潰了。他寫下的如何對待批評的方法，已經成為經典之言。

　　第二次世界大戰期間，麥克阿瑟將軍曾把它抄下來，掛在總部的寫字臺後面。而邱吉爾則將其鑲在框子裏，掛在書房的牆上。

　　這段話是這樣寫的：

　　「如果我只是試著要去讀——更不用說去回答所有對我的攻擊，這間店不如關了門，去做別的生意。我儘量用最好的辦法去做，盡我所能去做，我打算一直這樣把事情做完。如果結果證明我是對的，那麼人家怎麼說我，就無關緊要了；如果結果證明我是錯的，那麼即使花十倍的力氣來說我是對的，也沒有什麼用。」

　　所以，情商高的人都不會為別人的批評而煩惱，太在意別人批評的人，都會局限於狹窄的範圍內，而讓自己失去了更為廣闊的天地。

　　康能第一次在美國眾議院演講的時候，被言辭流利的新澤西州的代表菲爾卡斯這樣譏諷了一句：

　　「這位從伊利諾州來的先生，恐怕口袋裏裝的是雀麥吧？」

　　全院的人聽了便哄堂大笑，假如被譏諷的是一個臉皮薄的人，恐怕就會不知所措了，但是康能卻不然，他外表雖然粗蠻，但內心卻明白這句話是事實。

　　他回答說：「我不僅口袋裏有雀麥，而且頭髮裏藏著種子。我們西部人大都是這種鄉土味兒，不過我們的種子是好的，能夠長出好苗來。」

　　康能因這次反駁，以致全國聞名，而大家都稱他為「伊利諾州的種子議員」。

　　康能能夠使別人的批評變為稱讚和同情，因為他諳熟一種自貶的方法，這種方法人人都可以很容易學到。

　　從批評聲浪中逃走是不好的，批評就好像一隻狗一樣，狗看見你怕牠，便愈加追趕你，恐嚇你。如果某種批評把你嚇住了，你便日夜都痛苦不安。但是如果你轉過頭來對著狗，狗便不再吠叫了，反而搖著尾巴，讓你來撫摸。

　　只要你正面迎擊對你的批評，到頭來，它反而會為你所溶化、克服。人們之所以怕批評，是因為批評乃是真的事實，愈真實則人們愈害怕，從而尋求逃避。

　　然而，批評之所以可貴，便是因為裏面包含著真實的緣故。

　　別人批評康能好像草包，他並不害怕、逃避，承認自己比別人笨頭笨腦。不過在他粗野的外表裏面，能顯出他是一個純正的

人。

批評是揭發人們缺點的好方法，你不必要對它憂心忡忡。

批評你的人或許存心不良，但是其批評的事實卻可能是真的。他或許是想傷害你，但是如果他的批評能使你改進，對你反而更有助益。你如果因他的批評而自尋煩惱，那就讓他的詭計得逞了。

④ 做小草也無須自卑

有一個農夫整天埋怨自己的命運不好，一輩子都是農夫，被別人看不起，他感覺自己的地位很卑微。

有一天，他彎著腰在院子裏清除雜草，因為天氣很熱，所以他臉上不停地冒汗，汗珠一滴一滴地流了下來。

「可惡的雜草，假如沒有這些雜草，我的院子一定很漂亮，為什麼要有這些討厭的雜草，來破壞我的院子呢？」農夫這樣嘀咕著。

有一棵剛被拔起的小草，正躺在院子裏，它回答農夫說：

「你說我們可惡，也許你從來就沒有想到過，我們也是很有用的，現在，請你聽我說一句吧，我們把根伸進土中，等於是在耕耘泥土，當你把我們拔掉時，泥土就已經是耕過的了。

「下雨時，我們防止泥土被雨水沖掉；在乾涸的時候，我們能阻止強風颳起沙土；我們是替你守衛院子的衛兵，如果沒有我們，你根本就不可能享受賞花的樂趣，因為雨水會沖走你的泥土，狂風會吹走種花的泥土……你在看到花兒盛開時，能不能也記起我們小草的好處呢？」

一棵小草並沒有因為自己的渺小而自卑，農夫對小草不禁肅然起敬。他擦去額上的汗珠，然後微笑了。

　　自卑是一種可怕的消極情緒，其實，任何人都無須自卑，每個人都有自己的特點，重要的是要認識到自身的長處。

　　懷有自卑情緒的人，遇事總是認為「我不行」、「這事我做不了」、「這項工作超過了我的能力範圍」，沒有試一試就給自己判了死刑。

　　低情商者在遇到失敗時往往會說：「我真沒用！」千萬不可使用這句話，因為它不但否定了你的能力，而且在無形中懈怠了自己前進的信心。

　　實際上，只要你專注努力，你是能做好任何事的。認為別人都比自己強，自己處處不如人，這是一種病態心理。在成功之路上，這種心態是非常有害的。

　　一定要克服自卑的情緒，只有這樣才能更好地將自己塑造成為一個自信的人。

⑤ 積極調節和改變自我

　　一個年輕人跟禪師學習搬山術，學了許久，仍沒辦法把山移過來。

　　禪師說：「所謂搬山術，只是拉近你和山的距離。既然山不過來，那你就過去。」

　　山不過來，我就過去，改變不了別人，那就改變自己。

　　指望改變別人而讓自己快樂起來，這是極不可靠的，弄不好還會陷入更消極的情緒中。

　　只有你自己才能夠無條件地聽你調遣，自己的情緒只有自己負責，你能改變的只有你自己。

　　承認人的獨立性、獨特性和事情的現實性，才不致於跟眼前

的人或事過不去，才能夠及時擺脫壞情緒的糾纏，騰出精力去解決問題。

改變自我，除了改變自己慣常的思考方式之外，改變自己的注意，即轉移興奮中心也是一個重要方面。

產生了消極情緒之後，要改變這種狀態，有計畫地去找其他的事情做，藉以分散注意力，如讀報看報、郊遊垂釣、尋友訪舊、種植花草等等，總之，盡量去做自己平時愛做的事，這也是完全可以選擇的。

還要學會安慰自我。事情已成定局難以挽回的時候，可以使用精神勝利法維護自尊心和自信心，以圖再度振作，這時候，我們不妨做一隻狐狸。

幾隻狐狸同時走到葡萄架下，卻無法吃到葡萄。

第一隻自我安慰說葡萄是酸的，自己不想吃，走了。

第二隻不斷地使勁往上蹦，不抓到葡萄誓不罷休，最終耗盡體力累死在葡萄架下。

第三隻狐狸吃不到葡萄便破口大罵，抱怨人們為什麼把葡萄架得這麼高，不料被農夫聽到，一鋤頭打死在地。

第四隻因生氣抑鬱而死。

第五隻犯了瘋病，整天口中念念有詞：「吃葡萄不吐葡萄皮……」

想想，哪隻狐狸的情商更高？

心理學認為，人的好惡和自我評價來自於價值選擇，當消極的情緒困擾你的時候，改變你原來的價值觀，學會從相反的方向思考問題，這樣就會使你的心理和情緒發生良性變化，從而得出

完全相反的結論。

這種運用心理調節的過程，稱之為反向心理調節法，它常常能使人戰勝沮喪，從不良情緒中解脫出來。

兩個工匠去賣花盆，途中翻了車，花盆大半打碎。

悲觀的花匠說：「完了，壞了這麼多花盆，真倒楣！」

而另一個花匠卻說：「真幸運，還有這麼多花盆沒有打碎。」

後一個花匠運用反向心理調節法，從不幸中挖掘出了幸運。

很多情況下，人們的痛苦與快樂，並不是由客觀環境的優劣決定的，而是由自己的心態、情緒決定的。遇到同一件事，有人感到痛苦，有人卻感受到快樂，情商不同的人會得出不同的結論。

在煩惱的時候，與其在那裏唉聲歎氣，惶惶不安，不如拿起心理調節器調整心理，從相反方向思考問題，使情緒由陰轉晴，擺脫煩惱。

俄國作家契訶夫曾寫道：「要是火柴在你口袋裏燃燒起來了，那你應該高興，而且感謝上蒼，多虧你的口袋不是火藥庫。要是你的手指紮了一根刺，你也應該高興，挺好，多虧這根刺不是紮在眼睛裏。依次類推……照我的勸告去做吧，你的生活就會歡樂無窮。」

當我們遇到困難、挫折、逆境、厄運的時候，運用一下反向心理調節，就能使自己從困難中奮起，從逆境中解脫，進入灑脫通達的境界。

⑥ 今天我要學會控制情緒

　　成功學大師奧格‧曼狄諾曾寫過這樣一段文字，對於那些無法控制自己情緒的人，也許大有裨益：

　　潮起潮落，冬去春來，夏末秋至，日出日落，月圓月缺，雁來雁往，花飛花謝，草長瓜熟，萬物都在循環往復的變化中。

　　我也不例外，情緒會時好時壞。

　　今天我要學會控制情緒。這是大自然的玩笑，很少有人窺破天機。

　　每天我醒來時，不再有舊日的情緒。昨日的快樂變成今天的哀愁，今天的悲傷又轉為明日的喜悅。

　　我心中像一個輪子不停地轉著，由樂而悲，由悲而喜，由喜而憂。這就好比花兒的變化，今天枯敗的花兒蘊藏著明天新生的種子，今天的悲傷也預示著明天的快樂。

　　今天我要學會控制情緒。

　　我怎樣才能控制情緒，以使每天都卓有成效呢？除非我心平氣和，否則迎來的又將是失敗的一天。

　　花草樹木，隨著氣候的變化生長，但是我為自己創造天氣。

　　我要學會用自己的心靈彌補氣候的不足。如果我為顧客帶來風雨、憂鬱、黑暗和悲觀，那麼他們也會報之以風雨、憂鬱、黑暗和悲觀，而他們什麼也不會買。

　　相反的，如果我們為顧客獻上歡樂、喜悅、光明和笑聲，他們也會報之以歡樂、喜悅、光明和笑聲，我就能獲得銷售上的豐收，賺取滿倉的金幣。

　　今天我要學會控制情緒。

　　我怎樣才能控制情緒，讓每天充滿幸福和歡樂？我要學會這個千古祕訣：弱者任思緒控制行為，強者讓行為控制思緒。

　　每天醒來，當我被悲傷、自憐、失敗的情緒包圍時，我就這樣與它對抗：

　　沮喪時，我引吭高歌。

　　悲傷時，我開懷大笑。

　　病痛時，我加倍工作。

　　恐懼時，我勇往直前。

　　自卑時，我換上新裝。

　　不安時，我提高嗓音。

　　窮困潦倒時，我想像未來的富有。

　　力不從心時，我回想過去的成功。

　　自輕自賤時，我想想自己的目標。

　　總之，今天我要學會控制自己的情緒。

　　從今以後，我明白了，只有低能者才會江郎才盡，我並非低能者，我必須不斷對抗那些企圖摧毀我的力量。

　　失望與悲傷一眼就會被識破，而其他許多敵人是不易覺察的。它們往往面帶微笑，卻隨時可能將我們摧毀。對它們，我們永遠不能放鬆警惕。

　　縱情得意時，我要記得挨餓的日子。

　　洋洋得意時，我要想想競爭的對手。

　　沾沾自喜時，不要忘了那忍辱的時刻。

　　自以為是時，看看自己能否讓風駐步。

　　腰纏萬貫時，想想那些食不果腹的人。

　　驕傲自滿時，要想到自己怯懦的時候。

　　不可一世時，讓我抬頭，仰望群星。

Emotional Quotient

今天我要學會控制情緒。

有了這項新本領，我也更能體察別人的情緒變化。

我寬容怒氣衝衝的人，因為他尚未懂得控制自己的情緒，就可以忍受他的指責與辱罵，因為我知道明天他會改變，重新變得隨和。

我不再只憑一面之交來判斷一個人，也不再因一時的怨恨與人絕交，今天不肯花一分錢購買金篷馬車的人，明天也許會用全部家當換取樹苗。知道了這個秘密，我可以獲得極大的財富。

今天我要學會控制情緒。

我從此領悟了人類情緒變化的奧秘。對於自己千變萬化的個性，我不再聽之任之。我知道，只有積極主動地控制情緒，才能掌握自己的命運。控制自己的命運，就會成為世界上最偉大的推銷員！

我成為自己的主人。

我由此而變得偉大。

四 逆境中的情商

在逆境中，人的情緒會極端消沉，高情商者能很快走出失敗的陰影，自己拯救自己。

從他懂事起，他就知道父親是個賭徒，母親是個酒鬼；父親賭輸了，打完母親再打他；母親喝醉後，同樣也是拿他出氣。

拳打腳踢中，他漸漸地長大了，但經常是鼻青臉腫、皮開肉綻。好在那條街上的孩子大都與他一樣，成天不是挨打就是挨罵。

像周圍大多數的孩子一樣，跌跌撞撞上到高中時，他便輟學了。接下來，街頭鬼混的日子讓他備感無聊，而紳士淑女們蔑視的眼光更讓他覺得驚心。

他一次次地問自己：難道自己一輩子就在別人的白眼中度過？

一次又一次的痛苦追問後，他下定決心走一條與父母迥然不同的道路。但自己又能做些什麼呢？他長時間地思索著。

從政，可能性幾乎為零；進大企業去發展，學歷與文憑是目前不可踰越的高山；經商，本錢在哪裡……

最後他想到了去當演員，這一行既不需要學歷也不需要資本，對他來說，實在是條不錯的出路。但他哪裡又有當演員的條件呢？相貌平平，又無天賦，再說他也沒受過相關的訓練啊！

然而決心已下，他相信，即使吃遍世間所有的苦，他也不會放棄。

於是，他開始了自己的「演員」之路。他來到了好萊塢，找明星，找導演，找製片，找一切可能使他成為演員的人懇求：「給我一個機會吧，我一定會演好的！」

很不幸，他一次又一次地被拒絕了，但他並未氣餒。每失敗一次，他就認真反省，然後再度出發，尋找新的機會……為了維持生活，他在好萊塢打工，做些粗笨的零工。

兩年一晃而過，他遭到了一千多次拒絕。

面對如此沉重的打擊，他不斷地問自己：難道真的沒有希望了嗎？難道賭徒酒鬼的兒子就只能做賭徒酒鬼嗎？不行，我必須繼續努力！

他想到寫劇本，如今的他已不是初來好萊塢的門外漢了，兩年多的耳濡目染，每一次拒絕都是一次學習和一次進步，他大膽地動筆了。

一年後，劇本寫了出來，他又拿著劇本遍訪各位導演：「這個劇本怎麼樣？讓我當男主角吧！」劇本還可以，至於讓他這樣一個無名之輩做男主角，那簡直就是天大的玩笑。不用說，他再次被拒之門外。

在他遭到一千三百多次拒絕後，一位曾拒絕了他二十多次的導演對他說：「我不知道你能不能演好，但你的精神讓我感動，我可以給你一個機會。我要把你的劇本改成電視連續劇，不過，先只拍一集，就讓你當男主角，看看效果再說；如果效果不好，你從此便斷了當演員這個念頭吧。」

為了這一刻，他已做了三年多的準備，機會是如此寶貴，他怎能不全力以赴？三年多的懇求，三年多的磨難，三年多的潛心學習，讓他將生命融入了自己的第一個角色中。

幸運女神就在那時對他露出了笑臉。他的第一集電視劇創下

了當時全美最高收視紀錄——他成功了！

現在，他已經是世界頂尖的電影巨星。他就是大家熟悉的席維斯．史特龍。

關於史特龍，他的健身教練哥倫布曾經做出如此評價：

「史特龍從來不懼怕失敗，他的意志、恒心與持久力都令人驚歎。在逆境中，他善於調整自己的情緒，他是一個行動專家，他從來不讓自己情緒低落，從不在消極的思想中等待事情發生，他主動令事情發生。」

在逆境中無所畏懼者，正是高情商的表現。

情商之所以能發揮出異乎尋常的功效，關鍵在於它是對現實的能動適應。只有在現實衝突中，情商才能有所作為。

高情商者都是敢於正視現實，勇於與現實對抗的人，他們都有一部血與淚交織著的艱辛的奮鬥史。

現實是殘酷的，現實正由於其殘酷而精彩、美麗。只有在失敗的砧鐵上不斷錘煉，才能鍛造出鐵的品質。正視現實，最重要的就是要正視失敗。

美國前總統尼克森因水門事件被迫辭職之後，久久沉浸在失敗的憂憤和痛苦之中。

媒體的窮追猛打，朋友唯恐避之不及，兩次當選的輝煌，與現在的窮途末路形成強烈反差。這一切，使得六十二歲的尼克森患了內分泌失調和血栓性靜脈炎，他幾乎是在苟延殘喘地度日。

然而尼克森沒有在不利的環境中倒下，他及時地調整了自己的心態，告誡自己：「批評我的人不斷地提醒我，說我做得不夠完美，沒錯，可是我盡力了。」

他不畏懼失敗，因為他知道還有未來。他始終相信，「勇

往直前者能夠一身創傷地回來」，他重新調整心態，迎接新的挑戰，鼓舞自己從挫折中走出來。

在這之後，尼克森連續撰寫並出版了《尼克森回憶錄》、《真正的戰爭》、《領導者》、《不再有越戰》、《超越和平》等鉅著，以自己獨特的方式實現了人生應有的價值。

失敗使強者愈強，勇者愈勇，也可使弱者更弱，甚至從此一蹶不振。

貝多芬也曾陷入了近乎絕望的困境中，在他才華橫溢之時，他的雙耳卻失聰了。他一度無法接受這個殘酷的現實，整天酗酒，甚至想過自殺。

但是，音樂的力量又使他重建了信心，他以更堅強、更無畏的精神來正視現實。

「我要扼住命運的咽喉！」這種偉大的精神，促使他在常人無法想像的痛苦中，創作了舉世聞名的《命運》交響曲。

在逆境中，人的情緒會極端消沉，高情商者能很快走出失敗的陰影，自己拯救自己。

情商高的人對現實的適應性強，集中地表現在挫折承受能力上。正視失敗並不意味著消極地承受，相反，它意味著轉敗為勝的可能。轉敗為勝的關鍵在於信心。只要建立起信心，堅持奮鬥，就必定能突破困境。

五　情緒化是幸福的殺手

　　與其一天到晚怨天怨地說自己多麼不幸福，不如借由改變自己的情緒個性來改變命運。沒有人天生注定要不幸福的，除非你自己關起心門，拒絕幸福之神來訪。

　　一個週末的傍晚，凱勒在後陽台上整理白天拿出來曝曬的舊書，正巧看見與她相隔一條防火巷的鄰居在陽台上洗碗。

　　鄰居動作十分利落，水聲與碗盤聲鏗鏘作響，像發自他內心深處的不平與埋怨。

　　這時候，她丈夫竟從客廳端來一杯熱茶，雙手送到他面前。

　　這感人的畫面，差點教人落淚。

　　為了不驚擾他們，凱勒輕手輕腳地收起書本往屋裏走。正要轉身時，聽到那天生不幸福的女人回贈那同樣不幸福的男人：「別在這裏假好心啦！」

　　丈夫低著頭又把那杯茶端回屋裏。

　　凱勒想，那杯熱茶一定在瞬間冷卻了，像他的心。

　　繼續在洗碗的鄰居，還是邊洗邊抱怨：「端茶來給我喝？少惹我生氣就行了。我真是苦命啊！早知道結婚要這樣做牛做馬，不如出家算了。」

　　也許她需要的不是一杯熱茶，而是有人來分擔她的家務。但是，在丈夫對她獻殷勤的時候，實在沒有必要把情緒發洩到對方身上。

一時的情緒化，常常是你自身幸福的殺手。

有的人情緒一來，就什麼都不顧，什麼難聽的話都敢說，什麼傷人的話都敢罵，甚至不計後果，釀出大是大非來，這就是人的情緒化。

人的情緒化行為有哪些特徵呢？

1. 行為的無理智性。人的行為應該是有目的、有計劃、有意識的外部活動。人區別於其他動物之一，就在於人的行為的理智性。

人的情緒化行為的一個重要特徵，往往表現在不僅「跟著感覺走」，而且「跟著情緒走」。行為缺乏獨立思考，顯得不夠成熟，浮於表面，輕信他人，而且有時還依賴他人。

行為的衝動性。人的行為本應受意志的控制，受意識能動地調節支配。但是，人的情緒化行為反映了意志控制力的薄弱，顯得衝動。遇什麼不順意的或不稱心的事，就像一顆打足了氣的球一樣，立即彈跳出來。

帶有情緒化行為的衝動，看起來力量很強，然而不能持續很長的時間，緊張性一釋放，衝動性行為就結束了。這種衝動性行為往往帶來某種破壞性後果。

2. 行為的情緒性。它的顯著特點是，被生活環境中與自己切身利益相關的刺激所左右。滿足自己需要的刺激一出現，就顯得非常高興；一旦發現滿足不了，就會異常地憤怒。因此，這種行為就顯得簡單、原始，比較低等。如果他人故意地製造一個情景，那麼，一些人就會按照他人預計的方式行動，就會上當受騙。

行為的不穩定性、多變性。人的行為總有一定的傾向性，而且這種傾向性一經形成，會顯得非常穩定。但是，人的情緒化行

為卻具有多變、不穩定的特點。喜怒哀樂，變化無常，給人一種捉摸不定的感覺。

3. 行為的攻擊性。這類人忍受挫折的能力相當低，很容易將自己受到挫折產生的憤怒情緒表現出來，向他人進攻。這種攻擊不一定以身體的力量方式出現，也可以語言或表情的方式出現：如不明不白地諷刺挖苦他人，在臉色上給他人難堪，或讓別人下不了臺等。

情緒化行為的上述特點使這種行為具有不少消極性。例如，情緒化行為會成為個人心理發展的障礙，使人變得缺乏理智、不成熟，甚至成為後果不堪設想行為的起端。

對於群體來說，過多的情緒化行為，會妨礙人與人之間的融洽與和睦。對於社會來說，當人的情緒化行為成為一種傾向時，就比較難於為社會控制，甚至成為某個社會事件的起因，給社會造成重大的損失。

那麼，應該怎樣控制自己的情緒化行為呢？

1. 要承認自己情緒的弱點。每個人的情緒都有其優劣，自己一定要認識自己的情緒，不能迴避，不能視而不見。

譬如，有的人容易衝動，而且一衝動就控制不住自己。怎麼辦？就要承認自己有這個毛病，在承認的基礎上，再認真分析自己好衝動的原因，然後再找一些方法去克服。這樣做可以隨時提醒自己：不可放縱自己！

2. 要控制自己的慾望。人的情緒化行為，大都是因為自己的慾望、需要得不到滿足而產生的。

當一個人的功利行為不能滿足其需要時，行為就變得簡單、淺顯，就會產生短視、劇烈的反應，產生情緒化行為就不足為奇了。因此，要降低過高的期望，擺正「索取與貢獻、獲得與付

出」的關係，才可能防止盲目的情緒化行為。

3. 要學會正確認識、對待社會上存在的各種矛盾。要學會全面觀察問題，多看主流，多看光明面，多看積極的一面，這樣能使自己發現生存的意義和價值，使自己樂觀一點，會使自己增加克服困難的勇氣，增加自己的希望、信心，即使遇到嚴重挫折也不會氣餒，不會打退堂鼓。

4. 要學會正確釋放、宣洩自己的消極情緒。一般來說，當人們處於困境、逆境時容易產生不良情緒，而且當這種不良情緒不能釋放、長期壓抑時，就容易產生情緒化行為。

高情商的人，懂得在必要的時候將消極情緒適時地釋放、宣洩，譬如，找朋友談心，找一些有樂趣的事情做，從中去尋找自己的精神安慰和精神寄託。

六 學會控制怒氣

　　為避免陷入憤怒之中，唯一可能的是為它找到一條建設性的出路，而唯一的出路，只有運用情緒智力才能實現。

① 憤怒後會留下傷口

　　有一個愛發脾氣的男孩，他父親給了他一袋釘子，並且告訴他，每當他發怒的時候，就釘一顆釘子在後院的圍欄上。

　　男孩釘下了37根釘子。慢慢地，男孩每天釘的釘子減少了，他發現控制自己的脾氣要比釘釘子容易。

　　終於有一天，這個男孩覺得自己再也不會失去耐性，亂發脾氣了。

　　父親又告訴他說：從現在開始，每當你能控制自己脾氣的時候，就拔出一根釘子。

　　一天天過去，最後男孩告訴他的父親，他終於把所有釘子給拔出來了。

　　父親握著他的手，來到後院說：「你做得很好，我的好孩子！但是看看那些圍欄上的洞，這些圍欄將永遠不能恢復到從前的樣子。你生氣時說的話，就像這些釘子一樣留下疤痕。如果你捅了別人一刀，不管你說了多少次對不起，那個傷口將永遠存在。那種傷痛就像真實的傷痛一樣令人無法承受。」

　　這個故事流傳很廣，引起了無數人的共鳴。

　　確實，發怒時的言行給別人造成的傷害，是永遠無法彌補

的。

　　研究證實，最後失去控制、大發雷霆的人，通常都經歷了連續地累積情緒過程。每一個拒絕、侮辱或無禮的舉止，都會給人遺留下激發憤怒的殘留物。

　　這些殘留物不斷地沉澱，急躁狀態會不斷上升，直到失去「最後一根稻草」，個人對情緒的控制完全喪失，出現勃然大怒為止。在這個過程中，除非內心控制的閥門快速地被關上，否則，這種狂怒極易造成暴力和傷害。

　　人的憤怒情緒，從輕微的煩躁不安，到嚴重的咆哮發怒，亂摔東西，甚至喪失理智。久而久之，成為一種習慣反應，變成侵襲人際關係的「癌症」。

　　心理學認為，生氣是一種不良情緒，是消極的情緒，它會使人悶悶不樂，低沈陰鬱，進而阻礙情感交流，導致內疚與沮喪。

　　相關醫學資料顯示，憤怒會導致高血壓、胃潰瘍、失眠等，據統計，情緒低落，容易生氣的人，患癌症和神經衰弱的可能性要比正常人大。同病毒一樣，憤怒是人體中的一種心理病毒，會使人重病纏身，一蹶不振。可見憤怒對人的身心有百害而無一利。

　　憤怒是人情緒中可怕的暴君，與單槍匹馬的理性抗衡，感性與理性對心理的影響相反，人的激情遠勝於理性。不能生氣的人是笨蛋，而不去生氣的人才是聰明人。憤怒行為會傷害他人，也會傷害自己，一個人必須學會控制憤怒的情緒。

　　戈曼先生在超市購物時，同別人發生爭執，明明是對方的不對，戈曼反被責怪。

　　要是在以前，他早就反擊了。這次他突然想起了一句話：**不要因為敵人燃起了一把火，你就把自己燒死。**他攢得緊緊的拳頭

鬆開了。

　　晚上吃飯的時候，他還好好犒賞了一下自己，不是因為他戰勝了別人，而是因為戰勝了自己。

② 建設性地引導憤怒

　　傑拉爾德完全被激怒了，他一把抓起電話機，把它狠狠地丟出了辦公室。很自然，他的銷售部門被他狂怒的反應嚇壞了。

　　傑拉爾德之所以會大動肝火，是因為他剛剛經歷了一項改善他的團隊管理的活動，在這個活動中，他們的工作任務沒有完成，這使傑拉爾德的情緒非常壞。

　　不幸的是，他又碰到這件事情，於是，累積下來的情緒就一起爆發出來，以至於事情變得如此糟糕。

　　傑拉爾德明智地認識到，自己需要自我控制和自我調整。

　　在一位顧問的指導幫助下，他辨別出觸發他做出憤怒反應的原因，以及如何控制過去偶發事件帶給他的積怨。

　　他開始認識到，當他從總公司參加會議回來後，就一直處於最壞的情緒狀態中。但是如果他能在會議以前，事實上是在發表意見以前，花幾分鐘的時間放鬆一下自己，他根本就不可能發火。

　　有了這個教訓以後，他在遇到不順心的事情時，或者面對壓力時，總是用十分鐘的時間，到附近的公園走一走，使自己平靜下來。

　　在參加會議時，如果他感覺到憤怒開始困擾自己，就立刻開始做深呼吸，或者透過把手壓在臀部下面等方式來控制自己。

　　這些放鬆行為，最起碼能夠阻止他提出最衝動的反對意見，阻止他採取激憤的衝動行為，比如奪門而出。在完全接受了控制

自我情緒的觀點以後，他逐漸掌握了控制和調整自己的情緒和行為的技巧。

一般來說，憤怒基於責備。一旦陷入責備的對抗中，憤怒就會立刻接踵而至，就像黑夜緊隨白天那樣自然。

為了避免陷入這一困境中，唯一可能的是為它找到一條建設性的出路，而唯一的出路，只有運用情緒智力才能實現。

發怒是由內心的憤怒所產生，一個心智健全的人，是絕不會無緣無故地發怒，發怒總有原因和針對性。

一些引起發怒的原因在易怒者眼中是不可忍受的導火線，但另一些人則認為不必或不屑為之動氣。所以要控制憤怒，必須提高自己對外界刺激的耐受力。

第一步，對自己以往的行為進行一番回憶評價。看看自己過去發怒是否有道理。

一個老闆對下屬發火，原因是下屬工作失誤。這位下屬不敢對老闆生氣，回來對妻子亂發脾氣。妻子沒法，只好對兒子發脾氣，兒子對貓發脾氣。這一連串的行動中，只有老闆對下屬發脾氣是有些緣由的，其他則都是無中生有。

所以，在發怒之前，你最好分析一下，發怒的事情和理由是否合適，方法是否適當，這樣你發怒的次數就會減少90％。

第二步，低估外因的傷害性。生活中我們可以觀察到，脾氣大的人對雞毛蒜皮的小事都很在意，別人不經意的一句話，他會耿耿於懷。

過後，他又會把事情儘量往壞處想，結果，越想越氣，終至怒氣衝天。脾氣不好的人喜歡自尋煩惱，沒事找事，惹點禍來闖闖。

制怒的技巧是，當怒火中燒時，立即放鬆自己，命令自己把激怒的情緒「看淡看輕」，避免正面衝突。當怒氣稍降時，對剛才的激怒情境進行客觀評價，看看自己到底有沒有責任，惱怒有沒有必要。

莎士比亞筆下的奧賽羅聽信小人讒言，怒髮衝冠，回到家中不問青紅皂白，把愛妻一劍送入黃泉。及至覺悟，為時已晚矣。

最終，痛不欲生的奧賽羅也自盡身亡。如果當時奧賽羅冷靜下來，做一個理智的評估，就不會做出這樣的傻事了。

怒氣似乎是一種能量，如果不加控制，就會泛濫成災；如果稍加控制，它的破壞性就會大減；如果合理控制，就有可能減少憤怒。

日本老闆想出奇招，專闢房間，擺上幾個以公司老闆形象為模型製作的橡皮人，有怒氣的職員可隨時進去對「橡皮老闆」大打一通，揍過以後，職工的怒氣也就消減了大半。

如果你平時生氣了，不妨出去做一些劇烈的運動，看一場電影娛樂一下，出去散散步，這些與痛揍「橡皮老闆」有異曲同工之妙。

脾氣暴躁的人經常發火已成為一種習慣，僅讓他自己改正，往往並不能持久，必須找一個監督員。

一旦露出發怒的跡象，監督員應立即以各種方式加以暗示、阻止。監督員可以請自己最親近的人來做。這種方法對下決心制怒但又不能自控的人來說尤為適合。

七 不因耗竭而停止

避免耗竭的最好辦法，是及早學會重定方向的秘訣，重定方向意味著事業改變、居處改變或學習一種新的技巧。

從前，有個人在爬上成功階梯的頂端後，從上面跳下去。

我們的語言中出現一個新詞：「耗竭」。

字典給耗竭的定義是：一個噴射機或火箭引擎的操作停止，通常是燃料用盡。

這個詞流行已久，但它被心理學和工業領域採用時，就有了新的意義。

「耗竭」用在事業上，是指你的工作不再令你感到興奮或有報償。換言之，一些碰到燃料用盡的人，他們變得無反應和無動於衷。

如果你是個年輕的主管，你也許會對這毫不在意。然而心理學家發現，耗竭的種子種於成年的早期。

當年輕人為生活設定目標，全力去追求時，就已種下筋疲力盡的種子。心理學家發現，很多人在二十八、九歲和三十出頭就已感到筋疲力盡了。

美麗的模特兒發現她才過三十歲，事業就已結束了，中年主管在他期望升任公司總裁時竟被開除了。

對這些人而言，耗竭是很嚴重的事。

人們為何會耗竭呢？有兩個原因，一是他們未能達到目標，二是因為達到目標後，帶給他們的卻是失望。

人們未能達到目標的原因有很多種，其中有些因素是他們無法控制的，但有些則是可控的。

不管理由是什麼，目標不能達到，就會使人感到情緒低落，筋疲力盡，一種意義和目的的失落感，一種熱心和驅策力的喪失，一種無助和絕望的感覺。

為什麼會出現這種情況呢？有幾種原因。

1. 目標定得太低。 一個人立志成為百萬富翁，結果他才三十歲便實現了這個目標。

由於目標無法滿足預期的需要。例如以事業作為解決個人問題工具的人，無論事業有多成功，他們還是無法滿意。

2. 目標定得太窄。 一個將其所有精力和時間都投注在事業上的人，當事業過去後，他會發現生活沒有任何意義。

無論你是未達到目標，或是達到目標後感到失望，其結果是一致的——耗竭。

你如何避免耗竭？如果你已經感到耗竭，你如何處理？人們面對耗竭有三種選擇：

他們可從心理甚至生理上放棄。

他們可以反抗使他們到這一地步的機構或人。

他們可以尋求一個復蘇的目標。

心理上放棄的人會變得被動，沒反應，漠不關心，或是退縮到一個幻想的世界。

選擇反擊的人，將他們的挫折和問題怪罪於他人，或者是他們服務的機構。這只會增加他們的痛苦和憤怒，有時會損害到對他們而言最重要的關係。

選擇尋求一個復甦目標這種方式的人，常會發現他們的新目標比原先的目標更有意義。避免耗竭的最好辦法，是及早學會重

定方向的秘訣，重定方向意味著事業改變、居處改變或學習一種新的技巧。

重定方向意味重新發現人生的意義就在身旁。《鑽石田》是本讓人喜歡看的書，書中描述一個人賣掉他的財產，跟朋友告別，出發去尋找他所知道最有價值的貨物——鑽石。

許多年之後他回來，一文不名，年紀老去，幻想消失。當他去看他的老家時，那兒已成了一個最繁榮的地方，因為他家的後院，成了世界上最大的鑽石廠之一，新屋主開採出許多鑽石來。

重新定方向的人往往會發現，長久被他們忽視的配偶是他們夢寐以求的伴侶。一個唯利是圖的人，也許會在從事社會工作時，找到了新的生活意義。

其實，真正偉大的人是絕不停止成長，是不會耗竭的。

俾斯麥死時八十三歲，但他最偉大的工作是他七十歲以後才完成的。

提香（義大利十六世紀的畫家）一直作畫到九十九歲他死去為止。

哥德是在他八十三歲去世的前幾年才完成《浮士德》的。

格萊斯頓（十九世紀英國政治家，四任英國首相）在七十歲時還學習新的語言。

天文學家拉布蘭在七十九歲去世時說：「我們知道的是有限的，我們不知道的是無限的。」

所以，情商高的人，永遠不會讓自己耗竭而停止成長，無論在精神和事業上，還是在人際關係上。

八 學會彎曲

　　人生之路，尤其是邁向成功的路上，幾乎沒有寬闊的大門，所有的門都是需要彎腰側身才可以進去。

　　孟買佛學院是印度最著名的佛學院之一，它建院歷史悠久，擁有燦爛輝煌的建築，還培養出了許多著名的學者。

　　還有一個特點是其他佛學院所沒有的。這是一個極其微小的細節，但是，所有進入過這裏的人，當他再出來的時候，幾乎無一例外地承認，正是這個細節使他們頓悟，正是這個細節讓他們受益無窮。

　　這是一個很簡單的細節，只是人們都沒有在意：孟買佛學院在它的正門一側，又開了一個小門，這個小門只有一‧五公尺高、四十公分寬，一個成年人要想過去必須學會彎腰側身，不然就只能碰壁了。

　　這正是孟買佛學院給它的學生上的第一堂課。所有新來的人，教師都會引導他到這個小門旁，讓他進出一次。很顯然，所有的人都是彎腰側身進出的，儘管有失禮儀和風度，但是卻達到了目的。

　　教師說，大門當然出入方便，而且能夠讓一個人很體面很有風度地出入。但是，有很多時候，人們要出入的地方，並不是都有著壯觀的大門，或者，有大門也不是隨便可以出入的。

　　這時候，只有學會了彎腰和側身的人，只有暫時放下尊貴和體面的人，才能夠出入。否則，很多時候你就只能被擋在院牆之

外了。

佛學院的教師告訴他們的學生，佛家的哲學就在這道小門裏。

其實，人生的哲學何嘗不在這道小門裏？人生之路，尤其是邁向成功的路上，幾乎沒有寬闊的大門，所有的門都需要彎腰側身才可以進去。

加拿大魁北克一條南北向的山谷，西坡長滿松樹、女貞、柏樹，而東坡只有雪松。

為什麼會出現這樣的現象？因為東坡雪很大，雪松比較柔軟，當雪在樹上累積到一定重量時，它就彎曲了，令雪滑落下來。而女貞、柏樹卻不能彎曲，就被雪壓斷了。

一對情侶在決定分手前的最後一次旅行中發現了這個秘密，然後他們重歸於好了。

即使再銳利，如果輕易就斷掉，那也是毫無用處的。人固然需要刀片般的鋒利，也需要柳條一樣的柔韌。在這個世界上，要柔中帶剛，剛裏帶柔，方裏見圓，圓中顯方，才會活得自由自在。

在風中，小草容易彎曲，參天大樹則巍然挺立，不擺不動。一陣狂風可以把大樹連根拔起，可是，不管風有多大，也不能把在狂風面前彎倒在地的小草連根拔起。

能屈能伸是高情商者的超人之處，情緒的控制並非是對逆境永遠的堅貞不屈。屈者，比堅者有更大的柔韌性，對情緒控制的能力也會爐火純青。

　　在古代亞洲有「扮羊吃虎」的說法。按照這樣的觀念，獵人準備狩獵老虎的時候，將自己裝扮成老虎的誘餌，披上羊皮，在樹林中等候。當老虎走到獵入射程之內時，便遭到射殺。

　　這時，判斷英雄的標準不是論其捕殺老虎的本領，而是看其忍受扮羊恥辱的力量和能力。只有高情商者，才具備這樣超人的耐心與承受力，也只有這樣的高情商者，才能成為成功者！

Emotional Quotient

九 面對羞辱，冷靜安詳

許多人因缺少自我控制，不冷靜沉著，情緒因為毫無節制而躁動不安，因不加控制而浮動，因焦慮和懷疑而飽受摧殘。

只有冷靜的人，才能夠控制自己的情緒，才是一個高情商的人。

一九八〇年美國總統大選期間，在一次關鍵的電視辯論中，競選對手卡特抓住雷根當演員時的生活作風問題，發起了蓄意攻擊。

雷根絲毫沒有憤怒的表示，只是微微一笑，冷靜而又詼諧地調侃說：「你又來這一套了。」

一時間，聽眾哈哈大笑，為雷根的精彩回答鼓起掌來。這樣，卡特反而陷入了尷尬的境地，雷根則為自己贏得了更多選民的信賴和支持，並最終獲得了大選的勝利。

冷靜是智慧美麗的珍寶，它來自於長期耐心的自我控制。

冷靜意味著一種成熟的經歷，來自於對事物規律不同尋常的瞭解。一個人能夠保持冷靜的程度，與他對自己的瞭解息息相關。

瞭解自己，也要經過思考瞭解別人。當你對人對己有了正確的理解，並越來越清楚事物內部存在的因果關係時，就會停止大驚小怪、勃然大怒、忐忑不安或是悲傷憂愁，就會保持處變不驚、泰然處事的態度。

　　鎮靜的人知道如何控制自己，在與他人相處時能夠適應他人，別人反過來會尊重他的精神力量，並且會以他為楷模，依靠他的力量。人越是處變不驚，他的成就、影響力和號召力就越是巨大。

　　一個普通的商人，如果能夠提高自我控制，保持沈著，他會發現自己的生意蒸蒸日上，因為，人們更願意和一個沈著冷靜的人談生意。

　　堅強、冷靜的人，總是受到人們的愛戴和尊敬。他像是烈日下一棵鬱鬱蔥蔥的樹，或是暴風雨中經受砥礪的岩石。

　　誰會不愛一個安靜的心靈，一個溫柔敦厚，不慍不火的生命？無論是狂風暴雨還是豔陽高照，無論是滄桑巨變還是命運逆轉，一切都沒有關係，因為這樣的人永遠安靜、沈著、待人友善。

　　人們稱之為「靜穩」的可愛的性格，是人生修養的最後一課，是生命中盛開的鮮花，是靈魂成熟的果實。

　　靜穩和智慧一樣寶貴，其價值勝於黃金。與寧靜的生活相比，追逐名利的生活是多麼不值一提。寧靜的生活是在真理的海洋中，在急流波濤之下，不受風暴的侵擾，保持永恒的安寧。

　　許多人因為火爆激烈的性格使自己的生活變得一團糟，他們毀滅了一切真與美的事物，同時也葬送了自己平穩安寧的性格，並將壞影響四處傳播。

　　大多數人都因缺少自我控制，不冷靜沉著，情緒因為毫無節制而騷動不安，因不加控制而浮動，因焦慮和懷疑而飽受摧殘。只有明智的人，能夠控制和引導自己思想的人，才能夠控制自己的情緒，才是一個高情商的人。

　　每個人的靈魂深處都有一個發號施令的主人，他可能仍在沈

睡，那麼就將他喚醒，發起自我控制的力量，要求自己冷靜。

公然直接羞辱人的言語，不論是卑鄙、惡毒、殘酷、無聊、驚人和小氣，都有一個共同點：說話的人很衝動，而且，對方被逼得無話可說。

但你不可以被他的一句辱罵，而變得像他一樣失去理智，無法自控。應付他的基本對策，是保持冷靜沉著，只有這樣才能穩操勝券。

一九一五年，小洛克菲勒還是科羅拉多州一個不起眼的人物。當時，發生了美國工業史上最激烈的罷工，歷時兩年。

憤怒的礦工要求「科羅拉多燃料鋼鐵公司」提高薪金，小洛克菲勒正負責管理這家公司。由於群情激憤，公司的財產被破壞了，軍隊被要求前來鎮壓，因而造成流血。

那樣的情況，可謂民怨沸騰。後來，小洛克菲勒卻贏得了罷工者的信服，他是怎麼做到的？

小洛克菲勒花了好幾個星期結交朋友，並向罷工者代表發表談話。那次的談話可稱之為不朽，不但平息了眾怒，還為自己贏得了不少讚賞。演說的內容是這樣的：

這是我一生當中最值得紀念的日子，因為，這是我第一次有幸和公司的員工代表見面，還有公司行政人員和管理人員。

我可以告訴你們，我很高興站在這裏，有生之年都不會忘記這次聚會。假如這次聚會提早兩星期舉行，那麼對你們來說，我只是個陌生人，我也只認得少數幾張面孔。

由於上個星期以來，我有機會拜訪整個南區礦場的工地，私底下和大部分代表交談過。我拜訪過你們的家庭，與你們的家人

見面，因而現在我不算是陌生人，可以說是朋友了。基於這份互助的友誼，我很高興有這個機會和大家討論我們的共同利益。

這個會議是由資方和勞工代表所組成，承蒙你們的好意，我得以站在這裏。雖然我並非股東或勞工，但我深覺與你們關係密切。從某種意義上說，也代表了資方和勞工。

多麼出色的一篇演講，這是化敵為友的最佳藝術表現。

假如小洛克菲勒在那種非常的情形下缺乏冷靜，與礦工們爭得面紅耳赤，用不堪入耳的話罵他們，用各種理由證明礦工的不是，你想結果如何？只會招惹更多的怨憤和暴行。

作為一個社會人，你有必要控制自己的情緒和情感，冷靜理智地處理問題。但是，控制並不等於壓抑，積極的情感可以激勵你進取上進，可以加強你與他人之間的交流與合作。

所謂「大勇者」，絕不僅僅是指那些軍事家、統帥或領袖。每一個人，只要刻意地在生活中不斷磨練自己，都可以成為處變不驚的「大勇者」，用今天的話來說，也就是一個高情商者。

比如，兩人對弈，自己局勢告急，怎麼辦？認輸？悔棋？還是冷靜下來，觀察是否還能挽回敗局，想不認輸就不能亂了陣腳，頭腦冷靜才可能絕處逢生。

對於一個人來講，要想具有應付人生挫折和打擊的能力，同樣需要一種冷靜沉著的心態，一種處變不驚的心理素質。這也就是我們所說的高情商。

十 退一步海闊天空

退後一步，先向對方認錯，緩解了交往中的緊張氣氛，協調了雙方的情感，因而有了成功的溝通。在此，情商的作用不言而喻。

當富蘭克林·羅斯福入主白宮的時候，他向公眾承認，如果他的決策能夠達到75％的正確率，那就達到了他預期的最高標準了。

像羅斯福這麼一位本世紀的傑出人物，他的最高希望尚且如此，可見人們在平時犯下的錯誤有多少。

卡內基因此說：「你如果先承認自己也許弄錯了，別人才可能和你一樣寬容大度，認為他有錯。」

這就像拳頭出擊一樣，只有將拳頭縮回來再打出去才有力量。

卡朗先生是一位年輕的紐約律師，他曾在最高法庭參加一個重要案子的辯論。案子牽涉了一大筆錢和一項重要的法律問題。

在辯論中，法官問卡朗先生：「海事法的追訴期限是六年，對嗎？」

庭內頓時靜默下來，氣氛似乎頓時降到冰點。

卡朗指出法官記錯了，並據實地告訴他追訴期的年限。卡朗相信法律站在他這一邊，他的答辯比過去都精彩。

然而，卡朗最後敗訴了。他當眾指出一位聲望卓著、學識豐

富的法官錯了，卻不知道使用外交辭令，他鑄成了大錯。

如果他當時懂得退一步，不露出咄咄逼人的氣勢，判決將會是另一種樣子。

班傑明‧富蘭克林的優點之一就是，他懂得從心理上退一步，改掉他傲慢的個性。

他立下一條規矩，絕不正面反對別人的意見，也不准自己太武斷。他甚至不准許自己在文字或語言上，使用太肯定的措辭。

富蘭克林不說「當然」、「無」等，而改用「我想」、「我假設」或「我想像」，或者「目前我看來如此」。

當別人發表對一件事的看法時，富蘭克林絕不立刻駁斥他，或立即指正他的錯誤。他會說，在某些條件下，這種意見沒有錯，但在目前情況下，看來好像稍有兩樣等等。

富蘭克林很快就領會到改變態度的收穫：凡是他參與的談話，氣氛都很融洽。他以謙虛的態度來表達自己的意見，不但容易被接受，而且減少了衝突。他發現自己有錯時，難堪的場面不會出現；而他是正確的時候，對方也不會固執己見，轉而贊同他。

富蘭克林一開始不習慣這樣套規矩，覺得和他的本性相衝突，但不久就變得容易起來，愈像他自己的習慣了。五十年以來，沒有人聽他講過太武斷的話。

在新法案修訂等重大問題上，富蘭克林也沒有堅持己見，他總是退後一步，謙虛地聽取大家的意見，最終，他的意見反而得到廣泛的支持。

退一步是為了前進，富蘭克林無疑是一位情感智商高手。

哈爾德‧倫克是道奇汽車在蒙他哥州比林斯的代理商，汽車

銷售行業壓力很大，他在處理顧客的抱怨時常常冷酷無情，於是造成了衝突，以致生意減少，產生種種的不愉快。

倫克後來發現，這種情形對他沒有任何好處，於是嘗試另一種辦法。

他在顧客抱怨時說：「我們確實犯了不少錯誤，真是不好意思。關於你的車子，可能我們也有錯，請你告訴我吧。」

這個辦法很能夠使顧客消除怒氣，事情就容易解決了。很多顧客還因此向他致謝，甚至還介紹朋友來這裏買車。

倫克承認自己也許弄錯了，這樣就避免了所有的爭執，對方見你退了一步，不想跟你過不去，也會以禮相待，寬宏大度，承認他自己有可能弄錯了。

顯然，哈爾德·倫克是個情商不錯的商人。他退後一步，先向對方認錯，緩和了交往中的緊張氣氛，協調了雙方的情緒，因而有了成功的溝通，在此，情商的作用是不言而喻的。

十一 給心靈鬆綁

善用錶的人不會把發條上得太緊，善開車的人永不把車開得過快，善操琴的人永不會把琴弦繃得過緊，情商高的人總在為自己的心靈鬆綁。

① 尋找心靈憩息的小島

世界著名航海家托馬斯·庫克船長，曾經在他的日記裏記錄下了這樣一次奇遇，這件事一直令他百思不得其解。

當時，他正率領船隊航行到大西洋時，浩瀚無垠的海面上空出現了龐大的鳥群。數以萬計的海鳥在天空中久久地盤旋，並不斷發出震耳欲聾的鳴叫。

更奇怪的是，許多鳥在耗盡了全部體力後，義無反顧地投入茫茫大海，海面上不斷激起陣陣水花⋯⋯

事實上，庫克船長並非是這一悲壯場面的唯一見證者。在他之前，很多經常在那個海域捕魚的漁民被同樣的景象所震懾。鳥類學家們對這種現象十分不解，在長期的研究中他們發現，來自不同方向的候鳥，會在大西洋中的這一地點會合，但他們一直沒有弄清楚，那些鳥兒為何會一隻接一隻，心甘情願地投身大海。

這個謎團終於在上個世紀中期被解開。

原來，海鳥們葬身的地方，很久以前曾經是個小島。對於來自世界各地的候鳥們來說，這個小島是牠們遷徙途中的一個落腳點，一個在浩瀚大海中不可缺少的「安全島」，一個在牠們極度疲倦的時候，可以棲息身心的地方。

然而，在一次地震中，這個無名的小島沉入大海，永遠地消失了。

遷徙途中的候鳥們，仍然一如已往地飛到這裏，希望稍作休息，恢復長途跋涉帶來的滿身疲憊，積蓄一下力量再開始新的旅程。但是，在茫茫的大海上，牠們卻再也無法找到牠們寄予希望的那個小島了。早已筋疲力盡的鳥兒們，只能無奈地在「安全島」上空盤旋、鳴叫，盼望著奇蹟的出現。

當牠們終於失望的時候，全身最後的一點力氣也已經耗費殆盡，只能將自己的身軀化為汪洋大海中的點點白浪。

同樣，在緊張忙碌的生活中，在人生漫長的「遷徙」旅途中，每個人都有身心疲憊的時候，每個人都需要一個憩息身心的地方。適當的時候你是否讓自己的心靈稍作放鬆？是否擁有一個可讓自己喘上一口氣、稍作休整的「小島」？

給心靈鬆鬆綁，不要像那些海鳥，等到自己筋疲力盡的時候，只能將自己的生命一頭栽進大海。

高情商者懂得放鬆自己，懂得調適自己的心靈，以一種愉快的心態投入到在生活和工作中。

② 洗滌心靈

獲得心靈平靜的首要方法，便是洗滌你的心靈，這一點是不可忽視的。

如果你想讓心靈減壓，每一天，你必須盡力去清除困擾你心靈的情緒垃圾，不使它們控制你的心靈。

相信你以往也是有過這樣的經驗，當你把所有煩惱的事情，全都向你要好的朋友傾訴時，是否曾感到心裏舒暢無比呢？

有一位心理學家曾在一艘開往檀香山的輪船上，做一次心理改造實驗。他建議一些心煩氣躁的人到船尾去，假想已把所有煩惱的事情全都丟進海中，並且想像自己的煩惱事正淹沒在白浪滔滔的海裏。

後來，有一位乘客來告訴他說：「我照著你所建議的方法做後，我發覺我的心裏真是舒暢無比。我打算以後每天晚上都要到船尾去，然後把我煩惱的事一件一件地往下丟，直到我全身不再有煩惱為止。」

這件事正好吻合了一句話：過去的事情，就讓它過去。

英國前首相勞合‧喬治有一個習慣——隨手關上身後的門。

有一天，喬治和朋友在院子裏散步，他們每經過一扇門，喬治總是隨手把門關上。

「你有必要把這些門都關上嗎？」朋友很是納悶。

「哦，當然有這個必要。」喬治微笑著對朋友說，「我這一生都在關我身後的門。你知道，這是必須做的事。當你關門時，也將過去的一切留在後面，不管是美好的成就，還是讓人懊惱的失誤，然後，你才可以重新開始。」

從昨天的風雨裏走過來，人身上難免沾染一些塵土和黴氣，心頭多少留下一些消極的情緒，這是不能完全抹掉的。

但如果總是背著沉重的情緒包袱，不斷地焦躁、憤懣、後悔，只會白白耗費眼前的大好時光，那也就等於放棄了現在和未來。

追悔過去，只能失掉現在；失掉現在，哪有未來！正如俗話所說：「為誤了頭一班火車而懊悔不已的人，肯定還會錯過下一班火車。」

要想成為一個快樂成功的人，最重要的一點，就是記得隨手關上身後的門，學會將過去的不快通通忘記，重新開始，振作精神，不使消極的情緒成為明天的包袱。

一個發條上得十足的錶不會走得很久，一輛速度經常達到極限的車容易壞，一根繃得過緊的琴弦往往容易斷，一個情緒煩躁、緊張、鬱悶的人容易生病。

邱吉爾在戰時最緊張的時候還去游泳，在選舉白熱化的時候還去垂釣，剛一下班就去畫畫。他微微翹起的嘴角邊，總是悠閒地叼著一支雪茄，顯得輕鬆自如。這幾乎成為那個時代英國青年群相效仿的經典形象。

③ 讓情緒愉快的成長

情緒在一個人的生活中無比重要，然而，不是每個人都能懷著好情緒度過每一天，人們常常會遇到不愉快的事情，從而背負著壞情緒。

加拿大有個著名的醫生奧斯勒，他把生活比作具有防水隔艙的現代郵輪，船長可以把隔艙完全封閉。

奧斯勒還把這種情形向前引申了一步，進一步說明。

「我主張人們要學習控制，生活在一個獨立的今天之中，確保航行的安全。

按一個鈕，並且傾聽你確實已經用鐵門把過去——逝去的昨天——關在身後；你再按一個鈕，用鐵門把未來——還沒有來臨的明天——給隔斷掉。關閉掉過去！把死的過去埋葬掉。關閉掉那引導著傻瓜走向死亡的昨天，把未來也像過去一樣關閉得緊緊的。

憂慮未來就是今天精力的浪費，精神的壓力，神經的疲累，追隨著為未來而憂慮者的步伐跌入深淵。把前面的和後面的大艙門都關閉得緊緊的，準備培養生活在『一個獨立的今天』中的習慣。」

馬里蘭州湯生市的瑪格麗特·柯妮女士，一天早上醒來，發現他剛剛裝修好的地下室被水淹了，她驚慌得不知所措。

「我第一個反應，」她這樣說，「是想坐下來大哭一場，為自己的損失號啕大哭。但是我沒有這樣，我問自己，最壞的情形會怎樣？答案很簡單：家具可能全泡壞了，地板可能給泡得彎曲不平，還留下水漬，地毯也報銷了，而保險公司可能不會賠償這些。」

「第二，我問自己，我能做什麼來減輕災情？我先叫孩子把所有可以拿得動的家具搬到沒有水的車庫裏去。我向保險公司經紀人報告，並且用電話請地毯清潔工帶吸塵器來。然後我和孩子向鄰居借了幾台除濕機，使地下室能加速乾燥。等到我丈夫下班回家的時候，一切都已經整理就緒了。」

「我考慮了可能發生的最壞情形後，想出應該怎樣做些補救，然後動手做起來，做了我必須做的事。我根本沒有時間憂慮。當做完這一切時，我的心裏輕鬆多了。」

常常聽到這句話：「想想你自己的幸福。」是的，如果算算我們的幸福，大約有90％的事還不錯，只有10％不太好。

其實，即使那所謂10％的不好，大部分還是由於自己的想像。如果能突破自己心靈的禁錮，又可以收穫不少快樂。

德山禪師在尚未得道之時曾跟著龍潭大師學習，日復一日地誦經苦讀，讓德山有些忍耐不住。

一天，他跑來問師父：「我就是師父翼下正在孵化的一隻小雞，真希望師父能從外面盡快地啄破蛋殼，讓我早一天破殼而出啊！」

龍潭笑著說：「被別人剝開蛋殼而出來的小雞，沒有一隻能活下來的。雞的羽翼只能提供讓小雞成熟和有破殼力量的環境，你突破不了自我，最後只能胎死腹中。不要指望師父能給你什麼幫助。」

德山撩開門簾走出去時，看到外面非常黑，就說：「師父，天太黑了。」

龍潭便給了他一枝點燃的蠟燭，他剛接過來，龍潭就把蠟燭吹滅。

他對德山說：**「如果你心頭一片黑暗，那麼，什麼樣的蠟燭也無法將其照亮啊！即使我不把蠟燭吹滅，說不定哪陣風也會將其吹滅啊。只有點亮了心燈一盞，天地自然一片光明。」**

德山聽後，如醍醐灌頂，後來果然青出於藍，成了一代大師。

其實，像德山開悟成佛一樣，一個人想擁有快樂的情緒，自己要學會清除心理的垃圾，下意識地為心靈鬆綁，點亮自己的心燈，否則，你快樂的夢想只能「胎死腹中」。

心靈就是一座煉金的熔爐，快樂就在其中，只要將其熔煉，快樂就會閃閃發光。

第四篇

自我激勵

　　一個人若是沒有受到激勵，僅能發揮自身能力的10%～30%，若受到正確而充分的激勵，就能發揮自身能力的80%～90%。

　　最經常、最廉價、最可靠、最經濟實惠的激勵來自於自我激勵。自我激勵是行動的催化劑和興奮劑，掌握了自我激勵，就把主動權掌握在了自己的手裏。

一 生命美麗的翅膀

　　當你感到激勵自己的力量推動你去翱翔時，你是不應該爬行的。

　　中古時期，蘇格蘭國王羅伯特・布魯斯，曾前後十多年領導他的人民，抵抗英國的侵略。但因為實力相差懸殊，六次都以失敗告終。

　　一個雨天，戰敗後的他悲傷、疲乏地躺在一個農家的草棚裏，幾乎沒有信心再戰鬥下去了。

　　正在這時候，他看到草棚的角落裏，有一隻蜘蛛在艱難地織網，牠準備將絲從一端拉向另一端，六次都沒有成功。然而這隻蜘蛛並沒有灰心，又拉了第七次，這次牠終於成功了。

　　布魯斯受到了極大的啟發，「我要再試一次！我一定要取得勝利！」他以此激勵自己，重新拾起自信心，以更高昂的熱情領導他的人民進行戰鬥。這次，他終於成功地將侵略者趕出了蘇格蘭。

　　蘇格蘭國王能從一隻小小的蜘蛛身上，看到再度奮起的勇氣，並以同樣的方式激勵自己，在再試一次中實現了自己的理想。

　　自我激勵是人生中一筆彌足珍貴的財富，在人生的道路上能產生無窮的動力。一旦你擁有了自我激勵的動力，你就在生命中插上了美麗的翅膀。它將帶著你展翅翱翔，創造屬於你自己的人

生輝煌。

從某種意義上說，自我激勵就是自我期待。人們激勵自己的目的，就是為達到所期待的目標。

成千上萬的人讀過班傑明‧富蘭克林的自傳，可是他們都不會用書裏所講的成功的原則。當然，但至少還有一個人用過，他就是弗蘭克‧伯特久。

當時，由於伯特久遇到了困難，導致了他事業的失敗。於是他努力尋求一個實用的公式，來幫助自己重振旗鼓。由於他知道他所要尋求的是什麼，很快便發覺了富蘭克林的秘密。

富蘭克林曾提到，他一切的成功和幸福，都是受益於一個自我激勵的概念，一個有關個人成就的目標公式。伯特久掌握了這個公式概念，並且運用了它。結果可想而知，他把自己從失敗提升到成功。

伯特久是這樣做的，他把目標分別寫在十張卡片上。第一張標題就是「熱誠」，自我激發詞是：要變得熱誠，行動須熱誠。

這句自我激發詞激勵著伯特久成為一個熱誠的人，並使他大獲成功。

走進美國航太基地的人，會看到一根大圓柱上鐫刻著這樣的文字：If you can dream it，you can do it.這句話可譯為：如果你能夠想到，你就一定能夠做到。

不錯，想得到，便做得到。一個心存夢想的人便是一個自我期待的人。

古希臘神話裏有一個故事：生活在塞浦路斯的一個雕刻師，名叫做皮格馬利翁。他傾注畢生的心血，夜以繼日、廢寢忘食地工作，終於用象牙成功地雕刻了一尊愛神雕像。

這尊雕像經過他的艱辛苦雕琢，因而顯得超凡脫俗、神韻兼備，他不禁愛上了這尊雕像，逐漸相思成疾、憔悴不堪，直到奄奄一息。

最後，他一再懇求維納斯給這尊雕像以生命。維納斯被他的癡迷所感動，終於同意了他的請求。他如願以償，和有了生命的雕像結了婚。

皮格馬利翁的故事被人們傳誦至今，足以見其對後人生活態度的影響。心理學家還從這個故事中引申出一個新的名詞：「皮格馬利翁效應」。

在自我塑造的過程中，每個人都是自己的「皮格馬利翁」。而在塑造的心理動機上，自我期待起了關鍵的推動作用。

情商理論認為：自我激勵的根本泉源是自我期待。一個人只要有所期待，才會在實際中不斷激勵自己。而一旦這種期待消失了，自我激勵也就不復存在。

玻爾從小就期待著成為一個出色的物理學家，但是他從小就反應遲鈍。看電影時，他的思維老是跟不上電影情節的發展，總是喋喋不休地向別人提問，弄得旁邊的觀眾對其厭惡至極。

在科學問題上他也是如此。一次，一位年輕的科學家介紹了量子論的新觀點。大家都聽懂了，可是玻爾卻沒有聽懂而提出疑問。年輕的科學家只好重新向他解釋一遍。

儘管如此，玻爾並沒有降低對自己的期待，他總是在不斷地激勵自己。他用勤學好問來彌補反應慢的缺點，對沒弄懂的問題，沒有理解的問題，他毫不掩飾，接二連三地提問，即便引起旁人的討厭，他也毫不在乎。

玻爾說：我不怕在年輕人面前暴露自己的愚蠢。而這位「愚

蠢」的科學家，一九四二年成為諾貝爾獎的獲得者。

　　這就是自我期待的巨大力量，也是自我激勵的力量。

　　自我激勵，猶如生命美麗的翅膀。海倫說：「**當你感到激勵自己的力量推動你去翱翔時，你是不應該爬行的。**」

二 思想的魔力

思想是個雕刻家，它可以把你塑造成你要做的人。

① 奇特的思想

有一位婦女曾說過這樣的話：我年輕時發誓，絕不嫁姓史密斯的男人，也絕不嫁比我年輕的男人，更不會去從事洗盤子的工作。但現在，這三件事我都做過了。

你是否也常聽說類似的事？你是否也曾陷入完全違背你心意的處境？如果有，你可以回味一下，其實這就是思想的力量。

思想作用於人的最基本的原則是：你想得越多的事，對你的吸引力就越大。所以，你不妨相信這條規則：常想某件事，就會促使它實現。

即使你想的是不希望這件事成為事實，你還是會朝著它走去。這是因為心靈只能被誘導去做某事，卻不能接受誘導不去做某事。

假如有人對你說：「別去想一頭身上有紫色斑點、大耳朵、戴太陽鏡的粉紅色大象。」你滿腦子想著的就是這麼一頭怪象。

你是否曾試著告訴自己：「我一定要忘掉這件事。」然而果真會忘掉嗎？雖然，你的心思一直努力做到遺忘，但實際上，它做到的卻是記住那件事。反而比你說「我要記住那件事」的效果還好。

熟悉思想運作的情形後，對自己或別人說任何話之前，都必須三思。

　　如果你對小侄兒說：「別從樹上摔下來啊！」事實上，你等於是在幫助他從樹上摔下來。

　　如果你對自己說：「我可別忘掉帶那本書。」你至少已經在忘記它的途中了。

　　因為人的思想和心靈是根據畫面運作的。在你自言自語「我不想忘記帶那本書」時，腦海裏就會出現一幅你忘記帶那本書的畫面。儘管你口中說著不要，腦海中那幅畫面卻縈繞不去，結果你就真的忘了帶書。

　　但如果你對自己說的是「我要記得帶那本書」，腦海裏就會浮現你記得帶書的畫面，你記住的機率就大得多。

　　對孩子感到束手無策的父母，其實可以給孩子灌輸積極的心靈畫面，多使用正面的語言，情況就會改善。

　　「不要叫」可以用「請安靜」代替；「不准把義大利麵醬弄到你的襯衫上」改為「吃飯要小心點」。兩種說法的意思差不太多，但最後的結果卻大不相同。

　　同樣的道理，也可以解釋出你為什麼會把一件傷心事牢記十五年，沒忘掉半點細節。你開新車的第一天，就把車頭撞得稀爛，你當時心裏多半是想著：「我千萬不可把車身撞出凹痕！」這個念頭非常危險，你最好只提醒自己「小心駕駛」就夠了。

　　在大型比賽中奪魁的網球好手，往往總是想著：我要得到這二分，這球是我的！總是接不到球的人，心中的想法則可能是：我可別漏接了這個球。

　　同樣，總說「我不想生病」的人，會面臨一場格外艱苦的奮鬥，老想著「我不要過寂寞的生活」、「我不想破產」、「希望這次事情不至於搞砸」的人，往往就會落入他們一心想避免的困境。

思想是如此的奇特，情商高的人最能夠恰當地運用它，使自己的人生達到理想的境界。

② 改變思想，就能改變生活

你本來約好和朋友星期天一起出去玩，可是早晨起來往窗外一看，下雨了。這時候，你怎麼想？你也許想：糟糕！下雨天，哪兒也去不成了，悶在家裏真無聊……如果你想：下雨了，也好，今天在家裏好好讀讀書，聽聽音樂……這兩種不同的心理暗示，就會給你帶來兩種不同的情緒和行為。

一切的原因就在你的思想，而一切的影響力都是心理現象。

當情緒低沉時，情商高的人善於給自己以積極的暗示，幫助自己走出困境。

愛默生說：「一個人就是他整天所想的那些。」你想什麼，你就是怎樣的一個人。因為每個人的特性，都是由思想而來的，每個人的命運完全決定於他的心理狀態。

如果你心裏都是快樂的念頭，你就能快樂；如果你想的都是悲傷的事情，你就會悲傷；如果你想的全是失敗，你就會失敗；如果你想到一些可怕的情況，你就會害怕；如果你有不好的念頭，你恐怕就會不安心了；如果你沉浸在自憐裏，大家都會有意躲開你。

自我暗示是思想的被動方式，它是一個人用語言或其他方式，對自己的思維、情感、想像、意志、知覺等方面的心理狀態，產生某種刺激的過程。

它是一種自動的暗示，溝通人的思想與潛意識。它是一種啟示、提醒和指令，告訴你注意什麼，追求什麼，致力於什麼和怎樣行動，因而它能支配影響你的行為。這是每個人都擁有的一個

看不見的法寶。

人類有史以來，很多思想家都強調信心與意志的重要性。信心與意志是一種心理狀態，是一種可以用自我暗示誘導和修煉出來的、積極的心理狀態！

積極心態來源於在心理上進行積極的自我暗示。反之，消極心態是經常在心理上進行消極的自我暗示。

也就是說，不同的意識與心態會有不同的心理暗示，而心理暗示的不同也是形成不同意識與心態的根源。之所以說心態決定命運，正是以心理暗示決定行為這個事實為依據的。

多數人的生活境遇，既不是一無所有，一切糟糕；也不是什麼都好，事事如意。這種一般的境遇相當於「半杯咖啡」。

你面對這半杯咖啡，心裏產生什麼念頭呢？消極的自我暗示是因少了半杯而不高興，情緒消沉；而積極的自我暗示是慶幸自己獲得了半杯咖啡，那就好好享用，因而情緒振作，行動積極。

所以，每個人都有一個看不見的法寶，這個法寶具有兩種不同的作用，這兩種不同的力量都很神奇。它會讓你鼓起勇氣、重振信心，並抓住機遇，採取行動，去獲得財富、成就、健康和幸福，也會讓你排斥和失去這些極為寶貴的東西。

心理上的自我暗示固然是個法寶，但這個法寶的巨大魔力，還需要經過長期的運用，形成一種意識，才會充分地顯示出來。

具有自信主動意識的人，會長期進行積極的自我暗示，而具有自卑被動意識的人，卻總是使用消極的自我暗示。經常進行積極暗示的人，會把每一個難題看成是機會和希望；經常進行消極暗示的人，卻將每一個希望和機會看成是難題。

美國社會學學者華特‧雷克博士研究過這樣一個問題：他從

兩所小學的六年級學生中，找出兩組截然不同的學生作為研究對象。一組是表現不好，無可救藥的；另一組是表現優良，積極上進的。

那些品行不良的孩子，在他們遇到某種困難時，往往會預期自己一定會有麻煩，覺得自己比別人低下，認定自己的家庭糟糕透頂等。而那些素質優良的孩子，相信自己在學習上會成功，生活上也不會遇到什麼麻煩。

經過五年的追蹤調查，結果正如料想的那樣：好孩子都能繼續上進，品行不良的孩子則經常會出問題，其中還有人進過少年法庭。

以上的事實和研究結果再次證實：自我意識、自我評價本身確實能左右一個人的發展。一個孩子如果有了不利的自我意識，就會有不良的表現，也就很容易被人們看成是「沒出息」、「沒用」，甚至「有犯罪的意圖」。

積極的心理暗示要經常進行，長期堅持，這就意味著積極的自我暗示能自動進入潛意識，影響意識。只有潛意識改變了，才會成為習慣。

潛意識就像一塊肥沃的土地，如果不在上面播下成功意識的好種籽，就會一片荒蕪或野草叢生，自我暗示就是播撒種子的控制媒介。

一個人可以經過積極的心理暗示，自動地把成功的種子和創造性的思想灌輸到潛意識的沃土上。相反，也可以灌輸消極的種子或破壞性的思想，而使潛意識這塊肥沃的土地滿目瘡痍。

三 務實者因夢想而高飛

從空中樓閣出發，就是抱著極大的夢想出發。心中沒有空中樓閣般的想像，就無法朝目標邁出前進的步伐，也就不能期待成功了。

① 敢於夢想

約翰‧高德小時候便是敢於夢想、敢於挑戰的人。

十五歲時，他將他一生想要做的事，列在一張單子上，共有一二七個他希望達成的目標，其中包括探險尼羅河，攀登埃佛勒斯峰，研究蘇丹的原始部落，五分鐘跑完一英里，把《聖經》從頭到尾讀一遍，在海中潛水，用鋼琴彈《月光曲》，讀完《大英百科全書》和環遊世界一周……

如今他已經七十二歲了，是目前世界上最著名的探險家之一。他已完成一二七個目標中的一〇五個，也完成了許多其他令人興奮的事。

他還想訪問全球一四一個國家，目前他只去過一一三個；他還有全程探險中國的長江的打算。他想活到本世紀二〇年代，那時他會是九十多歲；他甚至想到月球去訪問等等充滿挑戰的冒險。

吉米‧馬歇爾被視為職業橄欖球界中最難擊敗的人。在運動王國，三十歲就會被視為「老年人」，但他擔任守備到四十二歲。

從他開始打球，在二八二場比賽中，從未失敗過。有名的四

分衛佛朗‧塔肯頓說，吉米是「在任何運動中，我所認得最有意思的運動員」。

吉米也經歷過很多的災難：有一次大風雪中，所有的同伴都死了，但他卻倖存下來；他得過兩次肺炎；他在擦槍時，不小心因走火而受傷；他出過幾次車禍，也經過外科手術。但這些都沒使他垮掉。

他只是輕描淡寫地說：「上帝不要我，因為我的夢想沒有完全實現。」

敢於夢想！敢於希望！敢於認定自己有很大的潛能！心理學家越來越肯定夢想的價值。研究顯示，智商最高的人，往往花很多時間夢想。許多偉大的發明都是由夢想而來的。

夢想的力量實際上是巨大的，它是能引導你走向成功的極大力量。

夢想是鮮活存在著的力量，是一種最奇妙活動著的力量，也是存在於宇宙之中最不可抗拒的力量。

當人們夢想時，就會觸動心靈深處發生作用，這時候從心底就會引發反作用，從而產生外在的複雜的效應。這種作用當然是無限大的。

日本有一句古諺「一念澈岩」，意思是只要去夢想，即使是又大又硬的岩石，也可以被人的心意貫穿。

所以，當人的夢想在心靈深處作用時，就可以把不可能變為可能。夢想可以憑藉心靈的作用，使事情的結局如己所願，運勢被打開。這樣，最後自己的夢想就會成真。

夢想並不是抽象的東西，也不是不可捉摸、虛無縹緲的東西。但除非你把夢想實現，否則它永遠是個夢。

「一切有價值的東西，都由空中樓閣而發生。」從空中樓閣

出發，就是抱著極大的夢想出發。心中沒有空中樓閣般的夢想，就無法朝目標邁出前進的步伐，也就不能期待成功了。

② 沒有目標，夢想猶如海市蜃樓

目標有著巨大的威力，它能循序漸進地推動夢想的實現。

哈佛大學曾做過一項追蹤調查，對象是一群智力、學歷、環境等條件差不多的年輕人，調查目的是測定目標對人生有著怎樣的影響。

調查結果發現：

——27％的人沒有目標。

——60％的人目標模糊。

——10％的人有清晰但比較短期的目標。

——3％的人有清晰且長遠的目標。

二十五年的跟蹤研究結果發現，他們的生活狀況及分佈現象十分有意思。

那些占3％的人，二十五年來幾乎都不曾更改自己的人生目標。二十五年來他們懷著自己的夢想，朝著同一方向不懈地努力，二十五年後，他們幾乎都成了社會各界頂尖的成功人士，他們之中不乏白手創業者、行業領袖、社會精英。

那些占10％有清晰短期目標者，大都生活在社會的中上層。他們的共同特點是，短期目標不斷被達成，生活狀態穩步上升，成為各行各業的不可或缺的專業人士。

其中占60％的模糊目標者，幾乎都生活在社會的中上層面，他們能安穩地生活與工作，但沒有什麼特別的成績。

剩下27％的是那些二十五年來都沒有目標的人群，他們幾乎都生活在社會的最底層。他們的生活都過得不如意，甚至失業，

靠社會的救濟。並常常抱怨他人，抱怨社會，抱怨世界。

目標是對所期望成就事業的真正決心，目標跟夢想比起來較易於實現，因此更貼近現實。

發展迅速的企業或組織都有十年至十五年的長期目標，這就是它在這期間的夢想。

管理人員時常反問自己：「我們希望公司在十年後是什麼樣子呢？」然後根據這個目標來規劃應有的各項努力。新的工廠並不只是為了適合今天的需求，而是滿足五年、十年以後的需求。

各研究部門也是針對十年或十年以後的產品進行研究。人人都可從很有前途的企業中學到一課，那就是：我們也應該計劃十年以後的事。

如果你希望十年以後變成怎樣，現在就必須變成怎樣，這是一種重要的想法。沒有生活目標的人也會變成另一個人。因為沒有了目標，我們根本無法成長。

想想那些終生無目的地漂泊、胸懷不滿的人，他們並沒有一個非常明確的目標，只有不切實際的夢想。沒有目標，就難以產生前進的動力，夢想就變得遙遠。

高情商的人，懂得如何前進，他在中途豎立許多小目標，對於最近的目標積極地付出努力，因為這些是可以在比較短的時間內實現的。

他達到這個小目標的時候，覺得有了進步，便充滿了信心。稍微休息一下，便又鼓起精神來，豎起第二個目標，繼續前進。而最後的目標好像指南針一樣，使你不致迷失方向。

成功者都不是空洞的夢想者，他們首先敢於做夢，接著便付出艱辛的努力，填平小目標和夢想之間的鴻溝，從而達到理想的彼岸。

四　構造自信

自信表現為一種自我肯定、自我鼓勵、自我強化、堅信自己能成功的情緒素養。沒有自信心，就沒有生活的熱情和趣味，也就沒有探索、拼搏、奮鬥的勇氣和力量。

① 最優秀的人是誰

蘇格拉底在風燭殘年之際，知道自己時日不多了，就想考驗和點化一下他平時看來很不錯的助手。

他把助手叫到床前說：「我的蠟燭所剩不多了，得找另一根蠟燭接著點下去，你明白我的意思嗎？」

「明白，」那位助手說，「您的思想光輝是需要很好的智慧傳承下去……」

「可是，」蘇格拉底說，「我需要一位最優秀的傳承者，他不但要有相當的智慧，還必須有堅定的信心和非凡的勇氣……這樣的人選直到目前我還未見到，你幫我尋找和發掘一位好嗎？」

「好的，好的。」助手說，「我一定竭盡全力去尋找。」

那位忠誠而勤奮的助手，不辭辛勞地四處尋找。他領來了許多人，然而，蘇格拉底都沒看上。

助手再次無功而返，回到蘇格拉底病床前時，蘇格拉底已經病入膏肓了，他拉著那位助手的手說：「真是辛苦你了，不過，你找來的那些人，其實還不如你……」

「我一定加倍努力，」助手懇切地說，「找遍城鄉各地，找遍五湖四海，也要把最優秀的人選挖掘出來，舉薦給您。」

蘇格拉底笑笑，不再說話。

半年之後，蘇格拉底眼看就要告別人世，最優秀的人還是沒有找到。助手非常慚愧，淚流滿面地坐在病床邊，語氣沈重地說：「我真對不起您，讓您失望了！」

「失望的是我，對不起的卻是你自己。」蘇格拉底說到這裏，很失意地閉上眼睛，**「本來，最優秀的人就是你自己，只是你不敢相信自己，才把自己給忽略、給耽誤、給丟失了⋯⋯其實，每個人都是最優秀的，差別就在於如何認識自己，如何發掘和重用自己⋯⋯」**

自信就是相信自己，人如果自己不相信自己，別人就更不可能相信你。成功學告訴人們，成功是有公式的：成功=想法+信心。

當受到外界壓力或外界不承認的時候，你是否對自己的能力提出懷疑呢？比如說：談判時別人故意指出你一些很不重要的缺點、在公司有時出現冷嘲熱時。

基於情商的自信，是在正確認識自己的前提下獲得的，法國存在主義哲學大師、獲得諾貝爾獎卻拒絕領獎的沙特說：「一個人想成為什麼，他就會成為什麼。」

如果你認為自己被打倒了，那麼你就真的被打倒了。如果你想贏，但是認為自己沒有實力，那麼你就一定不會贏，如果你認為自己會失敗，那麼你就一定會失敗。

勝利始於個人求勝的意志和信心，勝利者都屬於有信心的人。一個不能說服自己能夠做好所賦予任務的人，就不會有自信心。

事物本身並不影響人，人們只受對事物的看法影響。不要把自己想成一個失敗者，而要儘量把自己當成一個贏家。人生來

沒有什麼局限，無論男人或女人，每個人內心都有一個沈睡的巨人，那就是自信。

② 要自信不要自卑

一位父親很為他的孩子苦惱，他的兒子已經十五、六歲了，可是仍然自卑，一點男子氣概都沒有。

於是，父親去拜訪一位禪師，請他訓練自己的孩子。

禪師說：「你把孩子留在我這裏，三個月以後，我一定把他訓練成真正的男人。」父親同意了。

三個月後，父親來接孩子。禪師安排孩子和一個空手道教練進行一場比賽，以展示這三個月的訓練成果。

教練一出手，孩子便應聲倒地。他站起來繼續迎接挑戰，但馬上又被打倒，他又站起來——就這樣來來回回一共十六次。

禪師問父親：「你覺得你孩子現在還自卑嗎？」

父親說：「我簡直羞愧死了！想不到我送他來這裏受訓三個月，看到的結果是他這麼不經打，被人一打就倒。」

禪師說：「你只看到了表面的勝負，卻沒有看到你兒子那種倒下去立刻又站起來的信心和勇氣，這才是真正的男子氣概啊！」

確實如此，做人必須建立信心，拋棄自卑。在這個世界上你是獨一無二的，即使找遍整個地球，也只有你一個，世界上根本不存在和你完全一樣的人。

馬爾茲說：「你不優越，也不卑下，你就是你。」

這說明每一個人都有自己的存在價值，要充滿快樂、充滿希望地，去生活、工作，做一個真正的自己。

你沒有必要去仰視別人，你就是你自己。只要你不懈追求，相信你不比別人差，就一定會成功。

堅強的自信是成功的泉源。在開始做一件事情之前，要充分相信任自己的能力，要對自己的會成功深信不疑，同時還要有創造精神。有創造精神的人，是人生態度是積極的人。

自卑是人生命過程中難以回避的情感癥結，人有自卑感，但人又總是想超脫自卑感，給人生多一點信心，多一些自豪和多一份自尊。

人不是自輕自賤、不思作為來到這個世界的。人生儘管波濤起伏，給人以蒼涼、悲傷、無助、無奈和自卑，但人不像水中的浮萍，是一個沒有主見、起伏不定、隨波逐流、聽憑命運擺佈、任自卑困擾的可憐之物，人是為獲取自尊而不是為自卑活著的。

自卑是人生命過程中的產物，而不是人的生命本身的實質。因此在人類眾慾望和需求中，自卑並不佔有一席之地，它是後來擠進生命之中的雜物，是伴隨人的需要不能滿足而生的寄生物。

自信可以跨越自卑，是戰勝自卑的有力武器。它不是對生命的失望、無助、無奈，以及對生命的傷感、悲憤和蒼涼，而是對生命充滿著的信心，表現著生命中主動積極明亮的旋律，是生命的光點環。

自信體驗的是人生光明、甘甜和美妙的一面，自信給予人的是生命的希望和對未來美好的憧憬。人類社會能從茹毛飲血，發展到電子時代，從燧人氏的鑽木取火，發展到今天的核能發電，就是憑藉自信的力量。沒有自信，人類將一事無成，沒有自信，個人將毫無價值。

自信源於自尊，自尊是人的高層次需要。人與動物的根本差異就在於，人能在自我意識的支配下，將人的低層次需要向高

層次需要延伸。人沒有被自然本能所淹沒，就在於他有自尊感，個人沒有完全消失而獨立存在，就在於每一個人都期望於自尊自重，並努力地去滿足於自尊自重的需要。

自信表現為一種自我肯定、自我鼓勵、自我強化、堅信自己能成功的情商素養。沒有自信心，就沒有生活的熱情和趣味，也就沒有探索、拚搏、奮鬥的勇氣和力量。

從這個意義上說，沒有信心也就沒有了希望。

③ 自信的三種理解

自信是一種心態，是對自己能力的信任、非能力的信任和潛能力的信任。

自己能做的事，就相信自己能做，勇於將自己的能力表現出來，該出風頭時就出風頭，不懼人言。

這種自信，是保證將自己的能力充分發揮的前提，是自信的第一個層次。如果你擁有自信，又沒有任何外界影響，那麼你所表現出來的，就是做你能力範圍內的事。

自己不能做的事，就是不能做，坦然處之，而不會覺得低人一等，更不會影響自己對有能力事情的自信。你是圍棋高手，沒有必要因為象棋不行而自卑。

人無完人，每個人都有自己不能做的事，而人又是社會的，總會有人對你的非能力之事做出各種評價，甚至是詆毀。

這時人往往會受到打擊，會由於對自己非能力的不自信，而導致對自己能力的不自信。認為自己窩囊，什麼事情都不行，要避免這種暈輪效應的發生。

一件事的成功，往往需要很多因素。而事實上你只要具備其中做好關鍵性因素的能力，就可能獲得成功，而你在非關鍵因素

上的非能力，並不會影響成功。但往往在外界影響下，對非能力的不自信，會導致對整個事情的不自信，從而導致失敗。

你應聘來到企業負責某項產品的市場行銷工作，你相信自己對市場敏銳的感知，但你缺乏這方面的工作經驗。於是，很多人在你面前或背後說，你做不好這件事，一定會失敗，因為你沒有經驗。

由於這些議論，你可能開始懷疑、畏縮，信心受到打擊，從而造成失敗。

但事實上，你一定要具備經驗嗎？不一定。你已經具備了創新的前提，雖然你沒有經驗，但你可以去學習，因此，沒有必要因此而自卑。

對非能力自信，是能力自信的保證，你如果既有了能力自信，也有了非能力自信，就會在外界的影響下充分展示自己的能力。

人有著很大的潛在能力，你本身具備的能力可能並未被你所認識，有些事你可能沒有能力做，但你必須做，如背水一戰的關鍵時刻，你必須相信自己能做到，這就是潛能力的自信。

潛能力自信是一定意義上的盲目自信，相信能做好自己必須做的事。

相信自己有本事去做事而心安理得、心平氣和叫自信；相信自己沒本事，而不去做事，不做仍然心安理得，也是自信。

所以，自信者都有一個良好的心態，對能做的事情相信能夠做好，對不能做的事情坦然處之，或學習去做它。

④ 自信心與一個心理學家的實驗

在一次足球比賽中，要靠踢十二碼球門取勝。一個一流的足

球名將竟然將球高高踢飛。教練問他為什麼會失敗，他說他滿腦子想的，就是千萬別踢出球門。如果他當時自信能射中球門，就會是另外一種結果。

一位心理學家想知道人的心態對行為到底會產生什麼樣的影響，於是他做了一個實驗。

首先，他讓七個人穿過一間黑暗的房子，在他的引導下，這七個人都成功地穿了過去。

然後，心理學家打開房內的一盞燈。在昏黃的燈光下，這些人看清了房子內的一切，都嚇出一身冷汗。

這間房子的地面是一個大水池，水池裏有幾條大鱷魚，水池上方搭著一座窄窄的小木橋，剛才他們就是從小木橋上走過來的。

心理學家問：「現在，你們當中還有誰願意再次穿過這間房子呢？」沒有人回答。

過了很久，有三個膽大的站了出來。

其中一個小心翼翼地走了過來，速度比第一次慢了許多。

另一個顫巍巍地踏上小木橋，走到一半時，竟趴在小橋上爬了過去。

第三個剛走幾步就一下子趴下了，再也不敢向前移動半步。

心理學家又打開房內的另外九盞燈，燈光把房裏照得如同白晝。

這時，人們看見小木橋下方裝有一張安全網，只由於網線顏色極淺，他們剛才根本沒有看見。「現在，誰願意通過這座小木橋呢？」心理學家問道。這次又有五個人站了出來。

「你們為何不願意呢？」心理學家問另外兩個人。

「這張安全網牢固嗎？」這兩個人異口同聲地問。

往往，失敗的原因不是因為能力低下，而是信心不足，還沒有上場，精神上首先敗陣。

一個女孩長相很醜，因此對自己缺乏自信心，不愛打扮自己，整天邋邋遢遢的，做事也不求上進。

心理學家為了改變她的心理狀態，讓大家每天都對醜女孩說「你真漂亮」、「你真能幹」、「今天表現不錯」等讚揚性的話語。

經過一段時間的努力，人們驚奇地發現，女孩真的變漂亮了。

其實，她的長相並沒有變，而是精神狀態發生了變化。她不再邋遢了，變得愛打扮、做事積極、愛表現自己了。

發生這麼大變化的原因正在於自信心。因為她對自己有了自信，所以大家覺得她比以前漂亮了許多。

在許多成功者的身上，都可以看到超凡的自信心所產生的巨大作用。這些事業取得成功的人，在自信心的驅動下，敢於對自己提出更高的要求，並在失敗的時候看到希望，最終獲得成功。

也許有人說，我做任何事都沒有信心，怎樣才能獲得信心呢？

從成功的回憶中建立成功的自我形象，可使你獲得自信。

當你懷疑自己的能力，並為自卑感所困擾的時候，你不妨從過去的成功經歷中吸取精華，來滋潤你的信心。

你不要沈溺於對失敗經歷的回憶，要將失敗的意象從你腦海裏趕出去，因為那是一個不友好的來訪者。

失敗不是人生主要的一面，只是偶爾存在的消極面，是人心

智不集中時開的小差。

人們應該多多關注自己的成功，仔細回憶成功過程的每一個環節，看看當初自己是怎樣導演成功的。

一連串的成功，貫穿起來就構成一個成功者的形象。它會強烈地向你暗示，你原來是具有決策力和行動力的，你能夠導演成功的人生。

正如英國的羅伯·希里爾所說的：「對自己有信心，是所有其他信心當中最重要的部分，缺少了它，整個生命都會癱瘓。」

增強自信的方式有多種多樣，每天看到得意的自己，你的心中就會條件反射出一個明快、健康的自我。

一個人看到具有紀念價值的物品時，往往會產生無限的聯想，比如看到獎狀、獎盃時，便會回憶起自己從前獲得勝利時的一幕幕情景。

也可以看看自己最滿意的照片，照片能喚起對往事的回憶，將一個生動的自我形象，清晰地刻在自己的腦海裏。

消極自卑的人不妨將自己最得意的照片隨身帶著，當自己情緒低落時，它能有效地調節你的情緒。照片上那張生動的臉，飛揚的身材和洋溢的喜悅，對你來說，無異於一種振奮劑。

它會明確地提醒你，你能夠以也有光彩照人的形象出現。從而增強信心，產生向一切困難進行挑戰的勇氣。

只有自己輕視自己，別人才會輕視你。生命的價值，在不同的環境裏就會有不同的意義，只要自己看重自己，自我珍惜，生命就有意義和價值。

⑤ 只要你堅信，你就是一塊寶石

有一個孤兒，生活無依無靠，他很迷惘和徬徨，只好四處流

浪。

一天，他走進一座寺廟，拜見那裏的高僧。

孤兒說：「我什麼技術都沒有，該如何生活啊？」

高僧說：「那你為什麼不去做呢？」

「像我這樣的人能做什麼呢？」孤兒說。

高僧把他帶到後院裏一處雜草叢生的亂石旁，指著一塊陋石說：「你把它拿到市集去賣吧！但要記著，無論多少人要買這塊石頭，你都不要賣。」

孤兒抱著石頭疑惑地來到市集，在一個不起眼的地方蹲下來。可是，那是一塊陋石，根本沒有人把它放在眼裏。

第一天過去了，第二天過去了。

第三天時，有人開始來詢問。第四天，真的有人來要買這塊石頭了，第五天，那塊石頭已經能賣到一個很好的價錢了。

孤兒去找高僧，高僧說：「你把石頭拿到石器交易市場去賣，但還要記住，無論多少錢都不要賣。」

孤兒把石頭拿到石器交易市場，三天後，漸漸有人圍過來問。接著，問價的人越來越多，石頭的價格已被抬得高出了石器的價格，而孤兒依然不賣。越是這樣，人們的好奇心越強，石頭的價格還在不斷地抬高。

孤兒又去找高僧，高僧說：「你再把石頭拿到珠寶市場去賣……」

又出現了同樣的情況，以至於到了最後，石頭的價格已被炒得比珠寶的價格都要高了。

孤兒又去找高僧，高僧說：「世上人與物皆如此，如果你認定自己是一塊不起眼的陋石，那麼你可能永遠只是一塊陋石，如果你堅信自己是一塊無價的寶石，那麼你就是那塊寶石。」

一塊不起眼的石頭，由於孤兒的堅信而提升了它的價值，人就像這塊石頭一樣。

每個人都隱藏著自己的信心，但是高情商者更容易發揮自信心。高僧其實就是在挖掘孤兒情商中的信心潛力，就像那個孤兒一樣，如果我們具有了自信心，還有什麼做不了的呢？

⑥ 自信助你超越極限

一個小女孩看見一隻蛾正奮力破繭而出，為了幫助牠，她拿出小刀，小心地把繭劃破，讓蛾出來。

蛾出來後，一直在鼓翅，但始終飛不起來。最後，翅膀終於垂下去，那隻蛾死了。

小女孩傷心地哭了，她姐姐對她說：「蛾破繭時的奮鬥，可使蛾的翅膀增加力氣，你把繭劃破後，就剝奪了牠練習的機會，才使牠無法飛起來。」

沒有人喜歡面對困難和不幸，但情商高的人把它當作成長的機會。困難有助於樹立勇氣和恢宏的氣度，自信的人敢於奮鬥，他們在困苦中鍛鍊自己。他們知道，如果不經過這種練習，生命就不會爆發出強大的活力，置身於「溫室」中的人，永遠是長不大的孩子。

人們常有這樣的感受：相信自己成功，鼓勵自己成功，就會感到成功在自己內在的力量逐漸增加充分地顯現出來，做什麼事都感到勇氣倍增，輕而易舉，甚至在無比艱難的情況下，也可以創造奇蹟。

十八世紀末，隻身探險航海之風席捲歐洲。幾年中，有一百多名德國青年先後加入橫渡大西洋的冒險行列，但這些青年均未

生還。當時人們都認為，獨自橫渡大西洋幾乎是不可能的事。

在這種情況下，精神病學專家林德曼卻宣佈，他將隻身橫渡大西洋。導致他做出這樣決定的原因是，在醫學實驗中他發現，許多精神病人都是在某種外界壓力下，自己喪失信心而導致了自己的精神崩潰。

為此，林德曼想親自實驗一下，觀察強化自信心對人的生理和心理會產生什麼樣的效果。

林德曼獨舟出航了，十幾天後，在茫茫的海洋上，巨浪打斷了桅杆，船艙進水。由於長時間的疲勞，睡眠不足，林德曼筋疲力盡，全身像撕裂一樣的疼痛，身體也逐漸失去了知覺，並出現生不如死的念頭。

但林德曼沒有被擊垮，他憑著頑強的意志與大風大浪搏鬥。每每有膽怯的念頭，他就對自己大聲喊道：「儒夫，你想死在大海裏嗎？不！你一定要成功，你一定能成功！」

在航行的日日夜夜，他將「我一定能成功」這句話同自身融為一體。正當人們認為林德曼難以生還的時候，他卻奇蹟般地到達了大西洋的彼岸。人們都非常欽佩歎服，在他返回港口的時候，不計其數的人都相繼趕來歡迎他的返航。

事後林德曼回憶說，以前，這麼多年，許多年輕人之所以失敗，不是由於船體被打翻，也不是生理機能到了極限，而是精神上的絕望。他更加確信：人們經過自我鼓勵和強化自信心，完全可以戰勝肉體上不能戰勝的困難。

五　主宰你自己

　　主宰自己不是口號式的宣言，而是情商正向引領的結果，是在奮進過程中的心理能動力量，是積極的心理自我暗示產生出來的結果。

　　有一傳說，亞瑟王被鄰國的伏兵俘虜，鄰國的君主被亞瑟的年輕和樂觀所打動，沒有殺他。但是，亞瑟要能夠回答一個非常難的問題，才可以獲得自由。

　　亞瑟有一年的時間來思考這個問題，如果一年的時間還不能給他答案，亞瑟就會被處死。

　　這個問題是：女人真正想要的是什麼？

　　這個問題連最有見識的人都困惑難解，何況年輕的亞瑟。亞瑟接受了國王的命題，在一年的最後一天給他答案。

　　亞瑟回到自己的國家，開始向每個人徵求答案：公主，妓女，牧師，智者，宮庭小丑。一年的期限快到了，亞瑟問了許多人，但沒有人可以給他一個正確的回答。

　　最後，有人告訴他，一個老女巫可能知道答案。亞瑟別無選擇，只好去找女巫。

　　女巫答應回答他的問題，但他必須首先接受她的條件：她要和亞瑟王最高貴的圓桌武士之一，他最親近的朋友加溫結婚。

　　亞瑟王驚駭極了，這個女巫駝背，醜陋不堪，只有一顆牙齒，身上發出臭水溝般難聞的氣味，而且經常製造出猥褻的聲音。

他從沒有見過如此不和諧的怪物，他拒絕了，他不忍心強迫他的朋友娶這樣的女人，他不能讓自己背上沈重的精神包袱。

加溫對亞瑟說：「我同意和女巫結婚，沒有比拯救亞瑟的生命和捍衛圓桌更重要的事了。」他立即和女巫訂了親。

女巫於是回答了亞瑟的問題：女人真正想要的是「主宰自己的命運」。

每個人都立即知道了女巫說出了一個偉大的真理，於是，鄰國的君主放了亞瑟王，並給了他永遠的自由。

來看看加溫和女巫的婚禮吧，這是怎樣的婚禮呀！亞瑟王在無法解脫的極度痛苦中哭泣，加溫卻一如既往的謙和，而女巫卻在慶典上表現出他最壞的行為：他用手抓東西吃，打嗝、放屁，讓所有的人感到噁心，不舒服。

新婚的夜晚來臨了，加溫依然堅強地面對可怕的夜晚，走進新房。

然而，洞房卻是另外一副景象：一個他從沒見過的美麗少女半躺在婚床上！加溫驚呆了，問這究竟是怎麼回事。

美女回答說：加溫，我就是那個女巫。既然你不嫌棄我的醜陋，那麼我就應該對你好些。在一天的時間裏，一半是我可怕的一面，另一半是我美少女的一面。

那麼，加溫，你想要我的哪一面呢？

多麼殘酷的問題呀！加溫開始思考他的困境：如果在白天向朋友們展現一個美麗的女人，那麼夜晚他自己將面對一個又老又醜如幽靈般的女巫；如果白天擁有一個醜陋的女巫妻子，在晚上自己就可與一個美麗的女人共度良宵。

最後，加溫沒有做任何選擇，只是對他的妻子說，既然女人最想要的是主宰自己的命運，那麼就由你自己決定吧。

於是女巫選擇白天夜晚都是美麗的女人。

就因為這樣，女巫的人生得到了美麗的昇華，因為他的命運沒有被別人主宰，他扼住了命運的咽喉，將自己從一個醜陋的女巫，變成了一個美貌的女人。

很多情況下，人們的命運都是由別人和外物所控制，要主宰自己，就需要莫大的勇氣。特別是對於一個失敗者，當他陷入挫折的情緒中，要及時調整自己，戰勝自己，樹立起主宰自己的信心，更不是一件容易的事。

另一件事：查理的工廠宣告破產了，他所有的財產加起來都抵不了債，他成了一個名副其實的窮光蛋。

查理無法面對殘酷的現實，心力憔悴，沮喪透了，幾乎要自殺了。

他流著淚去見牧師，希望能夠得到指點，讓他東山再起！

牧師說，我對你的遭遇很同情，我也希望能對你有所幫助，但事實上，我卻沒有能力幫助你。

查理唯一的希望破滅了，他喃喃自語道：「難道我真的沒有出路了嗎？」

牧師說：「雖然我沒辦法幫助你，但我可以介紹你去見一個人，他可以協助你東山再起。」

牧師帶著查理來到一面大鏡子前，手指著鏡子裏的查理說：「我介紹的這個人就是他，在這個世界上，只有他才能夠使你東山再起，只有他才能夠主宰你的命運。」

查理怔怔地望著鏡子裏的自己，用手摸著長滿鬍鬚的臉孔，望著自己頹廢的神色和迷離無助的眼神，他不由自主地抽噎起來。

159

第二天，查理又來見牧師，他從頭到腳幾乎像換了一個人，步伐輕快有力，雙目堅定有神。

他說：「我終於知道我應該怎麼做了，是你讓我重新認識了自己，把真正的我指點給我了，我已經找了一份不錯的工作，我堅信，這是我成功的起點。」

果然，幾年後，查理東山再起，事業比當初還要興旺。

「主宰自己」不是口號式的宣言，而是情商正向強化的結果，是在奮進過程中的心理能動力量，是積極的心理自我暗示產生出來的結果。

三隻青蛙掉進鮮奶桶中。第一隻青蛙說：「這是命。」於是牠盤起後腿，一動不動，等待著死亡的降臨。

第二隻青蛙說：「這桶看來太深了，憑我的跳躍能力，是不可能跳出去了。今天死定了。」於是，牠沈入桶底淹死了。

第三隻青蛙打量著四周說：「真是不幸！但我的後腿還有勁，我要找到墊腳的東西，跳出這可怕的桶！」

於是，第三隻青蛙一邊划一邊跳。慢慢地，鮮奶在牠的攪拌下變成了奶油塊。在奶油塊的支撐下，這隻青蛙奮力一躍，終於跳出了奶桶。第三隻青蛙主宰了自己的命運，救了自己。牠是群體裏的高情商者，如果有可能，牠甚至可以主宰整個青蛙王國。

六　你是老虎而非山羊

自我認定的轉換很可能是人生中最有趣、最神奇和最自在的經驗，當你換了一種自我認定，撕掉貼在身上的舊標籤，你很可能就此超越了過去。

一隻小老虎為一頭山羊收養，小老虎喝山羊的奶，跟小山羊玩，盡力去學做一頭山羊。

然而，儘管這頭老虎努力去學，牠仍不能變成一頭山羊。

牠的樣子不像山羊，牠的氣味不像山羊，牠無法發出山羊的聲音。其他山羊開始怕牠，因為牠玩得太粗魯，而且牠的身體太大。這頭老虎退縮了，牠覺得被排斥，覺得自己差勁，不知道自己錯在哪裡。

一天，突然發出一聲山動地搖的巨吼！山羊四散奔逃，只有小老虎端坐在岩石上不動。

突然，一個龐然大物靠近了牠，牠身體強悍，目如銅鈴，牠分明是一頭巨獸。

「跟我來！」入侵者以一種不容抗辯的口吻說。

小老虎跟著巨獸走入叢林中。最後，牠們來到一條大河邊，巨獸低頭喝水。

「過來喝水。」巨獸說。

小老虎也走到河邊喝水，牠在河中看到兩頭一樣的動物。

「那是誰？」小老虎指著自己在水中的倒影問。

「那是你——真正的你！」

「不，我是一頭山羊！」小老虎抗議道。

突然，巨獸拱起身子來，又發出一聲巨吼，整座叢林為之動搖，等聲音停止後，一切都靜悄悄的。

「現在，你也吼一下！」巨獸說。

最初很困難，小老虎張大嘴，但發出的聲音像嗚咽。

「再來，你可以辦到！」巨獸說。

最後，小老虎感到有東西轆轆作響，一直下到牠的小腹，逐漸湧向牠的全身。

「吼！」這時牠再也忍不住了。

「現在！」那頭大孟加拉虎巨獸說：「你是一頭老虎，不是一隻山羊！」

小老虎開始瞭解到，為何自己跟山羊玩時總感到不滿意，牠沒有認識到自己原來是一隻老虎。

從此以後，牠再也不在羊群裏混了，開始了牠飛黃騰達的老虎生涯。

「你是老虎不是山羊」！這裏頭包含著深刻的哲理。

人們常常會被人認定是什麼樣子，卻忽視了這樣的認定是否正確，而正是這種認定，對許多人產生相當大的影響。

難以想像，這頭老虎如果一直被認為是一隻山羊，那麼，牠可能會在羊群中混一輩子，碌碌無為，甚至趕不上一隻山羊。然而，最後牠改變了對自己的認定，成就了自己。

在生活中，你可能一直嘗試做些改變，可是一再的失敗，那一定是你所希望的改變跟你的自我認定不符所致。自我認定只是一種模式，這種模式是可以改變和擴展的。

改變和擴展自我認定，是一個艱難的過程，然而，如果你不滿意當前的自我認定，並下定決心去改變它，那麼，你的人生將

迅速而奇妙地得到改善，你會發現一個嶄新的自己。

米蒂是一位精力充沛、熱愛冒險的女性，但一開始她並不是這樣，她經過了一個自我認定的轉變。

米蒂自小時候起就是個膽小鬼，不敢做任何運動，凡是可能受傷的活動她一概不碰。

在參加過幾次情商的研討會後，她有了一些新的運動經驗，如潛水、赤足過火和高空跳傘，從而知道自己事實上可以做到一些事，只要有一些壓力即可。

即使如此，這些經驗還不足以使她形成有力的信念，改變她先前的自我認定，頂多她自認為自己是個「有勇氣高空跳傘的膽小鬼」。依她的說法，當時轉變還沒發生，事實上轉變已經開始了。

她說其他的人都很羨慕她的表現，並告訴她：「我真希望也能有你那樣的膽量，敢嘗試這麼多的冒險活動。」

一開始，她對大家誇獎的話的確很高興，聽多了之後她便不得不質疑起來，是不是以前錯估了自己。

「最後，」米蒂說道，「我開始把痛苦跟膽小鬼的想法連在一塊兒，因為我知道膽小鬼的概念使我設限，我決心不再把自己想成膽小鬼。」

事情並不只是說說而已，事實上，她的內心有很強烈的掙扎，一方是她那些朋友對她的看法，一方是她對自己的認定，兩方並不相符。

後來，又有一次高空跳傘訓練，她把這當成是改變自我認定的機會，要從「我可能」變成「我能夠」，而讓想冒險的企圖擴大為敢於冒險的信念。

當飛機攀升到一萬二千英呎的高空時，米蒂望著那些沒有跳

傘經驗的隊友，多數人都極力壓抑著內心的恐懼，故意裝作興致很高的樣子。米蒂告訴自己：「他們現在的樣子正是過去的我，而此刻我已不屬於他們那一群，今天我可要好好地享受一番。」

她運用了他們的恐懼，來強化她希望變成的新角色。隨之，她很驚訝地發現自己剛剛已經歷了重大的轉變，她不再是個膽小鬼，而成為一個敢冒險、有能力、正要去享受人生的人。

她是第一位跳出飛機的隊員。下降時，她一路興奮地高聲狂呼，似乎這輩子從來沒有今天這樣的活力和興奮。

米蒂之所以能夠跨出自我設限的一步，主要的原因就在於，她一下子採取了新的自我認定，從而在心底想好好表現，以做為其他跳傘者的好榜樣。

米蒂的轉變很完全，因為新的體驗使她能一步步淡化陳舊的自我認定，從而做出決定，要去拓展更大的可能。新的自我認定使她成為一位真正敢於冒險的領導者。

自我認定的轉換很可能是人生中最有趣、最神奇和最自在的經驗，當你換了一種自我認定，撕掉貼在身上的舊標籤，你很可能就此超越了過去。

七 駕馭生活中的負面情緒

　　駕馭自己的負面情緒，努力發掘、利用每一種情緒的積極因素，是一個高情商者所需的基本素質，也是一個人成功的基本條件。

① 壞情緒來自性格

　　高情商者遇到失意和傷心的事時總能夠忍耐得住，一般的小事，他不會放在心上，也不會因此而引起情緒的波動。而低情商者，碰到失意的事情，則容易被不良的情緒所征服，常常引起情緒的強烈波動。

　　生活中常見的大量不良情緒都與性格有關，比如，容易憂愁的人一般都好強、固執，不善於與人交往。他們經常感到不稱心、不如意，滿懷憂慮，考慮問題愛鑽牛角尖。情緒上經常處於猶豫、疑慮狀態的人，性格往往顯得被動、拘謹、依賴，缺乏獨立性和創造性，總是循規蹈矩，因循守舊。容易煩躁的人，往往過於敏感，而且習慣於將憤懣的情緒埋藏在心底。

　　可見，要保持健康的情緒狀態，必須對自己的性格特徵有一個充分的瞭解，注意克服性格方面的缺陷。

　　一般來說，性格特徵傾向於外向的人，比較達觀、開朗，生活中遇到不順心的事情時，大多都能夠想得通，易於在情緒上自我解脫，因而能夠適應環境的變化和面對生活的挫折。

　　另一方面，由於他們的情緒變化比較容易，因而情緒波動的速度和頻率都較快，往往會造成他們的情緒不平衡，從而出現情

165

緒紊亂的情況。而性格內向的人，他們對生活中的不順心的事，經常鬱積於心，處於憂慮狀態中不能自拔，甚至因此而患病。

因此，外向性格的人應當注意掌握自己情緒的變化，多運用思維的力量來保持平靜、沉穩，遇事冷靜思考，克制衝動，防止情緒的驟然爆發而破壞了寧靜的情緒。內向的人，則需要學會發洩排遣不良情緒，遇到有不愉快的事或者想不通的問題，不鬱積於心，應該向親人或者朋友們傾吐，獲得他人勸慰和幫助，使不良的情緒適當地宣洩。

② 不為兩塊錢而悲哀

保羅在一家夜總會裏做事，收入不多，然而，他總是非常快樂。

保羅很愛車，但是，憑他的收入想買車是不可能的事情。與朋友們在一起的時候，他總是說：「要是有一輛車該多好啊！」眼中儘是無限嚮往表情。

後來有人說：「你去買彩票吧，中了大獎就可以買車了！」

於是保羅買了兩塊錢的彩票。可能是上天過於垂青他了，朋友們幾乎不敢相信，保羅就憑著兩塊錢的一張彩票，果真中了大獎。

保羅終於實現了自己的願望，他買了一輛車，整天開著車兜風，夜總會也去得少了，許多人看見他吹著口哨在林蔭道上行駛，車子擦得一塵不染。

一天，保羅把車泊在樓下，半小時後下樓時，發現車被盜了。

剛開始，保羅有些遺憾，但更多的是氣憤，他恨透那個偷車賊了。他晚上思考了很久，第二天早晨，他又變得很開心了。

幾個朋友得到消息，想到他那麼愛車如命，這麼多錢買貴的車，眨眼工夫就沒了，都擔心他受不了，於是相約來安慰他。

保羅正準備去夜總會上班，朋友們說：「保羅，車丟了，你千萬不要悲傷啊！」

保羅卻大笑起來：「嘿，我為什麼要悲傷啊？」

朋友們互相疑惑地望著。

「如果你們誰不小心丟了兩塊錢，會悲傷嗎？」保羅說。

「那當然不會！」有人說。

「是啊，我丟的就是兩塊錢啊！」保羅笑道。

是的，不要為丟失兩塊錢而悲傷。保羅之所以過得快樂，就因為他能夠駕馭生活中的負面情緒。

負面情緒會成為前進道路上的桎梏，如果對負面情緒採取放任的態度，就會很容易影響生活。一個不能丟掉負面情緒的人，是難以成功的。

幾年前，東京電話公司處理了一次事件。一個氣勢洶洶的客戶對接線生口吐惡言，他怒火中燒，威脅要把電話連線拔起。他拒絕繳付那些費用，說那些費用是無中生有。

他寫信給報社，並到公共調解委員會做了無數次申訴，也告了電話公司好幾狀。最後，電話公司派一個最幹練的調解員去會見他。

調解員來到客戶家裏，道明來意。暴怒的用戶痛快地把他的不滿發洩出來，調解員靜靜地聽著，不斷地說「是的」，同情他的不滿。這次見面花了六個小時。

調解員與暴怒的客戶就這樣會了四次面，到最後，客戶變得友善起來了。

調解員說：「在第一次見面的時候，我甚至沒有提出我去找他的原因。第二、三次也沒有。但是第四次我把這件事完全解決了。他把所有的賬單都付了，而且撤銷了那份申訴。」

事實上，那個用戶所要的是一種重要人物的感覺。他先以口出惡言和發牢騷的方式取得這種效果。但他從一位電話公司的代表那兒得到了是重要人物客戶的感覺後，無中生有的牢騷就化為烏有了。

受到用戶無端的責罵當然生氣，但這個高情商的調解員就這樣輕易地駕馭了自己和他人的負面情緒，把負面情緒轉化成了一種成功解決問題的動力。

保持健康的情緒狀態，需要在頭腦子中裝上一個控制情緒活動的「閥門」，讓情緒活動聽從理智和意志的節制，而絕對不能放任自流。

凡是理智和意志能有效地節制情緒的人，也就能基本保持情緒的平靜和穩定，這是能獲取成功的關鍵。

駕馭自己的負面情緒，努力發掘、利用每一種情緒的積極因素，是一個高情商者所需的基本素質，也是一個人成功的基本條件。

許多不善於利用自己情緒智力的人，面對負面情緒侵擾的時候，總感到無所適從，心靈任其啃噬。

不少人特別在意別人對自己的感覺，諸如，自己穿了件時裝，別人會怎樣評價，自己的某個動作，別人會如何看待，甚至不小心說了一句什麼話，也會後悔不已，總擔心別人會因此對自己有看法。生活在別人的眼光中，是非常累的，無疑會對自己的情緒有負面影響。

莫娜在這屆運動會上被公認為奪冠人選，她進場時引起了大

家的歡呼，她很高興地向大家揮手致意。

不料，這時他被臺階絆了一下，摔倒了。

面對如此多的觀眾，莫娜感到十分沒面子，心裏升騰起一種羞愧的感覺，直到進入比賽，她還沒有從羞愧的情緒裏走出來。結果，她沒有發揮出自己的水平，比賽成績遠遠落在了其他隊員的後面。

其實，一些小事根本就不值得一提，別人根本沒有在意或早已忘卻，只有你還記在心裏耿耿於懷，這就是人們無法戰勝自己的表現。人們總是努力地想去扮演一個完美者，然而這似乎太苛刻了，只會加重你情緒的負面影響，給自己的心理造成障礙。

契柯夫的小說《小公務員之死》中，那個可憐的小公務員在看戲時，不幸與部長大人坐在一起，把唾沫弄到了部長大衣上，他就神經質般地變得惶惶不安起來。無論他如何解釋，部長大人好像都沒有原諒他的意思，這個小公務員在巨大的精神壓力下，竟然一命嗚呼了。

生活中，同樣有不少人把不經意的小事裝在心裏，寢食難安，成為影響自己的負面情緒。

生活中小小的失誤不妨由它去吧，丟掉你心中的負面情緒，學會輕鬆的生活，那樣，一切都將美好起來。

③ 不要壓抑你的負面情緒

有些心理醫生會幫助患者壓抑情緒，忽略情緒問題，借此暫時解除患者的心理壓力。患者便對負面能量產生一定的控制力，所有的情緒問題似乎迎刃而解了。

壓抑情緒或許可以暫時解決問題，但是等於逐漸關閉了心門，變得越來越不敏感。雖然你不會再受到負面能量的影響，卻

逐漸失去了真實的自我。你變得越來越理智，越來越不關心別人。或許你可以暫時壓抑情緒，但在不知不覺中，壓抑的情緒終將反過來影響你的生活。

面對情緒問題時，心理醫生的建議是：如果有人傷害了你，你必須回憶整個過程，不斷描述其中的細節，直到這件事不再影響你為止。這樣的心理治療方式只會讓感情變得麻木。你似乎學會了壓抑痛苦，但是傷口仍然存在，你仍會覺得隱隱作痛。

另外有些心理醫生則會分析患者的情緒問題，然後鼓勵患者告訴自己，生氣是不值得的，以此否定所有的負面情緒。這些做法都不十分明智。雖然透過自我對話的方式來處理問題並沒有什麼不對，但我們不該一味強化理性，壓抑感情。總有一天，你會發現，你已背負了沉重的心理負擔。

一個高情商的人完全能夠定期排除負面能量，而不是依靠壓抑情感來解決情緒問題。敏感的心是實現夢想的重要動力，學會排除負面情緒，這些情緒就不會再困擾你，你也不必麻痹自己的情感。

如果你生性敏感，當你學會如何排除負面能量後，這些累積多時的負面情緒就會逐漸消失。此外，你還必須積極企劃每一天，以積蓄力量，盡情追求夢想，這是你最好的選擇。

④ 發洩一下也未嘗不可

一天深夜，一個陌生女人打電話來說：「我恨透了我的丈夫。」

「你打錯電話了。」對方告訴她。

她好像沒有聽見，滔滔不絕地說下去：「我一天到晚照顧小孩，他還以為我在享福。有時候我想獨自出去散散心，他都不

肯；自己卻天天晚上出去，說是有應酬，誰會相信！」

「對不起。」對方打斷她的話，「我不認識你。」

「你當然不認識我。」她說，「我也不認識你，現在我說了出來，舒服多了，謝謝你。」她掛斷了電話。

生活中，大概誰都會產生這樣或那樣的不良情緒。每一個人都難免受到各種不良情緒的刺激和傷害。但是，善於控制和調節情緒的人，能夠在不良情緒產生時及時消除它、克服它，從而最大限度地減輕不良情緒的影響。

不良情緒產生了該怎麼辦？一些人認為，最佳辦法就是克制自己的感情，不讓不良情緒流露，做到「喜怒不形於色」。

情緒的豐富性是人生的重要內容。生活如果缺少豐富而生動的情緒，將會變得呆板而沒有生氣。如果大家都「喜怒不形於色」，沒有好惡，沒有喜怒哀樂，那麼，人就會變成只會說話和動作的機器人了。

人之所以不同於機器，有血有肉、富有感情是一個重要因素。富有感情，人與人之間才能展開交流，才有心靈的溝通。因此，強行壓抑自己的情緒，硬要做到「喜怒不形於色」，把自己弄得表情呆板，情緒漠然，不是感情的成熟，而是情緒的退化，是一種病態的表現。

那些表面上看起來似乎控制住了自己情緒的人，實際上是將情緒轉到了內心。任何不良情緒一經產生，就一定會尋找發洩的管道。當它受到外部壓制，不能自由地宣洩時，就會在體內發洩，危害自己的心理和精神，造成的危害會更大，因此，偶爾發洩一下也未嘗不可。

⑤ 用理智消除不良情緒

　　人們都會遇到情緒的困擾，高情商者能夠在不良情緒到來時保持冷靜的思考，而情商低的人卻盲目地恐慌。

　　一個人在深山中，好像看到一隻猛虎，便神色慌張地跑起來。遇到第二個人，他說：「快逃啊，老虎來了。」於是第二個人也跟著逃跑。又遇到第三個人、第四個人⋯⋯大家聽說老虎來了，又看到逃跑的人神色如此慌張，也就不假思索爭先恐後地一起逃跑。也許他們的驚恐都是盲目的，沒有人冷靜下來想一想，是不是真的有虎？即使有虎，現在有這麼多人，是人怕虎，還是虎怕人？

　　因此，並不是所有的不良情緒產生都是有現實根據的，許多不良情緒不過是人們對事情的真實情況缺乏瞭解，盲目地滋長產生起來的。通常只要冷靜理智地分析一下，自己對事物的認識是否正確，是否確實可憂、可懼、可怒，分析明白了，就會發現事情並不像自己想像的那樣種嚴重，不良情緒也就不解自消了。

　　不良情緒盲目滋長的另一個原因，就是這種情緒的排它性引起思維的狹隘性，而思維的狹隘性又加速了不良情緒的生長。

　　比如，憂愁者越是朝憂愁方面想，就越感到自己有許多值得憂慮的理由；發怒者越是想著發怒的事情，就越感到自己發怒完全應該。至於問題的另外一些方面，都被他們排斥和忽視了。於是，不良情緒便在這種狹隘的思維和對事物片面的認識下，迅速地滋長起來。

　　對於盲目滋生起來的不良情緒，需要借助於理智來消解。

比如，有人當眾給你提了許多意見，正確的方法應該是理智地分析一下，別人為什麼會給自己提意見？是有意讓自己難堪，還是真誠地關心幫助自己？所提的意見是否有道理？透過理智的分析劃除問題就會明瞭，氣憤的情緒就會自然而然地平息下來。

情商高的人在化解不良情緒時，通常採取三個步驟：首先必須承認不良情緒的存在；其次，分析產生這一情緒的原因，弄清楚為什麼會苦惱、憂愁或憤怒；第三，如果確實有可惱、可憂、可怒的理由，則尋求適當的方法和途徑來解決它。

⑥ 對自己的工作保持熱情

產生疲勞的最主要原因之一，就是煩悶。

人們的疲勞通常不是由於工作，而是由於憂慮、緊張和不快。如果你「假裝」對你的工作感興趣，一點點假裝就會使你的興趣成真，也可以減少你的疲勞、緊張和憂慮。

每天早上給自己打打氣，是不是一件很傻、很膚淺、很孩子氣的事呢？

正好相反，從心理學的角度上來看，這點非常重要。「我們的生活就是我們的思想造成的」。這句話在今天看來，還是像一千八百年前馬庫斯‧奧里利尼斯在他那本叫《沉思錄》中所寫的一樣真實。

每個小時都跟你自己說一遍，你就可以指引自己去想很多勇敢而快樂的事情，也可以由此得到力量和平靜。跟自己談很多值得感謝的事情，你就可以在腦子裏充滿向上的思想。只要你的想法正確，就能使任何工作不那麼討厭。

你的老闆希望你對自己的工作感興趣，他才能賺更多的錢，且不管老闆要什麼，你要想想，對自己的工作有興趣的話，能夠

對你有什麼好處，常常提醒你自己，這樣做可以使你從生活中得到加倍的快樂，因為你每天在清醒的時間裏，有一半以上要花在你的工作上。如果你在工作上得不到快樂，在別的地方也就不可能找到快樂了。

要不停地提醒自己：對自己的工作感興趣，就能使你不再憂慮，而最後還可能為你帶來升遷和加薪。即使沒有這樣好的結果，至少可以把你的疲勞減低到最低程度，讓你愉快地享受你的閒暇時間。

⑦ 與快樂的人相處

負面的情緒很難用科學字眼來解釋，但是每個人都知道這是怎麼回事。

阻撓你成功的心理障礙，包括責難、沮喪、焦慮、漠不關心、驟下評論、猶豫不決、推托、過分追求完美、怨懟之心、困惑及罪惡感，這些心態都是負面情緒的表現。具有這些心態的人不一定是壞人，但是為了獲取正面能量，要盡量與快樂的人在一起。

你是否有過這樣的經歷？在一個地方，或是和一些人相處，你會感到焦慮不安、脖子酸痛、疲憊不堪。你不知道到底是哪根筋不對，但就是覺得不舒服。然而和另一些人相處時，你就會覺得精神百倍，身體上的不適感也慢慢消失。在這些人的陪伴下，你覺得事事如意，這些人所散發的正面能量，讓你感到更快樂、更安詳、更有信心。

這些現象不是偶然的，而是能量交流的結果。一個精神能量低的人如果和一個精神能量高的人在一起，前者將受惠無窮，後者則會損失一些能量。精神能量通常會在兩人之間流動，直到獲

得平衡為止。

請你想像甲乙兩個玻璃瓶，兩者底部有管子相連，管內有個活塞可以控制兩個玻璃瓶的液體流量。請你先把活塞關上，將甲瓶裝滿藍色液體，乙瓶則什麼也不裝。當你把活塞打開時，這兩個玻璃瓶會產生什麼樣的變化呢？它們都會盛裝豐滿的藍色液體。

同樣的道理，如果你心中充滿正面能量，當你碰到一個能量低的人時，能量就會從你身上流向他。不過，這個例子描述的是「量」的流向，而非「質」的交流。為了充分瞭解「質」，請再回到玻璃瓶的例子。

先關上活塞把甲瓶裝滿涼的藍色液體，然後把乙瓶裝滿熱的紅色液體，當打開活塞時，這兩個瓶子會產生怎樣的變化呢？首先，冷熱液體相互交流，溫度達到平衡。其次，兩個瓶內的液體都會變成紫羅蘭色。

如果快樂的你碰到一個不快樂的人，過不了多久，那個人的情緒會好轉，你的情緒則會變糟，你或許不會馬上受到影響，但是幾小時或是幾天之後，你的情緒就會逐漸變糟。

所以，要想提高自己的情商，請接受這個建議：不要讓不快樂的人感染你快樂的情緒。

八 樂觀的死刑犯

悲觀者面對半杯水說：「我就剩下半杯水了。」樂觀者說：「我還有半杯水呢！」因此，對高情商的樂觀者來說，外在世界總是充滿光明和希望。

① 樂觀讓生活更順暢

印地安那州有一個名叫英格萊特的人，十年前，他得了一場大病，當他康復以後，卻發現又得了腎臟病。他去找過好多個醫生，甚至去找密醫，但誰也沒辦法治好他。

之後不久，他又患上了另外一種病，血壓也高了起來。

他去看一個醫生，醫生說他已經沒救了，患這種病的人離死亡不會太遠，他建議英格萊特先生，最好馬上料理後事。

英格萊特只好回到家裏，他弄清楚他所有的保險全都付過了，然後向上帝懺悔自己以前所犯過的各種錯誤，坐下來很難過地默默沉思。

家裏人看到他那種痛苦的樣子，都感到非常難過，他自己更是深深地陷入頹喪的情緒裏。

這樣，一週過去了，英格萊特先生對自己說：你這樣子簡直像個傻瓜。你在一年之內恐怕還不會死，那麼趁你現在還活著的時候，為何不快樂一些呢？

他挺起胸膛，臉上開始綻出微笑，試著讓自己表現出很輕鬆的樣子。開始的時候，他極不習慣，但是他強迫自己很快樂。

接著他發現自己開始感覺好多了──幾乎跟他裝出的一樣

好。這種改進持續不斷。他原以為自己早已躺在墳墓裏，但現在，他不僅很快樂，很健康，活得好好的，而且，他的血壓也降下來了。

「有一件事我可以肯定的：如果我一直想到會死、會垮掉的話，那位醫生的預言就會實現。可是，我給自己的身體一個自行恢復的機會，別的什麼都沒有用，除非我樂觀起來。」英格萊特先生自豪地說。

是的，他現在之所以還活著，是因為他發現了樂觀這個秘密。

② 樂觀，是不可少的情商

一項研究請中學生考慮下列假設性問題：

你設定的學期目標是80分，一週前第一次月考成績（占總成績30％）發下來了，你得了60分。你會怎麼做？

每個人的做法因心態而異。最樂觀的學生決定要更用功，並想到各種補救的方法。次樂觀的學生也想到一些方法，但沒有實踐的毅力。悲觀的學生則根本宣佈放棄，一蹶不振。

專家的解釋是：樂觀的學生會制定較高的目標，並知道如何努力去達成。經過對學生的智慧比較會發現，影響其學業成績的主要因素是心態是否樂觀。

高度樂觀的人具有共同特質：能自我激勵，能尋求各種方法實現目標，遭遇困境時能自我安慰，知道變通，能將艱巨的任務分解成容易解決的部分。

從情商的角度來看，樂觀指面對挑戰或挫折時不會滿腹焦慮，不絕望抑鬱，不會抱持失敗主義和意志消沈。

麥特‧畢昂迪是美國知名的游泳選手，一九八八年代表美國參加奧運會，被認為極有希望繼一九七二年馬克‧史必茲之後再奪七項金牌。但畢昂迪在第一項二百公尺自由式竟落居第三，第二項一百公尺蝶泳原本領先，到最後一公尺硬是被第二名超了過去。

許多人都以為，兩度失金將影響畢昂迪後續的表現，沒想到他在後五項竟連連奪冠。對此，賓州大學心理學教授馬丁‧沙里曼並不感到意外，因為他在同一年的早些時候，曾為畢昂迪做過樂觀影響的實驗。

實驗方式是在一次游泳表演後，畢昂迪表現得很不錯，但教練故意告訴他得分很差，讓畢昂迪稍作休息再試一次，結果更加出色。參與同一實驗的其他隊友卻因此影響成績。

樂觀者面臨挫折仍堅信情勢必會好轉。從情商的角度來看，樂觀能使陷入困境中的人不會感到冷漠、無力感和沮喪。樂觀和自信一樣，使人生的旅途更順暢。

樂觀的人認為失敗是可改變的，結果反而能轉敗為勝。悲觀的人則把失敗歸之於個性上無力改變的恆久特質，個人對此無能為力。不同的解釋對人生的抉擇造成深遠的影響。

研究顯示，在焦慮、生氣、抑鬱、沮喪的情況下，任何人都無法有效地接受資訊，或妥善地處理資訊。情緒沮喪的悲觀者會嚴重影響智力的發揮，因為沮喪悲觀的情緒壓制大腦的思維能力，從而使人的思維癱瘓。

心理學家曾做過「半杯水實驗」，較準確地預測出樂觀者和悲觀者的情緒特點。

悲觀者面對半杯水說：「我就剩下半杯水了。」樂觀者則

說：「我還有半杯水呢！」

因此，對高情商的樂觀者來說，外在世界總是充滿光明和希望。

樂觀使人經常處於輕鬆、自信的情緒，情緒穩定，精神飽滿，對外界沒有過分的苛求，對自己有恰當客觀的評價。

樂觀的人在受到挫折、失敗時，常會看到光明的一面，也能發現新的意義和價值，而不是輕易地自責或怨天尤人。而悲觀者一般敏感、脆弱，內情緒感體驗細緻、豐富，一遇挫折就會比一般人感受得深，體驗得多。

樂觀的人在求職失敗後，多半會積極地擬定下一步計劃或尋求協助，它們認為挫折是可以補救的。反之，悲觀的人認為已無力回天，也就不思解決之道，將挫折歸咎於本身恆久的缺陷。

樂觀與信心一樣可預測學業成績。一九八四年，沙里曼曾以賓州大學五百名新生為對象做樂觀測試，他發現，測試成績比入學考試更能準確預測第一年成績。

沙里曼指出，入學考試測量的是能力，從每個人解釋成敗的角度，則可看出他是否容易放棄。

一定程度的能力加上不畏挫折的心態才能成功，動機是入學考試測不出的，而要預測一個人的成就，很重要的一點，是看他能否愈挫愈勇。以智力相當的人而言，實際成就不僅與才能有關，同時也與承受失敗的能力有關。

樂觀心態對銷售成績的影響說明了情商的本質。對業務員而言，每一次被拒絕都是一次小挫折，成績的好壞，取決於個人是否有足夠的動力繼續嘗試。

一次一次地被拒必然會打擊士氣，讓人覺得拿起話筒拜訪客戶愈來愈艱難，生性悲觀的人尤其難以承受，必然會導致消極灰

心，甚至沮喪。反之，樂觀的人能從自己以外找到失敗的因素，因而能嘗試新的方法。悲觀的心態泯滅希望，樂觀者則能激發希望。

樂觀與悲觀部分是與生俱來的，但天性也是可以改變的。樂觀與希望都可學習而得，正如絕望與無力也能慢慢養成。

當然，樂觀必須務實，天真盲目的樂觀可能導致可悲的後果。

③ 不同的情商，不同的斷言

一場戰爭即將開始了，大家在一起闡述作戰方案。會議結束後，高情商者高聲笑道：如果在這場戰爭中取得勝利，我們將會贏得多高的評價啊！

低情商者說：我們會勝利，但我們會有犧牲，我們無法料知在凱旋時，自己是歡唱在勝利的旗幟下，還是躺在烈士的墓地裏。

大家紛紛回到自己的崗位上準備戰鬥了，高情商者又朗聲道：到明天的這個時候，我已經贏得了榮譽勳章，走在凱旋的隊伍的最前方！他們眼裏閃爍著敏銳而自信的目光。

在低情商者看到失意的地方，高情商者卻看到了勝利的希望。

兩種人不同的觀點，就是兩種不同的斷言。

斷言就是宣佈事件的樂觀面，當你斷言某事時，也就是把希望得到的結果講得像一件事實。當你決定要做的時候，就必然會有成就。

不同的目光看同樣的事物，就會有不同的思想，是正面的還是負面的，這要取決於個人的情商。有時候，個人的心態往往決

定了事情結果，人們在做事情時，首先要樹立一個樂觀的心態，不能讓太多的烏雲迷蒙了我們的心靈。

以下為你提供十個高情商的斷言：

——我是很積極樂觀的。

——我相信我自己，我也相信自己的能力。

——我對生存下去的目的和理由有明確的定義。

——我會朝著樂觀面去想，而經由我的信仰及瞭解，我能達成我的目的。

——我常常夢想我已經成功了，我可以清清楚楚地看到我成功的情形。

——我總是注重事件的積極樂觀面。

——內心的我有信心也有勇氣。

——我的心靈完全為我所有，我能夠控制我的情緒、直覺以及身體。

——凡事我都會馬上去做。

——我對我的成功有一個計劃。

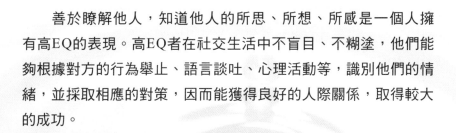

第五篇

識別他人的情緒

　　善於瞭解他人，知道他人的所思、所想、所感是一個人擁有高EQ的表現。高EQ者在社交生活中不盲目、不糊塗，他們能夠根據對方的行為舉止、語言談吐、心理活動等，識別他們的情緒，並採取相應的對策，因而能獲得良好的人際關係，取得較大的成功。

一 不要妄下結論

如果你僅僅根據自己的經驗，就對別人狀況做出判斷，通常出於禮貌，他將不得不向你作出一個合乎情理的回答，而這種回答很可能不是你想瞭解的實情。

一個事業有成的男人到他的醫生那裏進行治療，醫生說：「你能告訴我你有什麼問題嗎？」

該男子提到了他在生活和工作中負擔過重的問題。他向醫生詳細地解釋：他要做的事是如何多，每天他要完成多少工作，他每天要處理多少大大小小的問題。因此，他根本沒有留給自己的時間。

醫生耐心地傾聽著，當這個男人終於說完了之後，他問這個男人：「你對我說，每天你都要忍受很重的負擔。可是為什麼你還這麼自豪地對我講述這一切？為什麼你在講述這一切的時候，臉上始終洋溢著高興的表情？」

透過問話和觀察，醫生很快就意識到，在生活中追趕該男子的並不是這些工作，雖然他的工作的確很多，但是真正的問題在於，根據他的自我價值觀念，他需要這麼多的工作來維持這種大人物的感覺：他很自豪，他是如此重要，有那麼多的事情要他去做，有那麼多的人需要他的幫助。

不只是醫生，對每一個希望瞭解別人的人來說，有一個根本原則，那就是：你只要提出你看到的和感覺到的，而不要根據你自己的所見所聞，總結出解決別人的問題的辦法。比如你應該這

樣說：

──「你今天臉色有些蒼白」，而不是「今天你看上去好像很累（或者是病了）」。

──「你今天根本不能安靜地坐下來」，而不是「你今天非常激動，煩躁不安」。

──「你今天一點也不健談」，而不是「你今天怎麼又發脾氣了」。

──「你今天穿得很時髦，很漂亮」，而不是「你今天是不是與你男朋友有一個約會啊」。

為什麼前一種表達方式比後一種表達方式要好一些？非常簡單，你能從別人身上觀察到的表現，對應得到很多的事實。比如說某人臉色蒼白，可能是因為疲勞，也可能是由於生病，或者他把自己化妝成臉色蒼白的樣子。真正的原因應該是由他自己對你說──如果他真的願意告訴你。

如果你僅僅根據自己的經驗就對別人狀況做出判斷，在你非常疲勞或是生病的時候可能會表現得臉色蒼白，那麼你的判斷可能會給別人帶來壓力，使他不得不做出一些不必要的解釋和辯解。

即使他不想對此說些什麼的時候，通常他也不能粗暴地回答：「讓我自己待會兒」。通常出於禮貌，他將不得不向你作出一個合乎情理的回答。而這種回答很可能不是你想瞭解的實情。

因此，想正確地瞭解別人的心理，請避免用自己的觀點來解說從別人身上看到的現象。

二 發問時不可冒失

對方往往會以你的問話方式，決定如何向你顯示自己的情緒和心理。所以，注意問話的方式，將有助於你更好地瞭解對方。

人們常常傾向於認為，想瞭解別人的最簡單辦法，就是根據自己的感覺來提出一些問題。但是有的時候，這種問題並不是對方所需要的。奧斯卡・維爾德曾經說過：「絕對不要冒失地問話，要在適當的時機提出自己的問題。」

如果你完全出於好奇的心理，你提出的問題會使人感覺好像自己在被人尋根究柢，被人利用，甚至可能感覺自己受到傷害。因此他也根本不會對這樣的問題感興趣，當然也不會對之作出詳細的回答，你想瞭解他的目的也會落空。

當你粗魯和冒失地向他人問話時，對方會覺得自己的私人領域受到侵犯，精神上受到傷害或者侮辱；而檢查性的問話則使別人感覺自己被逼入某種困境，因而會拒絕交流。

誘逼性的問話很有可能引導別人作出回答，但這種問題對雙方而言都沒有什麼成效，因為你根本期待不到真誠的回答。

追根究柢的問話目的，是要打聽清楚關於某個人某一方面的具體情況，這樣會導致別人過早地處於防守地位，不利於交流。

那麼，如何正確地提出問題呢？

你提出的每一個問題，都涉及到所要表達的意圖，因此，應該盡你所能，清楚明瞭地表達自己的真正意圖。

如果你希望從別人那裏得到一個簡短精確的回答，那麼你就

應該使用所謂的「封閉性問話」或者是「選擇性問題」。例如：「你現在想要霜淇淋嗎？」對於這樣的問題，任何方式任何人給出的答案最有可能為「是」或者「不是」。但是如果你希望雙方能夠進行一次深入細緻的交流，那麼這一類的回答「是」或者「不是」的問話方式，難免就顯得有些力不從心了。

如果你希望從交談的對象那裏得到一些更加確切的回答，但同時又不想給對方造成太大的壓力，那麼可以選擇「半開放式的問話」，或者說是「關聯問話」。透過這種問話方式，你事先並不會給出或者暗示任何可選擇的答案。在這樣的情況下，對方的回答是比較自由的，他可以講得多一些，也可以答得少一點，可以相對詳細一點，也可以表面上介紹一下。

例如：「你為什麼不喜歡這部電影？」「你為什麼非得現在開始休假呢？」

如果你並不希望給予交談對方任何的思維或者暗示，也不想太多地表露出自己的意圖，你希望給對方盡可能大的選擇空間，那麼你可以使用「完全開放式問話」。

例如：「你最近過得怎麼樣？」

如果你希望透過自己的問話方式，讓對方覺得你是在為他考慮，是在設身處地為他著想，那麼你可以使用「具有感染力的問話方式」。

例如：「這兩天我覺得你有一點無精打采，我想，可能是你的工作壓力太大了，你覺得如果把我們的約會稍稍往後面推遲一下，對你來說會不會要好一些呢？」

透過這種問話方式，你不僅給自己留下了迴旋的餘地，以便應對各種可能發生的變化，同時你也給對方留下了一種印象：你能夠體察到他身上的問題，你對他的狀況很關心。

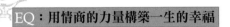

同一個問題可以用不同的方式進行表達，那些一眼看去完全相同或者相類似的問題，你經過仔細審視與思考以後，往往可以發現它們會對對方產生不同的效果，更有助於你瞭解對方。不妨將自己置於下面的場景中，好好感覺下面這些簡單的問題：

——咖啡？

——要不要喝一杯咖啡讓自己清醒一下？

——要不要喝一杯咖啡？

——你願意和我一起去喝一杯咖啡嗎？

——現在你不想來一杯咖啡嗎？

——你覺得現在喝一杯咖啡對你會不會有好處呢？

——你給我一種印象，好像你現在需要喝一些東西，來杯咖啡怎麼樣？

你看，這些問題相互之間只有很細微的差別，所表達的意思幾乎是一樣的，但是對於比較敏感的人來說，可能就大不一樣了。對方可以透過你不同的角度、不同方式的問話，瞭解你的意圖或者願望，因而對你的感覺也會隨之而有所不同，他們往往會以你的問話方式，決定如何向你顯示自己的情緒和心理。

三 角色轉換與情緒表現

在扮演不同角色的時候，人們都有著與之相對應的情緒和心理表現。所以，要瞭解他人的時候，必須充分發揮自己的情商，理解他們承擔的每一個角色之間的關係，並且對此做出準確的判斷。

每個人都有許多不同的角色，每個人都有許多張不同的面孔，在生活中，我們不可避免地要扮演不同的角色。

比如說，一位女性通常可以同時是母親、妻子和家庭主婦，她還可以有自己的職業角色，此外她還可以扮演女兒、阿姨等等角色，而每一個角色在不同的場景中又可以分化出許多新的角色。比如說，一位當醫生的母親，對於自己的孩子來說，還可以是家庭教師、體貼入微的女性朋友、親密的玩伴、給自己帶來安慰的人、理解和體諒自己的人、決策者等。

其實，在生活中一位母親所承擔的角色遠遠不止這些。他們在扮演不同角色的時候，都有著與這些角色相對應的情緒和心理表現。所以，要瞭解他人的時候，必須充分發揮自己的EQ，理解他們承擔的每一個角色之間的關係，並且對此做出準確的判斷。

從一個角色轉換到另一個角色並不是一件容易的事情。比如說：一位母親晚上在家裏照料生病的孩子，而第二天早上她必須上班。但是對於她來說，一下子從母親的角色轉換到職業女性的角色是很困難的，因為她的心裏隨時都在惦記著自己的孩子。

　　這樣的情況對於男性來說也是一樣的。有時候男性在工作中無形累積了許多怨氣和憤懣，在公司裏可能由於手頭的任務忙不完而忽略了自己的情緒掌握。而到了晚上，他的太太最好表現得體貼入微，因為她先生還沒有辦法完全從職業角色中轉換出來，一點小小的刺激都可能釀成很大的家庭矛盾。

　　通常人們所承擔的各種角色不都是可以被清楚地加以區分的，有的角色相互之間可能會有重疊的地方。但是每一個角色的要求都是不同的。一種言行舉止對於某一種角色而言可能很得體，而對於另一種角色來說則可能不再合適。如果你不能很好地把握分寸，那麼情況就會變得令人尷尬。

　　設想一下：在家裏捏捏自己孩子的鼻子是一件很平常的事情，但是如果你在公司裏捏捏同事鼻子的話（但願你不要那麼做），情況就會變得很尷尬了。

　　在人們平時所承擔的各種角色中，隱藏著許多特定的感覺和需求，接下來請看下面這些例子：

　　——那些整天對別人的事情批評論斷人，他們的意圖是什麼呢？通常說來，他們希望透過自己的表現得到其他人的肯定和表揚，他們覺得這樣做可以使別人顯得很渺小，卻可以使自己感覺很了不起。

　　這一類人總是會把自己放在第一位，他們需要透過這種「自以為是」的行為方式，把自己的意願強加給其他人。

　　——那些整天無休止的抱怨者，他們心裏可能對於現實世界十分不滿，並且希望自己看待事物的角度和視野，能夠得到其他人的認同。

　　如果遇到不同的意見，那麼他們會覺得這再一次證實了自己對於外部世界的看法（這些看法在別人的眼中可能完全是偏

見）。這些人在平日裏多半會意志消沈，總是希望別人能夠拉自己一把。因此，他們在尋找「精神上的同盟者」。

——那些總是覺得自己對別人有所虧欠的人，他們總是追求盡善盡美，總是希望能夠達到所有人的要求，但這是不可能的。因此這一類人總是疲於奔命，永遠為了那些「不可能的任務」而辛勤努力。

在這些不同類型者的不同舉止中，包含著許多不同的心理需求。如果你想瞭解他們的心理情緒，那麼你就得積極有效地應對類似的情況。

四 生理特徵下的情緒心理

一位EQ很高的智者也可以像鎖匠那樣觀察思索，瞭解任何人的內心組合，從而探索出別人的內心結構。

你見過熟練的鎖匠工作嗎？簡直就跟變魔術一樣。

他玩弄一把鎖，能聽到一些你聽不到的聲音，看到一些你看不到的東西，感覺到一些你感覺不到的情況，不一會兒，他就瞭解了整個鎖的結構，並且把它打開。

一位EQ很高的智者也是這樣工作的。你可以瞭解任何人的內心組合——可以像鎖匠那樣考慮、思索，從而探索出別人的內心結構。

你必須看到你以前沒有看見過的東西，聽到你以前沒有聽見過的東西，感覺到你以前沒有感覺到的東西，提一些你以前沒有提過的問題。如果你恰到好處地做到這些，你就能瞭解任何人在任何狀態下的想法，就會知道如何準確地向別人提供他們需要的東西。

瞭解別人想法的關鍵就是要注意他們的言行舉止。要知道，人們將把你想知道的有關他們想法的一切信號都傳達給你，有時是透過語言，有時是透過行動，有時甚至是透過眼神。

你可以學會巧妙地去閱讀一個人，就像你能學會讀一本書、一本地圖一樣。記住，想法只不過是產生特殊結果的一種特殊想像組合。你需要做的，就是促使人們去感受他們的想法，同時仔細觀察他們的特殊反應。

　　不過，在瞭解他人的想法之前，還應認知清楚對方主要的感覺系統。

　　那些主要利用視覺系統的人傾向於以圖像看世界。他們透過大腦中的視覺部分，獲得他們最大的感覺力。那些視感強的人，因為他們力圖跟上大腦中的圖像變化，所以常常說話較快。他們只是想要把大腦中的圖像描述出來，常常不太注意表達方式。他們常常用視覺語言來表達，向人們描述這些東西看上去怎麼樣，呈什麼樣的形狀，是明還是暗等等。

　　而那些聽感強的人則不同，他們說話慢一些，聲音也較洪亮，較有節奏，較有分寸。因為字詞對他們來說意義重大，所以，他們對說什麼非常慎重。他們常常用聽覺語言來表達，如：「這聽起來正合我意」，「我能聽見你說的」或「聽起來一切都很順利」等等。

　　那些觸感強的人說話更慢。他們主要是對觸覺作出反應，他們語調深沉，說話像是一點一點擠出來的，常常用觸覺語言來表達意思。他們總是「抓」某東西的「具體形態」，比如：東西很「沉重」，他們需要「摸一摸」那東西。他們總是這樣說：「我找到了答案，但我還沒有抓住它。」

　　每個人都有這三種系統，但大多數人都只有其中一種系統占支配地位。在瞭解別人的想法，瞭解他們作決定的方式時，還需要知道他們的主要感覺系統，這樣你就能有的放矢地表達你的資訊。

　　如果你在與一個視感很強的人打交道，那你就別想四平八穩、慢吞吞的，這樣將會使他發狂。你必須使用與他的大腦運轉方式相適應的方式表達你的資訊。

　　只要透過觀察和聽別人說話，你就能立即意識到他們所使用

Emotional Quotient

的是哪種系統。俗話說，眼睛是心靈的窗戶，你只要留心觀察一個人的眼睛，就能立即明白在特殊的情況下，他使用的是哪一種感覺系統。

不妨先回答下面這個問題：你12歲生日蛋糕上的蠟燭是什麼顏色的？花幾分鐘時間想一想。

回答這個問題時，90％的人都會把頭抬起來偏向左邊，這就是慣用右手的人甚至某些左撇子回憶視覺圖像的方式。

再考慮一個問題：要是給米老鼠加根鬍子會怎麼樣呢？花幾分鐘描述一下。

這一次，你的眼睛也許往上抬，並移向右邊，這裏就是人們的眼睛構成圖像的地方。因此，只要看看人們的眼睛，就可以知道他們正在使用的感覺系統。透過他們的眼睛，你也能瞭解他們的想法。

人的生理狀況的其他方面也為人們瞭解他們的想法提供了線索。

如果有人呼吸的動作大，那他就是在進行視覺思考；人的聲音也含有深意，視感強的人說話快而急、有鼻音、聲調起伏大；而說話慢、聲調深沉的人則通常觸感強；聲調平穩，咬字清楚則是聽覺強的人的特點。有時，甚至從人的皮膚顏色的變化也能瞭解別人的策略。

因此，哪怕是很有限的交流，你也能清楚地、準確無誤地瞭解一個人的心理活動方式。

瞭解別人想法的最簡單辦法就是提一些恰當的問題。記住，人們做每件事情都有他們的想法——賣東西和買東西、引人注目、發明創造等等。

學會瞭解別人想法的最好方式不是觀察，而是實踐。因此，

你要盡可能地在其他人身上做這些練習。

　　善於瞭解他人，知道他人的所思、所想、所感是一個人擁有高EQ的表現。高EQ者在社交生活中不盲目、不糊塗，他們能夠根據對方的心靈活動採取正確的對策，因而能獲得良好的人際關係，取得較大的成功。

五 言語中流失的心理秘密

有人平時能言善辯，這時突然結結巴巴地說不出話來；相反，某人平時說話不得要領，東拉西扯，現在卻突然滔滔不絕。毫無疑問，他們一定是事出有因。

人的內心情感如同浮在水面上的冰山，只占總體積的10％，人情緒的90％是肉眼看不到的。那麼，怎樣可以探測一個人的內心情緒呢？

言語是自我表現的一種手段，而且在不知不覺中，它反映了一個人各種曲折的深層心理和情緒。也就是說，人們可用言辭來表現自我的真相，也能從對方的言語或措辭分析中，探測一個人的真相。

人無意識中的言語或措辭特徵，比說話內容更能暗示他們關於對方的情況，這也表示對方的措辭會比對方的雄辯理論，更能指出對方的深層情緒。

跟人初次談話的時候，雙方一開始都會表現得很客氣，或者畢恭畢敬，等到彼此逐漸熟悉或認識之後，不但連姿勢都比較隨便，甚至連說話的措辭都會比較隨意，這樣就很容易識別雙方的心理和情緒。

日本帝國大旅社的經理尤刃郎代，每當他招募職員的時候，會故意要叫那些前來應考的人，隨便處理些雜事，盡量使考生輕鬆起來。這些前來應試的年輕人在剛開始的時候，都顯得非常拘

束和緊張，並且用非常客氣的措辭回答，過一會兒，考生就會用習慣的話語來應對了。在這種情勢之下，這位經理當時就能夠藉此瞭解考生的內心思維，而去應徵最適合的人選。

說話的言語可以看出一個人的教養，可以代表個人的社會、階層和地理狀況的不同，同時也能表示一個人的教育程度，它含有心理學上的意義與價值。

每個地區都有不同的說話語調和特殊的措辭，所以，人類都會因為成長環境的不同，而具有特別的言語與措辭方式。

《窈窕淑女》這部電影描述了一位出身貧賤的少女，為了擠進上流階級的社交圈裏，不惜去接受言語與措辭的訓練。原因是人們能夠從她的說話語調、節奏以及措辭中，判斷出她的出身和來歷。

說話的快慢由本人的氣質或性格而定，但是，有些人的說話方式突然異於尋常，那麼，此時該如何探測他們的心理秘密？

有人平時能言善辯，在一些場合下，突然結結巴巴地說不出話來；相反，某些人平時說話不得要領，東扯西拉，屬於木訥型的那一種，但是，現在突然滔滔不絕地說出一大堆話，這時候，他們一定是事出有因。

一般說來，如果對他人心懷不滿，或者持有敵意態度的時候，許多人的說話速度變得遲緩，而且稍有木訥的感覺。相反地，如果有愧於心，或者有意要撒謊時，說話的速度自然會變快起來，這是人之常情。

一位評論家說：「如果男人帶著浮躁的心情回到家裏時，大體上都會在妻子面前滔滔不絕地說個不停。」

在正常的情況下，一般人的內心如果懷有愛意、不安或恐怖

的情緒時，說話的速度會變快。他希望藉著快速的談吐，讓自己內心潛伏的不安或恐怖得到解除。

這時候，因為沒有充裕的時間可以冷靜地反省或考慮，所以，談吐的內容十分空洞，倘若碰到慎重與精明的人，馬上就可以看穿他的內心情緒。

如果有人平時沉默寡言，但在某種狀況下，他居然不大自然地能言善辯起來，那麼，他內心裏一定隱藏著某種不想讓外人知道的情緒，這種猜測不會與事實相差太遠。

說話的音調裏也經常深藏玄機。當一個人滿懷浮躁的心情與人交談時，他的音調也會突然高揚起來。

日本作曲家神津善行氏說，反駁對方的意見時，一般人都會用激揚的音調表現出來，這是最簡單的方法，表示他想壓倒對方。

說話音調高昂，本是幼兒時期的現象，也是表現任性的一種形態。一般說來，一個人隨著年紀的增長，說話的音調反而會降低。這種變化行為表明，人類的精神構造在不斷地成長，內心裏有一種抑制任性的情緒在活動。

當成人說話的音調有時變得高昂時，顯然他回到幼兒期的境界去了。這表示他無法抑制內心的情緒，在這種情況下，別人的話他是聽不下去的。

在談話方式中，除了含有聲音的感性和腔調之外，說話的節奏也是相當重要的。凡是自信心很旺盛的人，一定具有決斷性的說話節奏，反之，有些缺乏自信心的人，或略帶女性性格者，他們說話的聲調裏必然缺乏決斷性的節奏。

有一種人話題始終說不完，即使想要告一段落，也得花費相當的時間，豈知在說話者的內心裏，卻潛伏著一種惟恐話題即將

說完的恐懼與不安。如果碰見這種人，他一定懷有想要說個沒完的高壓態度或欲望。

　　相反地，有些人卻想盡量快一點道出結論來，這是恐怕被人提出反駁的證明，他似乎有一種錯覺，以為不提出結論的話，情況必然會相當嚴重。

　　很多人喜歡在句尾裏加入某種曖昧不明的語氣，其實，一般語言的構造，其語尾都能道出結論來，倘若含有含糊不清的意思時，就很容易變成一種莫名其妙的文句了。凡是喜歡採用這種說話方式的人，乃是有意逃避自己的責任。

　　此外，也有人喜歡說「這些只是我個人的想法而已」，或者說「真是一言難盡」。其實，喜歡說此類話的人，跟上述的人懷有同樣的意思，許多情緒不穩定的神經質的人，就很喜歡套用這一類的限定句子。

六 說服需要揣摩

說服是鼓動而不是操縱，說服是影響，影響是一個優美的過程。如果你把自己想像成一個藝術家，細心地揣摩他的心理和情緒，你就能說服和影響他。

一位父親這樣提到自己尋求了解女兒的心路歷程，以及「知彼」對父女兩人深遠的影響：

女兒凱琳約14歲時，開始對我們十分不尊重，經常出言諷刺、語氣帶有輕蔑，她的行為也開始影響了弟弟和妹妹。

我一直沒採取行動，直到某天晚上，妻子、我及凱琳在我們的寢室裏，凱琳脫口說了些很不當的話。我覺得她實在鬧得不像話，於是大聲喝斥道：「凱琳，你聽好了，讓我告訴你我們家的規矩！」

我道貌岸然地開始長篇大論一番，以為能讓她信服，知道該尊敬爸媽。我提到最近生日為她做的一切，還提醒她，我們如何協助她考取駕照，還讓她開自己的車。我滔滔不絕舉出了不少豐功偉績。說完後，我以為凱琳大概會對我們叩拜一番，感激涕零，可是，她竟有些挑釁地說：「那又怎麼樣？」

我氣炸了，憤怒地說：「你給我回房間去，我們真是不想再管你了。」凱琳衝出去，摔上自己的房門，我氣得在房裏踱步。

然而，冷靜之後我突然想到，我並沒有試著瞭解凱琳，我雖無意打擊她，但是只站在自己的立場上，這份覺悟扭轉了我的想

法和對凱琳的感覺。

半小時後，我來到女兒房間，第一件事就是為自己的行為道歉，我並未為她的行為開脫責任，僅就自己粗魯的舉止致歉。

「我知道你心裏有事，可是我不知道是什麼。」我讓她知道，我真的想了解她，最後，我終於營造出讓她願意跟我分享她內心不快的氣氛。

凱琳有些遲疑地談到她的感受：身為國中生，不但要把書念好，還得交到新朋友；她害怕自己開車，因為這是全新的經驗，她會擔心自己的安全；她剛接到一份兼職工作，不知老板對她有何看法；她在上鋼琴課，還要教琴，生活相當忙碌。

最後我說：「凱琳，你覺得不知所措了吧！」問題終於找到了，凱琳覺得有人瞭解她了。在面對這些挑戰時，她覺得手足無措，所以對家人頗多怨責，因為她渴望家人的關心，其實，她真正想說的是：「拜託誰來聽我說說話吧！」

因此我告訴她：「所以當我要求你尊重我們時，你覺得又多了一件事。」

「就是嘛！」她說，「又多了一件事！我連眼前的事都應接不暇了。」

我把妻子拉來，三人坐下來商量，設法讓凱琳簡化自己的生活。最後她決定不去上鋼琴課，也不教鋼琴了，她覺得這樣很好。接下來的幾星期，凱琳像是換了個人似的。

從那次經驗後，凱琳對自己選擇生活的能力更具信心。她知道父母瞭解她，也支持她。不久，凱琳決定辭去工作，因為工作不符合她的理想，她在別處找到一份更適合她的工作。

回顧過去，我想，女兒的自信來自我們樂於花時間坐下來瞭解她，而不是對她說：「好吧，這種行為不可饒恕，不准你出

門！」

　　凱琳與父母的爭執只是一種表象，她用行為掩蓋了心中的憂懼，父母若只針對她的行為回應，便永遠無法明白她的煩惱。

　　可是，凱琳的父親放下批評的手段，真心地揣摩其心中所想，當凱琳感受到父親的意願，便開始安心坦承自己的心事。一旦理清問題，凱琳也能感受到別人的瞭解，接著，她便會希望獲得父母的引導與指示。

　　在說服的過程中，要注意以下幾種原則：

　　——說服的前提是，你要清楚自己想要什麼，同時知道他人
　　　　的要求，在你和對方的需要之間做好平衡。

　　——如果你不知道你想要什麼結果，而對方清楚自己說服的
　　　　最終結果，你將被對方所影響。

　　——在說服的時候，切忌融入自己的情緒。在任何場合下的
　　　　發怒、過於激動、過於高興和傷感，都會削弱你的力
　　　　量。

　　——說服是鼓動而不是操縱，說服是影響，影響是一個優美
　　　　的過程，如果你把自己想像成一個藝術家，你會有意外
　　　　的收穫。

　　理解他人模式的途徑是溝通，在他人的世界裏認識他們。**人際關係成功的人，一般都是善於揣摩他人心理的人。**

　　溝通要讓對方覺得自己被接受、被瞭解，讓人覺得你將心比心，善解人意。這就要求你去深入瞭解對方的內心世界，加以觀察體會，細心揣摩，並採取適當的行動，來滿足對方的需要，建立信任感，從而使溝通更有成效。

七 具備同情心的EQ

富有同情心的孩子在學校較受歡迎，情感也較穩定，在校表現較佳，雖然，其智力並不比別的孩子高。

九個月大的小孩每次看到其他小孩跌倒，眼眶便浮起淚水，然後爬到母親懷裏尋求慰藉，彷彿跌倒的人是他。

十五個月大的麥可看到朋友保羅在哭，會拿出自己的玩具熊安慰他，如果保羅仍哭個不休，麥可還會拿抱枕給他。這些情形，是孩子的母親協助專家做研究時觀察記錄下來的，該研究顯示同情心的形成可溯及嬰兒時期。

事實上，嬰兒自出生之日起，聽到其他嬰兒啼哭便會感到難過，有人認為這是人類同情心表現的最早徵兆。

發展心理學家發現，嬰兒還未完全明瞭人我之分時，便能同情別人的痛苦。幾個月大的嬰兒看到其他孩子啼哭也會跟著哭，彷彿感同身受似的。約周歲時孩子開始明白別人的痛苦是別人的，但自己仍會感到不知所措。

紐約大學的馬丁·霍夫曼教授做過相關研究，他注意到，一個兩歲大的孩子帶他媽媽去安慰一個哭泣的小朋友，而事實上，小朋友自己的媽媽就在身旁。

其他同齡孩子也表現出同樣的困惑，他們會模仿別人的痛苦。看到其他孩子的手受傷時，一個兩歲大的孩子可能會把手伸進嘴裏，看看自己是否也會痛。或者看到母親哭泣時，孩子可能會擦拭自己的眼睛，雖然他並未流淚。

到三歲半時小孩不再做行為模仿，不但能區別他人與自己的痛苦，而且能安慰別人。下面是一個母親的記錄：

鄰居的一個小孩在哭……珍妮走過去拿餅乾給他吃，一路跟著他走，甚至自己也開始發出哭音。接著她想要撫摸他的頭，但是他躲開了……他漸漸不哭了，但珍妮似乎仍很關切，仍不斷拿玩具給他，拍他的頭和肩。

同情要以自覺為基礎，一個人愈能坦誠面對自己的情感，愈能準確閱讀別人的感受。

當別人直接對其表情達意時，情感表達障礙型的人常感困惑不已，這不但在EQ上是一大缺陷，更可說是人性方面可悲的缺憾，因為融洽的關係是人們相互關懷的基礎，而融洽的關係又源於敏銳的感受與同情心。

同情心簡單地說是瞭解他人的感受，這個能力在各個領域中都扮演很重要的角色，缺少這種能力可能導致極可怕的後果，心理變態的罪犯、強暴者、虐待兒童者都是明顯的例子。

一般人的情感很少直接訴諸語言，多半是以其他方式表達。捕捉他人情感的關鍵就在判讀這些非語言的資訊，如語調、手勢、表情等。

哈佛心理學教授羅森索對之做了大量深入的研究。

羅森索設計了一種稱為同情心的測驗，以一位女性表達各種情感為主題製作了一系列影片——，所表達的情感從厭惡到母愛應有盡有，發生的場合包括因嫉妒而發怒、請求寬恕、表達感謝、誘惑等等。

影片——經過特殊處理，使同一畫面每次只出現一種表達資訊。舉例來說，有些畫面（當然語言已消掉）去掉了所有因素，

只能看到面部表情，有些則只能看到身體的動作，受測者必須根據單一資訊辨別情感。

　　美國等19個國家七千多人接受了這樣的實驗，羅森索發現，對非語言資訊判讀力高的人有多項優點：情感調適力較高、較受歡迎、較外向、較敏感。一般而言，女性判讀力較男性高。

　　由於這項測驗長達45分鐘，有些人在受測過程中表現愈來愈好，顯示具有不錯的同情心學習能力，研究發現，這種人與異性關係較佳，可見同情心有助於豐富人們的愛情生活。

　　正像EQ的其他元素一樣，同情心的敏感度，與智力測驗或學校考試沒什麼關係。一項針對兒童所做的測驗發現，富有同情心的孩子在學校較受歡迎，情感也較穩定，在校表現較佳。雖然，其智力並不比別的孩子高。顯然同情心有助於學習，有助於獲得老師和同學的喜愛。

八 傾聽者的魅力

　　傾聽者是令人無法抗拒的，因為他們富於同情心，願意分享人們的弱點，願意聽人們訴說不愉快的情緒。

① 同理心式傾聽

　　一天，美國知名主持人林克萊特採訪一名小朋友。林克萊特問他：「你長大後想要做什麼？」

　　小朋友天真地回答：「我要當飛機駕駛員！」

　　林克萊特接著問：「如果有一天，你的飛機飛到太平洋上空，所有引擎都熄火了，你會怎麼辦？」

　　小朋友想了想說：「我會先告訴坐在飛機上的人，請繫好安全帶，然後我背上我的降落傘跳出去。」

　　現場的觀眾笑得東倒西歪，然而，林克萊特繼續注視著這個孩子，想看他是不是自作聰明的傢伙。

　　沒想到，孩子的兩行熱淚奪眶而出，林克萊特感到這孩子的悲憫之情深深地打動了他。

　　於是林克萊特接著問他：「你為什麼要這麼做？」

　　小孩的答案透露出一個孩子最真摯又天真的同情：「我要去拿燃料，我還要回來！我還要回來！」

　　當孩子不顧別人，自己背上降落傘跳下去時，誰「聽」出了這個孩子的同情心呢？

　　到底以何種方式聆聽，才最有利於瞭解對方，並與對方達成

溝通，建立感情呢？心理學家建議用「同理心式傾聽」。

同理心式傾聽，就是用心聆聽另一個人的思維與心聲，這是設身處地，嘗試以他人的雙眼來探究世界的傾聽方式。在所有的傾聽方式中，這是唯一能夠真正深入他人心理的方式，是高EQ的表現。

作家鮑威爾曾說：「我們要聆聽的是話語中的含意，而非文字。在真誠的聆聽中，我們能穿透文字，發掘對方的內心。」

人們都喜歡傾聽者，有同情心的傾聽者和親密的朋友一樣重要，無論對個人還是對團體都能起到積極的作用，並且讓人們感覺他們相當可靠、值得信賴和十分忠誠。

傾聽者會在考慮自己的需要前，先考慮他人的需要，並且會支持和幫助他人。傾聽者喜歡進入他人的心靈和頭腦，他們樂於分享他人深層次的感受。人們傾向於向傾聽者打開心扉，是因為人們渴望被關懷，而且真誠的傾聽者也確實做到了這一點。

當他人受到傷害時，傾聽者也同樣有受傷的感覺，就如同他自己經歷過一樣，當他人心痛的時候，他們的心也真的痛了起來。為了幫助他人克服這種傷害，他們總是和他人更接近，所以他們願意聽更多人訴說，這有助於保持情緒溝通的車輪不停運轉。

傾聽者充滿人性，並且極為忠誠。如果他們的需要在工作中得到滿足，他們會更加努力，願意傾聽所有的聲音，而不論其身份，他們對任何人都有同情心，這就是他們的魅力所在。

芭芭拉‧沃爾特斯在競爭異常激烈的採訪領域中，之所以會獲得長時間的成功，就在於她在被訪者面前都扮演成一個傾聽者。沃爾特斯作為一個成功的傾聽者，她擁有了好萊塢明星所沒有的魅力，贏得了更多人的心。

　　每個人都喜歡傾聽者，傾聽者是令人無法抗拒的，因為他們富有同情心，願意分享人們的弱點，願意聽人們訴說不愉快的情緒。如果你想要其他人喜歡內在的你，那麼你就去做個傾聽者，千萬不要逃避。

　　從某個你感覺非常親近的人，或者是與你有信任關係的人開始，不論他是一個家庭成員還是一個朋友。與他在一起渡過一些不受干擾的時間，並且聽他講述他生命歷程中最重要的篇章。

　　在這個過程中，隨之而來的情緒可能會讓你哭或笑。當你越來越多地嘗試這一過程時，你會發現自己擁有了討人喜歡的傾聽者的特質。當這種特質增強時，你會擅長於對情緒的掌控，更能夠運用你對他人的感覺去判斷他人。

　　一個窮人來到一位百萬富翁的家裏，向他傾訴自己的悲慘遭遇，他講得那麼真切動人，百萬富翁受到從來沒有過的感動。他對僕人說：「約翰，快把這個窮鬼趕出去，他使我的心都碎了。」

　　這位自以為在傾聽的百萬富翁，卻不是一個真正的傾聽者。

　　作為一個傾聽者，並不意味著軟弱和順從，相反地，它需要大量的內在力量。

　　艾略特是個熟練的傾聽藝術大師。美國小說家亨利・詹姆士回憶說：艾略特的傾聽並不是沉默的，而是以活動的形式。他直挺挺地坐著，手放在膝上，除了拇指或急或緩的繞來繞去，沒有其他的動作。

　　艾略特面對著對方，似乎是用眼睛和耳朵一起聽他說話。他專心地聽著，一邊聽一邊用心地想你所說的話。最後，這個對他說話的人會覺得，他已說了他要講的話。

　　佛洛伊德算是近代最偉大的傾聽大師了。一位曾遇到過佛洛

伊德的人，描述著他傾聽別人時的態度：

　　「那簡直太令我震驚了，我從沒有見過這麼專注的人，有這麼敏銳的靈魂洞察和凝視事情的能力，他的眼光是那麼謙遜和溫和，他的聲音低柔，姿勢很少。但是他對我的那份專注，他表現出的喜歡我說話的態度，即使我說的不好。你真的無法想像，別人像這樣聽你說話所代表的意義是什麼。」

② 做個好的傾聽者

　　傾聽別人的傾訴，是識別他內心情緒的最好方式，也是實現溝通的前提，只有用心去傾聽，人們才能恰如其分地投入到談話中。

　　在傾聽時，以下這些原則都是值得重視的：

　　——自始至終目光應該注視著說話者。

　　——全神貫注於對方身上。

　　——顯示出你的興趣。

　　——不要讓別人分散你的注意力。

　　——避免做一些容易分神的動作，比如瀏覽報紙。

　　——投入你全部的時間。

　　——當別人不能馬上將一件事帶入重點時，你也是有責任的。

　　——不要打斷別人的講話。

　　——設身處地想想對方的處境，嘗試一下，假使自己身在他的處境之中。

　　——透過你的身體語言，向他傳遞你要傳遞的信號。例如用點頭的方式表示你對他的贊同和興趣。

　　——當然，你不應該在整個過程中一言不發，只知道死釘著

對方的眼睛，只知道一直在點頭。

——你當然也可以在傾聽別人的時候喝一杯咖啡。

以上這些所謂的原則，只是一些可以用來參照的依據，而不是必須執行的行為準則。因為每一種談話的方式，要求不同的傾聽行為。

人們把透過耳朵對周圍環境的感覺稱之為聽覺。可是如果一個人有意識地專心致志於一種聲音的來源，並且目標明確地觀察它，那麼他就不僅僅是在聽，而是在傾聽了。

傾聽可以被理解為某種方式的關注。

傾聽時要注意不同層面的資訊。因為，話裏面除了有其本身的意義之外，還會有其他的引伸義或是比喻義。一個高EQ的傾聽者，不僅應該理解表層的語言本意，還要理解話裏所要表達更深層次的資訊。

傾聽者在傾聽時，往往會設身處地為傾訴者著想，提出一些看法和建議。許多傾聽者被對方的情緒所驅使，認為自己能夠解決別人的問題。

假定，你的朋友和妻子發生了爭吵，並且對你講述了這一切，你自然會對此作出反應。你可能會這樣安慰他：

——我要是處在你的位置，我也不能忍受這一切。

——真是難以置信，我沒有想到，你妻子居然會這樣。

——這次又跟上一次情況一樣，你們總是爭論這種事情。

——對此，你必須總結你自己的結論。

——不要想不開，這一切不久就會恢復正常。

其實，你的這些反應，沒有一種是你朋友所期待的，也沒有一種建議能夠對他有實質性的幫助。有些話聽了甚至會使他感到更加生氣，而其他則多半是廢話。

　　而且，朋友感到你根本就不是設身處地為他著想，你的反應反而會讓他覺得，你更多地是在表現自己，而不是在關心他。

　　一個傾聽者應該清楚，你所表達的觀點，並不能完全解決別人的問題。你唯一能對別人做的，就是表現出能夠理解和體諒，並用心去傾聽他的講話。

　　在傾聽時，你可以透過一些恰當的交流和引導，讓對方在傾訴過程中，對於所面對的問題有更多的認識和瞭解，並且鼓勵他憑藉自己的力量，尋求解決問題的方法。

　　你可以在談話中採取下面的兩種方法，引導別人找到解決問題的方法。

　　用你自己的話，重複一遍你所聽到的，例如：「你認為……」一方面，你可以借此向他表示，你用心傾聽了他講的話；另一方面，你也給他一個機會，使他能夠對他再次聽到的他自己所說過的話，進行一些修正和補充。

　　在談話的過程中，你應該適當地分析對方的心理狀態，可以從你的角度評價對方的感情狀態。

　　例如，「你這樣生氣，對……」你所說的，可能正是對方自己並未意識到的事情，這樣，你就有可能說中了問題的重點，同時也使他清楚地意識到自己的問題所在。

Emotional Quotient

九 豐富無聲的身體語言

　　瞭解他人的身體語言，是洞察他人情緒的重要方法和技巧，掌握這種技巧，就能夠準確有效、迅速快捷地判斷出對方的情緒。

　　人的心理常常被比喻為演戲的舞台，倘若把照明燈照到的地方當成人的意識焦點，那些焦點的背後，就是光線照射不到的「黑暗地帶」，就是人類的深層心理區域。

　　如果不能探索到這個黑暗的地方裏去，就無法真正瞭解人類的心理，要洞察對方的深層心理，就有必要瞭解語言之外的情緒表現。

　　這些情緒表現通常會透過一些非語言的資訊傳達出來，比如姿態、動作、表情、服飾、語調等，如果無法識別這些非語言的情緒，就無法理解他人的真意，當然也就無法成功地與人交流。

　　實際上，很多不快和衝突，都是由於當事人沒有注意或準確判斷對方的心理和情緒造成的。因此，識別對方的情緒，從對方的行為、姿態、表情、服飾等方面，看出對方的內心情感和欲望，這是一種高EQ的表現，是建立良好人際關係的基礎。

　　文字並不是人類最基本的表達和溝通方式，來自身體的語言才是人類最常用，也是最基本的表達和溝通方式。

　　理解和掌握身體語言，意味著在交談的過程中，能夠充分瞭解對方透過身體動作，有意或者無意之間向外傳達的資訊。

　　經驗豐富的家長，很容易就可以察覺出自己的孩子有沒有說謊，就如同格林童話中的那個故事一樣：小木偶的鼻子，在他說

謊的時候會變長。

當孩子費盡心機編造故事情節時，他的身體和眼神就已經出賣了他。這種情況下，真正說話的不是他的嘴巴，而是他的身體。

在日常生活中，你一定有過這樣的經歷：儘管別人向你闡述了許許多多的理由和相應的論據，你對於他的話還是無法感到滿意和信服。

某人向你吐了一大堆的苦水，試圖使你相信，他現在的境遇有多麼辛酸和令人悲傷——但是你還是不能相信他所說的情況。

某人特意在你的面前炫耀自己現在過得多麼好——但是你並不相信他。

別人大聲地表示，對於你贈送的禮物他是如何喜歡，如何滿意——但是你從他的眼神中卻看到另一種意思。

這到底是為什麼呢？別人已經向你闡述了這麼多的理由，為什麼你還是不相信他呢？

真正的原因在於，他的身體向外界傳達出了完全不同的資訊，你透過他的身體語言察覺到他在說謊。

在日常生活中，人與人之間的交流與溝通，以及資訊的傳遞，有80％是透過身體語言而非文字來完成的。因此，準確地理解身體的語言對瞭解別人的情緒來說十分重要。

熟悉和瞭解身體語言，可以使你更加清楚明白地表達自己的意圖。在人際交往中，一方面，你要把自己的意思透過身體語言表達出來，而另一方面，需要能夠清楚地瞭解別人透過身體語言所表達的資訊，並且作出回應。

好感和反感這兩個概念，表達了內心最基本的感受。在身體語言的幫助下，人們能很好地表達這兩種情感。

好感，意味著對於某個人或者事物傾向於友好和同情，你會嘗試著拉近彼此之間的距離，對於那些令你有好感的，你通常會笑臉相迎，比較容易理解和原諒對方。而對於那些你所反感的，你希望與之保持距離，對他表示拒絕，在這裏，身體語言和內心的情感，在某種程度上是相互依存的。

薩米·莫歇是著名的啞劇演員，他曾經對身體語言作了這樣的表述：在英語中「body」意味著「身體」，「somebody」表示「某人」，這說明一個人只有透過身體的語言才能與別人交流，因為身體會「說話」。而「somebody」的反義詞「nobody」，可以被理解為「沒有人」，這說明離開了身體也就沒有語言，資訊也就無法相互傳遞。

有人的地方就有身體語言，沒有了身體語言也就沒有資訊的傳遞，多麼貼切的比喻！

瞭解他人的身體語言，是洞察他人情緒的重要方法和技巧，掌握了這種技巧，就能夠準確有效、迅速快捷地判斷出對方的情緒，並能對自己在判斷他人情緒時的失誤和教訓進行分析，累積豐富的生活經驗。

一個人認識和評估情緒的EQ越強，在生活中也就更能輕鬆地把握住他人的情緒，做到言行得體、進退自如，成為生活的強者。

十　看他人的身體在說話

一個人的內心世界不只是從臉部表現出來，當人們努力抑制臉部表情的變化時，他的身體其他部位會在無意中洩露真情。

① 手語表達的情緒

臉部表情在反映一個人的情緒中，佔有很重要的地位，它是鑑別情緒的主要標誌。但是臉部表情在一定程度上可以被隨意控制。

一個人的內心世界不只是從臉部表現出來，當人們努力抑制臉部表情的變化時，他的身體其他部位會在無意中洩露真情。

例如，一個人用和藹微笑的面容去掩飾對對方的憤怒時，他那緊握的拳頭，僵硬的肢體，明白無誤地告訴了對方他的真實情緒。

尼克森捲入水門事件後，在一次接受記者採訪時，出現了摸弄臉頰、下巴等動作。而在水門事件爆發前，尼克森從未有過這種動作，心理學家法斯特教授據此認為，尼克森這次肯定脫不了關係。

摸自己身體這種「自我接觸」，在心理學上可以解釋為「自我安慰」。為了彌補自身的弱點或掩飾某種情緒，人們往往會無意識地做出種種自我接觸的動作。尼克森的自我接觸，就是由於證據確鑿，不自覺地將其恐懼心理流露出來。

自我接觸的基本意義多為內心不安、緊張、恐懼等。人在精神上受到傷害或產生緊張情緒時，便會不由自主做出種種舉動，

Emotional Quotient

觸摸自己的身體，如撫摸、抓、捏等。

這些舉動與嬰兒得到母親的愛撫，保持心理平靜的姿態頗為相似，是此類動作在人進入成年後的另一種表現形式。比如，一個人不斷地把兩隻手交叉在一起，那就是他內心緊張不安的一種客觀反射。

攤開雙手，是許多人要表示真誠與公開的一個姿勢。義大利人毫不拘束地使用這種姿態，當他們受挫時，便將攤開的手放在胸前，做出「你要我怎麼辦呢」的姿態。

注意一下小孩子，當他們對自己所完成的事感到驕傲時，便會坦率地將他的手顯露出來，但是，當他們有罪惡感，或對一個情況產生懷疑時，便會將手藏在口袋中或背後。

與開放接納的姿勢相對的，是一種保護自己身體、隱藏個人情緒、對抗侵侮的姿態。

每個球迷對下面這種情形都司空見慣：一個裁判做了一個判決，某隊的球隊教練對該判決提出抗議，忽而雙手亂揮，忽而雙手深插口袋中，甚至握拳相向。而裁判眼瞪著球隊教練，雙手交叉在胸前，做出一種防衛性的姿勢。

從教練一開口，裁判就已很明顯地表現出他要堅持自己的判決，不管教練怎麼抗議都無效。有時，他會背向著那個教練，以表示「我不要再聽你的話了」。

有人一面打電話，一面用手敲打電話機，這也是因為他的思考或意識流動得很激烈，情緒在手足中自然流露出來。人們在大庭廣眾下演講時，倘若心情激昂，或興高采烈之際，也會很自然地手足活動起來，或者撫弄麥克風的支架。

所以說，內心裏激盪的思考活動、意識活動和無意識活動，都會趁著心情激盪的時候，透過手足的活動顯露出來。

　　比如談生意時，在你說明了來意或觀點之後，對方卻不置可否，不知道是拒絕還是應允。按照戴爾瑪的經驗，這時候就要注意對方手部的微小動作。手部放鬆，手掌張開，將手攤開放在桌子上，清除桌上的障礙物，撫摸下巴，這都可以看做是表示肯定情緒的動作。

　　如果對方內心情緒是否定的，雖然表面上他似乎也會裝出感興趣的神色，但其手部動作卻會洩露內心秘密。當對方出現下列手部動作時，很可能表明他的心理狀態是「我不高興」、「不想聽你說話」、「我不會答應」等。

　　比如：在身體前邊握緊拳頭；兩手放在大腿上，張開手時，兩手拇指相向；兩手交叉按在頭部後面，或手指按在額頭正中央；手向著你而屈指數數；和你交談時，不斷地把玩桌上的東西，或將它重新放置；打開抽屜又關上，好像在找東西；兩手支住下巴；用手指連續敲桌子。

　　心理學家還發現，當一個人用手摸頸後時，往往是出現了惱恨或懊悔等負面情緒，他們把這個姿勢稱為「防衛式的攻擊姿態」。

　　在遇到危險時，人們常常不由自主地用手護住腦後，但在防衛式的攻擊姿勢中，他們的防衛是偽裝，結果手沒有放到腦後，而是放到了頸後。女人尤其善用這種偽裝，她們伸手向後，撩起頭髮，來掩飾自己的惱恨情緒。

　　握手也藏有深層的心理術。一般常說，握手的力氣大小同性格有關。比如握手有力者多是富於主動性並充滿自信的人，握手無力者則缺乏魄力，性格軟弱。另外，在晚會上和不相識的人一個勁握手的人，表明他喜歡顯示自己。

　　但是，要識透對方的內心和情緒，必須施以更微妙之道。

在中世紀的歐洲，互不相識的人相遇時，如果不是敵人，就鬆開武器，一邊表示沒有拿任何武器，一邊相互靠近握手。因為大多數人都是右手使力，用右手握對方的右手，就用不著擔心自己的刀會被撥掉，握手成了解除武器的標誌。

現代人也是一樣，握手是為了解除心理上的武裝。正因為解除了精神上的戒備，心理上的微小變化也就容易表露出來。

同時，握手有可以直接接觸對方身體的有利之機，最初，男人之間是用手遮住生殖器進行問候，不久，演變成互相握手，所以握手本來就有「用身體瞭解人」的目的。

透過握手瞭解對方的微妙心理活動，具有代表性的就是根據手的濕潤程度進行判斷。

在人的身體中，常伴隨著恐怖和驚訝之類的感情變化，不受自己意志控制的自律神經就會活動起來，引起呼吸的紊亂、血壓和脈搏的變化或者汗腺的興奮（精神性的出汗）。

人們看球類比賽，當比賽緊張起來時，手裏就會捏著一把汗。如果握對方的手，感覺到對方的手掌滲著汗，就可以認為對方心情緊張，內心失去平衡。

曾經在警察局活躍一時的科學偵查老手，就曾經勸警官們試用一下詢問握手法，就是在詢問嫌疑犯時輕輕地握握手。

開始詢問時先握一下手，然後，每當觸及到核心問題時，邊說著「讓我們慢慢談好嗎」之類的話，邊握對方的手。

假如嫌疑犯開始手掌是乾的，在談話過程中出起汗來，就可以推測出此人正是罪犯。眾所周知的測謊儀，就是依靠記錄汗腺的興奮情況，對受測者的心理狀況進行科學的判斷，但其原理和詢問握手法沒有什麼不同之處。

② 身體其他部位的語言

身體的其他部位也透露著豐富的語言資訊，善於從這些資訊裏識別他人的情緒和心理同樣十分重要。

有時候，觀察對方的腳也是透視情緒的重要途徑。

比起手部動作來，腿部和足部動作顯然要少些，它們的表現因此要比手單純得多，而且當一個人感情激昂時，足部動作反而會更貧乏，所以足部透露的情緒資訊往往被人們所忽視。

然而，正因為人們總是忘記了去注意自己的腳，它所提供的資訊也就更有價值，更能反映一個人的真實內心。

當你看到某人兩隻腳踝相互交疊，你就應注意此人是不是正在克制自己。因為人們在克制強烈情緒時，會情不自禁地腳踝緊緊交疊，在交易場上或其他社交場合中，當一個人處在緊張、惶恐的情況下，往往會做出這種姿態。有人開玩笑說，這種姿勢就像「急著上廁所而又不能去的樣子」。

談判時，當對方身體坐在椅子前端，腳尖踮起，呈現一種殷切的姿態，這就是願意合作，產生了積極情緒的表示。這時善加利用，雙方就可能達成互惠的協定。

有位商人在談生意時發現對方露出不快的神色，似乎不願意繼續和他談下去。為了做成這筆生意，他仍然委婉地說：「我誠心誠意地要做成這筆交易，我已經把底牌都攤開給你們看了。」他原以為如此態度誠懇，對方就會答應他，殊不知對方更加強硬了。因為對方已發現了他口是心非、難以信任，最後大家不歡而散。

為什麼會出現這種意料不到的結局呢？原來是他的腿洩露了他內心的真正感受。在說話時，他身體挺直，兩腿交叉蹺起，這

一姿勢表示懷疑與防範，與他所說的「誠心誠意」正好相反，對方當然不願意跟他簽訂這項合約了。

所以，在談判推銷商品或個人交往中，要注意那些「翹二郎腿」的人，而對那些坐在椅子上蹺起一隻腳，跨在椅臂上的人更要引起警惕，因為這種人往往缺乏合作的誠意，對別人的需求漠不關心，甚至還會對你帶有一定的敵意。

人們能夠自信地站立、害羞地站立、忐忑不安地站立嗎？當然可以。

自信地站立，通常情況下表現為雙腳同時穩定地支撐著自己的整個身體，雙腿伸直，但是腿部肌肉是放鬆的，膝蓋並不像點名集合時那樣不自然地繃直。雙腳的位置並非完全平行，而是腳尖略微朝向外側。在這種情況下，人們通常不會頻繁地走動，站立的姿勢總體上講是平靜和自信的。

害羞地、忐忑不安地站立時，人們往往傾向於將身體的重心轉移到某一個支撐腳，而伸出另一隻腳。你的腳尖可能會略微地朝向內側。這種情況下，人們通常不會站著不動，而是不停地走來走去，不斷地試圖尋找一個更好的地方，這樣的姿勢顯得不穩定和不自信。

走路的姿勢和腳步的幅度，也會折射一個人內心的情緒。比如，一個人兩手插在口袋中，拖著腳步，很少抬頭注意自己在往何處走，他往往是心情沮喪的人。

而一個身體前傾、步伐很大的人則很可能正急著趕時間。相反，抱著雙臂、邁著八字步緩慢行走的人，卻很自然地流露出他那悠閒的心境。

通常，點頭總是代表善意、積極的情緒，但是，有時候點頭也有相反的意思，這就需要根據具體情形作出判斷。

一般來說，一邊談話一邊有節奏地點頭，並且與談話內容有所關聯，這才是代表著肯定的意思。如果與談話內容無關地亂點頭，則說明對方內心動搖、猶豫，或有所隱瞞，藉點頭來掩飾其內心的不平靜。如果一次點頭次數太多，動輒三五下，一般有否定意味，表示想要終止談話或者覺得對方太囉嗦。

許多其他的資訊也可以給認識他人的情緒提供依據。比如，一個人很快走進房間，選了一個盡可能遠離眾人的位置，然後蹺起腿，兩手交叉，默默地望著窗外。如果問他發生了什麼事，他卻轉過身去，面對著房門。這些無聲的舉動都說明，此人處在一種擔憂、焦慮、緊張的狀態之中。

棋類比賽時，當盤面局勢緊張，棋手若將自己內心的焦慮露在臉上，馬上就會被對手發覺，從而反會安撫對方本也緊張的情緒。所以，高水準棋手都盡量喜怒不形於色。

但是他們身體的某一部位，還是常會不自覺把內心情緒洩露無遺。中國著名棋手聶衛平每當局勢落於下風時，耳朵便會變紅，這一秘密被人發現以後，棋界人士戲稱：聶衛平贏不贏棋，看耳朵就知道了。

在正式場合中發言或演講的人，開始時就清喉嚨者，多數是由於緊張或不安；說話時不斷清喉嚨、變聲調的人，可能還有某種焦慮；而有的人清嗓子，則是因為他對問題仍遲疑不決，需要繼續考慮。一般有這種行為的人男人比女人多，成人比兒童多。

兒童緊張時一般是結結巴巴，或吞吞吐吐地說話，而不是採取清喉嚨的形式。有時候，成年人故意清喉嚨則是對孩子的警告，表達一種不滿的情緒，意思是說如果你再不聽話，我可要不客氣了。

口哨聲有時是一種瀟灑或處之泰然的表示，但有的人會以此

來虛張聲勢，掩飾內心的惴惴不安。如單身夜行者，有的就愛吹口哨壯膽，所以你不應被表面現象所迷惑。

一個人在抽菸時，如果突然熄掉菸，或者把它擱在菸灰缸上，有時甚至不注意地放到了菸灰缸外，不再悠悠然地吞雲吐霧，這也說明他的心情突然變得十分緊張。吸菸者在特別緊張的時候是不抽菸的，他們會把菸弄熄，或者任其自然，這與一般人的想法剛好相反，而他們在憤怒時則常常會大口大口地吸菸。

一個高EQ、懂得吸引聽眾的人，總是會一邊說一邊注意觀察聽眾是否保持著興趣。一旦聽眾有厭煩的表現，他就會立即改變話題，或改變說話的方式，或注入新的內容，從而使人始終保持興奮。

那麼，怎樣才能知道他人是不是已經厭煩了呢？高EQ者常會利用下面這些線索作出有效的判斷。

如果一個人以手在桌上叩擊出單調的節奏，或者用筆桿敲打桌面，同時腳跟在地板上打拍子，或抖動腳，或用腳尖輕拍，這種節奏並不中途停止，而是不斷地答答作響，這些就是在告訴你他已經對你所講的話感到厭煩了。

有的人聽著聽著會慢慢地手扶著頭，視線朝下，似乎對你不屑一顧，這也是不耐煩的表現。

有的人會順手拿過或摸出一張紙來，在上面亂塗亂畫，塗畫之餘，還會欣賞或凝視自己的「作品」，這也是對你的講話缺乏興趣的表現。

有的人也許會凝視著你，但你可千萬別上當。仔細觀察的話，你就會發現他目光空洞，對你視而不見，眼神木然無神，眼皮幾乎眨都不眨，似乎在睜著眼睛睡覺，這表明他已是恍恍惚惚，心不在焉了。

③ 服飾：自我的延伸

以前，人們穿衣服遵守著一定的原則，因職業不同而穿不同的服裝。古時候工匠穿著印有商號的外衣，十八至十九世紀，人們也因職業不同而穿著不同的服飾，服裝首先標誌著人的社會地位和職業。

如今，穿戴者不願讓人從穿著上看出他的職業和經濟能力，而是想充分發揮個性。反過來說，人的內心比以前更直接地表現在穿著上。這樣，對研究內心分析法的人來說，反而更有用武之地。

「衣服是第二皮膚」，服裝能非常清晰地表現出人的性格和心理狀態。

最初，人是赤身裸體的，人是為了將自己隱藏起來才穿衣服的。實際上，穿上衣服卻反而暴露了自己，這是因為人自己選擇的服裝，表現了從赤身裸體的肉體上無法窺知的內心情緒。

從這種意義上看，衣服是人的身體不可分割的一部分，甚至認為就是「他自己」。人的自我暴露在外表上，心理學將這稱做「延伸自我」。根據「延伸自我」的理論，人穿上衣服，戴上裝飾品，反而暴露了自己。

喜歡穿著華美服裝的人，意味著他懷有很強烈的自我表現欲，同時，他可能具有歇斯底里的性格，這種人對於金錢的欲望特別強烈。

此外，有些人非常喜歡結著同色的領帶或愛用同色的物品。這類人的自我意識很強。當然，也有些人很不喜歡打領帶，他們的類型屬於同等性質。

有種人穿著樸素，他通常屬於順應型。不過，其中也有人對

某部分非常講究，例如領帶或襪子。這種人也屬於順應型，他們在某方面十分能夠堅持自己的主張，也是頗有個性的類型。

但也有人對此持不同的觀點，這種人所以要重視某部分的打扮，無非是要掩飾自己容貌上的若干缺點。例如，有些女性對於自己容貌缺乏信心，也就是懷疑自己沒有吸引男性的能力，所以，才喜歡穿上超級迷你裙。甚至有些男性禿頭禿得很厲害，於是，他就故意穿上豪華的鞋襪和衣服，藉以顯示自己的優點。這種類型的人對於自己的弱點，滿懷著一種衝突與矛盾的心理。

此外，有一種人卻保持著中間立場，他們適度地逐次改變流行，選擇適合自己的部分來應用，這一類人能夠很適度地尊重自己的主張。

有時候，某些人會因為情況不同而改變嗜好，甚至穿起完全沒有經過選擇的服裝，這種人顯然是因為情緒不安所致。他們有意脫離單調的工作，希望過著富有變化的生活，所以說，這是表示一種逃避現實的欲望。

有些人一直都穿著固定格調的衣服，但是有時候，他突然改穿完全不同於平時的服裝。例如，他平時穿著固定樣式與格調的西裝，但有一天，他卻忽然改穿夾克和鮮豔的休閒長褲，甚至改換完全不同顏色的領帶，結果引起同事的好奇：「他今天有什麼事嗎？」

不管從表象或精神方面說，這種人的內心必然受到了某種刺激，使他在想法上發生若干變化，所以，在他們的心理深層，通常都會懷有某種情緒。

十一 人並不都直接顯露感情

為了不讓別人知道自己的內心活動，人們並不直接表露感情。你看到的表情不一定是他內心情緒的真實表達。

人心裏的情感活動時常顯露在表情上，這一點任何人都體驗過。一有高興的事，面部肌肉就自然鬆弛，有悲傷的事，就變成一副要流淚的樣子，有時表情甚至比言語更能明顯地傳達出內心的活動。

但是，從表情窺探他人的內心秘密好像簡單，實際上並不容易。

美國心理學者奧古斯特·伯伊亞曾經做過這樣的實驗，讓幾個人用表情表現憤怒、恐怖、誘惑、漠不關心、幸福、悲哀這六種感情，並用錄影機錄下來，然後，讓人們猜哪個人表現哪種感情。

結果平均每人只有兩種判斷是正確的，當表現者做出的是憤怒的表情時，看的人卻認為是悲哀的表情。

更難辦的是，為了不讓別人知道自己的內心活動，人們並不直接表露感情。你看到的表情卻不一定是他內心情緒的真實表達。

在商業談判中，對方笑容可掬地聽著你說話，臉上一副似乎要接受的表情，心想談判可能要成功了。不料他卻說「明白了，很好，不過，這次請原諒，我不能要了」等婉言謝絕的話。

這樣一來，像是被從頭上潑了一盆冷水似的。當然，這並非想否定「表情是反映人內心的一面鏡子」。因為在很多時候，人們縱使情緒很激動，但卻會偽裝成毫無表情，或者故意裝出某種相反的表情，所以如何去探測對方的表情底下所隱藏的真實情緒，對探測者的EQ提出了更高的要求。

一位推銷百科全書的業務員，在這方面很有經驗，他說：

「當我把百科全書的樣本交給消費者後，在他默默翻閱百科全書的內容時，就是決定成交與否的關鍵時刻。」

「這時候，我就會目不轉睛地注視他的面容，並且比起坐在對方的面前，我更喜歡坐在他的身旁。因為坐在旁邊比較容易看見對方臉上的肌肉變化，大體上在他的臉上就已經有個買與不買的決斷了。」

「客戶雖然會有意不讓臉上呈現表情的變化，但也總會出現很有趣的表情，所以，有經驗的推銷員總是能捕捉到這些細微之處，看穿對方的內心決策，從而採取相應的推銷手段和談判技巧。」

其實，要佯裝一種與感情不符的表情，對於人們來說並非易事。

美國的戲劇學校有一門學科，就是要讓內心的某種情緒激發出來後，同時在臉上製造出一種異於此種情緒的表情：縱然內心發生猛烈而憤怒的情緒，卻依然要笑臉迎人。

要把這種表情訓練得運用自如是十分困難的，據說，經常有修這門課的學生中途鬧起神經質來。

有的人竭力壓抑自己的情緒，裝出一副無表情的面孔。碰到這樣的人，許多人都感到十分頭痛。其實，沒表情並不等於情緒

就不外露。因為內心的活動，倘若不呈現在臉部的肌肉上，往往會以其他不自然的方式表現出來。

有些職員不滿主管的言行，卻又敢怒不敢言，只好故意裝出一副無表情的樣子。事實上，不管如何壓抑那股憤怒的感情，內心的不滿依然很強烈，如果仔細觀察他的面孔，會發現他的臉色不對勁。

人們經常把這種木然的面孔稱為「死人」似的面孔，也就是說他像死人一樣面無表情，神色漠然。

這種「死人」似的面孔本身就是一種不自然的表現。此外，雖然這類人努力使自己喜怒不形於色，但倘若內心情緒強度增加的話，他們的眼睛往往就會馬上瞪得很大，鼻孔會顯出皺紋，或在臉上出現抽筋現象。所以，如果看見對方臉上忽然抽筋，那就表示在他的深層意識裏，正陷入激烈的情緒衝突中。

如果碰到這種人，最好不要直接去指責他，或者當場給他難堪。當看到部屬臉色蒼白、臉部抽筋時，主管最好這樣說：「最近是不是心情不好？如果你有什麼不快，不妨說出來聽聽。」以設法安撫部屬正在竭力壓抑的情緒。

死板的面孔或抽筋的表情，至少可以暗示上下級關係正陷入低潮，這時最好開誠佈公地交換意見，以消除誤解，改善雙方的關係。

有時候，漠不關心的表情，也可能代表是好意或者是愛意的表情。尤其是女性，倘若太露骨地表現自己的愛意，似乎為常情所不許，於是便常常表露出相反的表情，裝著一副對對方毫不在乎的樣子，其實這種表面上的漠不關心，骨子裏卻是十分在意的。

有時候，當彼此陷入強烈的敵意和反感時，倘若在對方面前

Emotional Quotient

227

表現這種敵意或反感的話，不但會給對方帶來不愉快，甚至還會造成雙方關係的危機，乃至出現被社會所不容許的破壞行為。於是，這就產生了偽裝的笑容和親切的態度，這種情況在心理學上叫做「反動形成」。

關於這一點，最好的例子，就是夫妻吵架。當彼此間的不調和達到很激烈的狀態時，不快樂的表情反而會逐漸消失，結果會顯露出笑臉，態度上便顯得卑屈而親切。所以，提出離婚的夫婦彼此越是彬彬有禮，其不可調和的矛盾就越深。

曾經有一位負責明星採訪的記者說，如果要瞭解影視界的夫婦關係是否協調，那倒不是很難的事，只要注意電視上綜合節目、現場節目以及家庭訪談就行了。倘若他們不斷表現出十分愉快的表情，或者不斷地特別強調夫婦之間的合諧狀況，那說明他們之間很可能出現了危機，表面上的和諧，不過是一種不調和的面具或記號。

第六篇

EQ造就影響力

　　高EQ者的一個最顯著的表現，就是經由熟嫻的交際和溝通能力，對他人造成很強的影響力。

　　能游刃有餘地影響著自己的主管、部屬、朋友、同事以及他想影響的人，從而成就了自己。

一　不做空洞的交際人

那些過於看重社交技巧的人，把社交當成一種技巧性的遊戲，他們的社交行為往往是出賣自我，喪失自我。為了社交，他們犧牲了內在的真實情感和自己的價值觀念，這是遺憾和不該有的態度。

① 情感：人際關係的基礎

人際關係最重要的特點是它具有情感的基礎。人與人之間的親近與疏遠、合作與競爭、友好或敵對等，都是心理上距離遠近的表現形式，都具有情感的色彩。

個體之間、群體之間的好感或反感，反映了個體或群體的社會需要，是否得到滿足時的情感體驗。

人際關係由多種成分構成，其中最主要成分是相互認同，情感相容，行為近似。只有這樣，才能產生人際吸引，形成良好的人際關係。

相互認同，是透過知覺、表象、想像、思維、注意和記憶等由淺入深，由表及裏的認識活動而實現的。人們透過資訊的交流，取得了相互瞭解，滿足了交往的需要時，才能情感相容，行動一致。

因此，相互認同在人際關係中是首要的心理成分，人與人之間的心理上的距離，往往是隨著彼此相互認同的變化而變化的，在群體中，人際關係不可能始終如一，永恒不變。即使長期心心相印，志同道合，其心理也並非是等距離的。

情感相容是以彼此喜愛、親切、同情、熱心、照顧等形式表現出來的。凡是能驅使人們接近、合作、聯繫的情感，都稱之為結合性情感。

結合性情感越多，彼此之間越相容。凡是能使人們分離開來的情感，如憎恨、厭惡、冷淡、不滿等，都稱之為分離性情感。分離性情感越強烈，彼此之間則越不相容。

因此，情感相容的人際關係具有重大的作用，歷來社會心理學家就很重視情感成分，把它視作人際關係形成的基礎。

行為相近是彼此言行舉止、交往動作、角色地位、儀表風度等人際行為模式類同。在人與人之間的行為模式越近似，越容易產生和形成人際關係。因此行為動作也是構成人際關係系統的一個重要成分。

由相互認同、情感相容、行為近似這三個方面構成的人際關係系統，對於個性的全面發展，對於維護心理健康，保持正常的社會生活，對於促進社會的進步，都具有巨大的積極影響。

② 不做社交變色龍

社交能力好的人，必善於控制自己的情緒，懂得因應對方的招式，進而隨時對自己的表現做出調整，以達到預期的效果。善於人際溝通的人，實際上與高明的演員無異。

然而，你必須清楚掌握個人的需要，才不至於成為一個空洞的交際人，雖廣受歡迎而內心卻空虛無主。

人際關係是一種技巧，社會交往需要技巧，但僅僅有技巧是不行的。

人際關係建立的過程，實際上就是一個人成長和性格形成的過程。一個性格成熟的人，他的人際關係是很好的。

歷史上許多功勳卓著的領導者，他們善於與人溝通和交往，但這種關係不是靠技巧建立起來的，而是他們優秀的品格、高尚的人格、近乎完善的性格、超人的智慧和才能鑄就的。

當然，他們講究處理人際關係的技巧，但這些技巧與他們本身具備的優點相比，是微不足道的。

那些過於看重社交技巧的人，使社交成為一種技巧性的遊戲，他們的社交行為往往是出賣自我，喪失自我。為了社交，他們犧牲了內在的真實情感和自己的價值觀念，這是不可取的。

高明的社交變色龍便是這類人，他們極善於提升自我形象，他們自我觀感卻迥異於自己營造的形象。為了獲取贊許，不惜說一套做一套，他們藏身於自己的大眾形象與真實自我的裂縫中。

這種人通常能給人以絕佳的印象，但極少有穩定而滿意的親密關係。但是，他們當中有些人，能在忠於自我與社交技巧之間取得平衡。社交變色龍會先觀測對方的期望再做回應，而不會坦承心中的感受，而且會為了維持良好的關係，故意對自己不喜歡的人表示友善。

有的人會成為隨波逐流的變色龍，有的人卻能在社交技巧與真實情感之間取得平衡，關鍵因素在於是否能忠於自我，也就是說，無論如何都能堅持人心深處的感受與價值觀，甚至可能為了揭穿謊言不惜與人對立，而這種勇氣正是變色龍所缺乏的。

當社交技巧僅僅作為一種技巧而存在的時候，使用起來往往是生硬、笨拙的，只有當社交技巧成為真實情感和穩定性格的一部分，它才能在社交中表現出來，獲得最佳的人際關係和社交效果。

二　曼德拉的智慧與幽默

幽默輕鬆，表達了人類征服憂愁的能力。布笑施歡，令人如沐春風，神清氣爽，困頓全消。在人際關係中，幽默感實在是一種豐富的表象。

在一次非洲南部首腦會議上，曼德拉出席並領取了「卡馬勳章」。

在接受勳章的時候，曼德拉發表了精采的演講。在開場白中，他幽默地說：「這個講台是為總統們設立的，我這位退休老人今天上台講話，搶了總統的鏡頭，我們的總統姆貝基一定不高興。」話音剛落，笑聲四起。

在笑聲過後，曼德拉開始正式發言。講到一半，他把講稿的頁次弄亂了，不得不翻過來看。

這本來是一件有些尷尬的事情，但他卻不以為然，一邊翻一邊脫口而出：「我把講稿的次序弄亂了，你們要原諒一個老人。不過，我知道在座的一位總統，在一次發言中也把講稿頁次弄亂了，而他卻不知道，照樣往下念。」這時，整個會場哄堂大笑。

結束講話前，他又說：「感謝你們把用一位博茨瓦納老人的名字（指博茨瓦納開國總統卡馬）命名的勳章授予我，我現在退休在家，如果哪一天沒有錢花了，我就把這個勳章拿到大街上去賣。我肯定在座的一個人會出高價收購的，他就是我們的總統姆貝基。」

這時，姆貝基情不自禁地笑出聲來，連連拍手鼓掌。會場裏

掌聲一片。

這就是幽默的魅力，它拉近了演講者和傾聽者之間的心理距離，打消了一位偉人的神秘感，顯示出曼德拉高超的智慧和人際溝通能力。

為什麼八十高齡的曼德拉能夠保持身體健康、精神矍鑠、青春長在？離開總統職位後，他依然以和平大使的身份活躍在國際舞台上。

世間沒有青春的甘泉，也沒有不老的秘訣。曼德拉之所以擁有永遠的青春，是因為他在豐富的人生閱歷中，提煉出了大智慧，在苦難的折磨中，咀嚼出了大幽默。

八十多歲的曼德拉有著一顆八歲孩子的童心。在會見拳王路易斯的時候，他表示自己年輕時候也是拳擊愛好者。於是，路易斯故意指著自己的下巴讓他打，他笑著做出拳擊的姿勢。

旁邊的人於是問他：「假如您年輕時與路易斯在場上交鋒，您能取勝嗎？」他說：「我可不想年紀輕輕的就去送死。」

正是在這一連串毫不做作的幽默之中，曼德拉展現出了他耀眼的人格魅力。在他周圍，總是吸引了許多同事和戰友，包括他的親人。

二十多年的牢獄之苦，風刀雪劍的嚴酷相逼，曼德拉都用幽默來應對。（二〇一三年十二月五日辭世，享年96歲。）

一九七五年，獄中的曼德拉首次被允許與女兒津姬見面。曼德拉入獄的時候，女兒只有三歲，如今女兒已經是十五歲的大姑娘了。

曼德拉特地穿上一件漂亮的新襯衫，他不想讓女兒感到自己

是一個衰弱的老人。他知道，對於女兒來說，自己是一個她並不真正瞭解的父親。他知道，女兒見到他一定會感到手足無措。

當女兒走進探視室的時候，他的第一句話是：「你看到我的衛兵了嗎？」然後指了指寸步不離的看守。女兒微笑了，氣氛頓時輕鬆起來。

曼德拉告訴女兒，他經常回憶起以前的情景，他甚至提起，有一個星期天，他讓女兒坐在腿上，給女兒講故事。

透過探視室的小玻璃窗戶，曼德拉發現女兒眼中噙著淚水。津姬後來描述了這一次見面，特地強調了曼德拉性格中風趣幽默的一面：「正是父親的這種幽默，讓我這個以前並不了解他的女兒，和他一下子貼近了許多。」

幽默是人際交往的潤滑劑，是一個人高情商的表現，它可以使人笑著面對矛盾，輕鬆釋放尷尬。幽默是一種機智地處理複雜問題的應變能力，它往往比單純的說教、訓斥或嘲弄使人容易開竅。

善於發現幽默的機會是心胸豁達的表現。當人們寬容的時候，就會忽略其中的惡意和偏執，給自己輕鬆，同時也給別人寬容。真正的優越感，不是來自於爭執時占了上風，而是來自於對別人的寬容。有了這種輕鬆的豁達，幽默感自會產生。

幽默是一種優美健康的品質，幽默對心理上的影響很大，它使生活充滿情趣。哪裡有幽默，哪裡就有活躍的氣氛。誰都喜歡與談吐不俗、機智風趣者交往，而不喜歡跟抑鬱寡歡、孤僻離群的人接近。

幽默能緩解矛盾，使人們融洽和諧。生活中，人與人之間常會發生一些摩擦，有時甚至劍拔弩張，弄得不可收拾。而一個得

體的幽默，往往能使對方擺脫尷尬的境地。

幽默大師蕭伯納一天在街上散步時，一輛腳踏車衝來，雙方閃躲不及，都跌倒了。

蕭伯納笑著對騎車的人說：「先生，您比我更不幸。要是您再加點勁，那就能作為撞死蕭伯納的好漢而永遠名垂史冊啦！」

兩人握手道別，沒有絲毫難堪。

幽默輕鬆，表達了人類征服憂愁的能力。布笑施歡，令人如沐春風，神清氣爽，困頓全消。在人的精神世界裏，幽默感實在是一種豐富的素材。

幽默來自智慧，也來自品格。

在孤島上，曼德拉堅持長跑並用冷水洗澡，每天見到清潔工人都會開幾句玩笑。愁眉苦臉的軍警百思不得其解：這個被終身監禁的囚犯，為什麼每天都是笑呵呵的呢？獄警哪能理解，在曼德拉的幽默後面，有比金剛石還要堅硬的信念。

一個幽默的人，是一個高EQ的人，他能夠給朋友帶來無比的歡樂，並且在人際交往中增加魅力，因而備受歡迎。

有些人天生就渾身充滿了幽默細胞，但並不是說沒有這種秉賦的人，就會一輩子刻板嚴肅。幽默感是可以訓練培養的。

那麼，怎樣訓練、培養自己的幽默感呢？

首先，要累積幽默的素材。如果你不能即興幽默，不如大量地看漫畫和笑話，從中體會幽默的感覺，久而久之，便可自己製造幽默，至少可運用看來的笑話了。此外，也可體會別人的幽默感，然後模仿一番。

要想幽默，必須敞開自己的心胸。就好比讓陽光灑進屋子一

般，去接受各種不同的人和事物，這些人和事物會在你的心中留下痕跡，成為幽默感的酵母。

要幽默還須保持愉快的心情。這是幽默感的「土壤」，如果你心情沉鬱，老是想一些不快樂的事情，怎能製造出幽默感呢？

有時不妨幽自己一默。幽默大部分都和人有關係，有時你與他人幽默，但這種幽默不好把握，因此不如幽自己一默，一方面不得罪人，一方面也可讓人瞭解你是個心胸廣大、易於相處的人。

不過有一點必須注意，發揮你的幽默感時，必須看場合和對象，最好避免粗俗的幽默，否則就不是幽默，而是鬧笑話了。

幽默與刻薄，常常因聽者的心情與立場不同，而產生不同的反應。幽默，可以使人歡笑，但若使用不當，也會使人不悅。

因此，一個「幽默高手」在講述笑語時，應顧及聽者的心情與尊嚴，避免過度的譏笑與嘲弄，否則自以為是幽默的笑話，一不小心擦槍走火，反而會冒犯他人，得不償失。

所以，西方哲人說：幽默是用來逗人的，而不是用來刺傷人心的。

幽默對自我控制、自我調整以及提高團隊的情緒有著極大的幫助。美國一所大學的研究已經證明，在你幽默的時候，你會更有自信。所以，大膽地運用幽默來緩釋你的緊張情緒吧，盡快地露出你真誠的微笑。

Emotional Quotient

三　寬容可以傳遞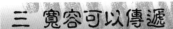

　　一隻腳踩扁了紫羅蘭，它卻把香味留在那腳跟上，這就是寬恕。

① 寬容，給你一個廣闊的天地

　　物換星移，涓涓細流終匯成大瀑布，峽谷的形成更增添了草原的壯觀與魅力，自然界有著一顆寬容博大的心。

　　心理學家指出，寬容不是軟弱的象徵，適度的寬容，對於改善人際關係和身心健康都是有益的。

　　大量事實證明，過於苛求別人或苛求自己的人，必定處於緊張的心理狀態之中。而一旦寬恕別人之後，心理上便會經過一次巨大的轉變和淨化過程，使人際關係出現新的轉機，諸多憂愁煩悶可得以避免或消除。

　　寬容，意味著你不會再為他人的錯誤而懲罰自己。

　　寬容地對待你的對手，在非原則的問題上，以大局為重，你會得到退一步海闊天空的喜悅，化干戈為玉帛的喜悅，人與人之間相互理解的喜悅。

　　在這個世界上，每個人走著自己的生命之路，但紛紛攘攘，難免有碰撞和衝突，如果冤冤相報，非但撫平不了心中的創傷，而且只能給受傷的心撒上一把鹽。

　　寬容是一種博大，它能包容人世間的喜怒哀樂；寬容是一種境界，它能使人踏上光明磊落的坦途。只有寬容，才能癒合不愉快的創傷；只有寬容，才能消除人為的緊張。

　　寬容，首先包括對自己的寬容。只有對自己寬容的人，才有可能對別人也寬容。人的煩惱一半源於自己，寬容地對待自己，就能心平氣和地工作、生活，這種心境是生存的良好狀態。

　　如果一語齟齬，便遭打擊；一事唐突，便種下禍根；一個壞印象，便一輩子倒楣，這就說不上寬容，就會被稱為心胸狹隘。

　　真正的寬容，應該是既能容人之短，又能容人之長。對才能超過者，也不嫉妒，唯求「青出於藍而勝於藍」，熱心舉賢，甘做人梯，這種精神將為世人稱道。

　　自己有了過失，亦不必灰心喪氣，一蹶不振，同樣也應該寬容和接納自己，並努力從中習取教訓，引以為戒，取人之長，補己之短，重新揚起工作和生活的風帆。

　　寬容，意味著你有良好的心理防護。

　　寬容，對人對己，都可成為一種無須投資便能獲得的精神補品。學會寬容不僅有益於身心健康，且對贏得友誼，保持家庭和睦、婚姻美滿，乃至事業的成功都是必要的。

　　因此，人人都要有一顆寬容的愛心。寬容，它往往折射出待人處世的經驗，待人的藝術，良好的涵養。

　　處處寬容別人，絕不是軟弱，絕不是面對現實的無可奈何。在短暫的生命里程中，學會寬容，意味著你的生活更加快樂。

　　寬容，是人生中的一種哲學，是高EQ者的一件法寶。

② 擁有一顆寬恕的心

　　一天早晨，格蘭的禮品店依舊開門很早。格蘭靜靜地坐在櫃台後，欣賞著禮品店裏各式各樣的禮品和鮮花。

　　忽然，禮品店的門被推開了，走進來一位年輕人。他的臉色顯得很陰沉，眼睛瀏覽著禮品店裏的禮品和鮮花，最終將視線固

定在一個精緻的水晶烏龜上面。

「先生，請問您想買這件禮品嗎？」格蘭親切地問。

可是，年輕人的眼光依舊很冰冷。

「這件禮品多少錢？」年輕人問。

「50元。」格蘭回答道。

年輕人聽格蘭說完後，伸手掏出50塊錢甩在櫃台上。

格蘭很奇怪，自從禮品店開業以來，她還從沒遇到過這樣豪爽、慷慨的買主呢。

「先生，您想將這個禮品送給誰呢？」格蘭試探地問了一句。

「送給我的新娘，我們明天就要結婚了。」年輕人依舊面色冰冷地回答著。

格蘭心裏愣了一下：什麼，要送一隻烏龜給自己的新娘，那豈不是給他們的婚姻安上了一顆定時炸彈？

格蘭想了一會，對年輕人說：「先生，這件禮品一定要好好包裝一下，才會給你的新娘帶來更大的驚喜。可是今天這裏沒有包裝盒了，請您明天早晨再來取好嗎？我一定會利用晚上的時間為您趕製一個新的、漂亮的禮品盒……」

「謝謝你！」年輕人說完轉身走了。

第二天清晨，年輕人取走了格蘭為他趕製的精緻的禮品盒。

年輕人匆匆地來到了結婚禮堂——但新郎不是他而是另外一個年輕人！

他快步跑到新娘跟前，雙手將精緻的禮品盒捧給新娘。然後，迅速地轉身跑回自己的家中，焦急地等待著新娘憤怒與責怪的電話。在等待中，他的淚水撲簌簌地流了下來，有些後悔自己不該這樣去做。

傍晚，婚禮剛剛結束的新娘便給他打來了電話：「謝謝你，謝謝你送我這樣好的禮物，謝謝你終於能原諒我了……」

新娘高興而感激地說著。年輕人萬分疑惑，他什麼也沒說，便掛斷了電話。但他似乎又明白了什麼，迅速地跑到了格蘭的禮品店。

推開門，他驚奇地發現，在禮品店的櫥窗裏，依舊靜靜地躺著那只精緻的水晶烏龜！

一切都明白了，年輕人靜靜地望著眼前的格蘭。而格蘭依舊靜靜地坐在櫃台後邊，對著年輕人輕輕地微笑了一下。年輕人冰冷的面孔終於在這一瞬間被融化為一種感激與尊敬：「謝謝你，謝謝你，你讓我又找回了我自己。」

原諒是一種風格，寬容是一種風度，寬恕是一種風範。格蘭將水晶烏龜這樣一件定時炸彈似的禮品，換成了一對代表幸福和快樂的駕鴦，竟在這短短的時間內，深深地改變了一個人冰冷的內心世界。

給人一點寬恕，它將帶給一個人重新獲取新生的勇氣，去面對他人生中的另一個幸福時刻。

人們常在自己腦子裏預設了一道圈圈，如果有人越過這道圈圈，就會引起怨恨。其實，別人可能對你設置的規定置之不理，你去怨恨，不是很可笑嗎？

大多數人都一直以為，只要不原諒對方，就可以讓對方得到一些教訓，也就是說：「只要我不原諒你，你就沒有好日子過。」其實，倒楣的人是自己：一肚子窩囊氣，甚至連覺也睡不好。

其實，你覺得怨恨的時候，不妨閉上眼睛，體會一下你的感

覺，你會發現，讓別人自覺有罪，你也不會快樂。

一個人愛怎麼做就怎麼做，你要不要讓他感到愧疚，對他都差別不大——但是會破壞你的生活。生活中不會事事由人，颱風帶來豪雨，你家地下室變成一片澤國，你能說「我永遠也不原諒天氣嗎」？既然如此，又為什麼要怨恨別人呢？

人們沒有權力控制風雨，也同樣無權控制他人。老天爺不是靠怪罪人類來運作世界的——所有對別人的埋怨、責備都是人自己造出來的。

你或許會問：「如果有人做了一件非常惡劣的事，我還要原諒他嗎？」

一九八七年七月，一個名叫山迪的人陷入了痛苦的深淵。一名精神病患者持槍闖進他家，射殺了他三名花樣年華的女兒。這場悲劇使山迪充滿了悲憤。

隨著時間的流逝，他在朋友的勸慰下體會到，要使自己的生活步入常軌，唯一的辦法是拋開憤怒，原諒那名兇手。

目前，山迪把所有時間用來幫助別人以獲得心靈的平靜，他丟棄了怨恨，寬恕了兇手。山迪拋開憤怒是為了自己，希望自己好好活下去，就是說，他需要寬恕。

四　給予的方式＝真正的給予

捨得，捨得，只有捨，才能得。捨與得是緊緊地聯繫在一起的。在人生的長河中，人們常常面臨著捨與得的考驗。

旅行者在茫茫的沙漠中迷了路，驕陽似火，酷暑難耐。沒有飲水，他饑渴難忍，死亡在時刻向他逼近。

他在心裏暗暗地提醒自己：水！水！一定要堅持到最後一刻，找到水源。

憑著一股強烈的求生本能，他在沙漠中艱難地跋涉著。找啊找啊，他終於發現了一塊小石板。在小石板旁邊，他又發現了一個抽水機。

他迫不及待，使勁兒地抽水，卻怎麼也抽不上來。

正在他心灰意冷、懊喪不已的時候，卻意外地發現旁邊還有一隻水壺，壺上蓋著塞。當他拿起水壺準備一飲而盡的時候，看到了上面寫著這樣幾行字：「旅行者，在你發現這個水壺時，它也許只剩下半壺水了。你把這半壺水灌進抽水機中，井裏才能打出水來。記住，走之前把水壺灌滿。」

他小心地拔開塞子，果然看到半壺清水。望著水，他猶豫起來，是馬上倒進乾渴的喉嚨？還是照紙上所寫倒進抽水機？如果倒進抽水機而打不出來水，自己豈不渴死？

最終，他果斷地拿起水壺，倒進了抽水機。然後，他果然打出了清冽的泉水。

旅行者痛快地喝了個夠，一種由衷的幸福從心裏洋溢開來。

休息了一會兒，他把水壺裝滿水，蓋上塞子。然後在紙條上加了幾句話：「請相信我，紙條上的話是真的，你只有先捨得半壺水，才能打出滿壺的水來。」

一位高人曾說：「捨得，捨得，只有捨，才能得。」是啊，捨與得是緊緊地聯繫在一起的。在人生的長河中，人們常常面臨著捨與得的考驗。

給予和接受存在於人際關係中的所有內容中。給予產生接受，接受又產生給予。上升之物必會降落，輸出的也必定會回歸。

每一顆種子都蘊涵著千木成林的諾言，但是不能把種子儲存起來，必須還之於肥沃的土地。你給予越多，你獲得越豐。

事實上，**生命中一切有價值的東西，只會在給予時才能變出萬千種**。在給予中沒有變化的東西既不值得給予，也不值得接受。如果在給予別人時你若有所失，那麼，這種給予不是真正的給予，因而也就不會有所提升。

如果你勉為其難地給予，這種給予便失去了意義。你在給予和接受當中所懷的意願是最為重要的，你的意願應該總是為給予和接受者都創造出快樂。

當給予是無條件和真誠的時候，回報也是成正比的。所以給予這一活動必須是充滿快樂的——你的精神務必在給予時產生快樂的感覺。這樣在給予背後的能量就會成倍地成長。

一個漆黑的夜晚，一位僧人看見巷子深處有盞小燈籠在晃動，身旁的人說：「瞎子過來了。」

僧人百思不得其解，問那個盲人：「既然您什麼也看不見，

為何挑一盞燈籠呢？」

　　盲人說：「黑夜裏，滿世界的人都看不見，所以，我就點燃了一盞燈。」

　　僧人若有所悟：「原來您是為別人照明呀！」

　　盲人卻說：「不，也是為我自己。雖然我是盲人，但我挑了這盞燈籠，既為別人照亮了路，也讓別人看到了我，這樣他們就不會在黑暗中碰撞我了。」

　　其實道理就這麼簡單：給予了別人，自己同樣有所獲得。只想「借光」，而不挑燈，那麼，你的人生將永遠在黑暗中穿行。

　　練習「給予法」就會易如反掌：如果你需要快樂，就給予別人快樂；如果你需要愛，學會付出愛；如果你需要別人的關注和欣賞，就先學會對別人關注和欣賞；如果你想物質上富有，先幫助別人富有起來。

　　事實上，得到最簡易的方法，是讓別人得到他們所要的。

　　這一原則同樣適用於個人、公司、社會和國家。如果你想幸福地擁有生命中一切美好的東西，那就學會祝福每個人都如意吧。

　　高EQ者往往在人生中收穫更多，正是由於他們懂得了給予的方式和力量。

五 微笑的力量

微笑具有很強的情緒感染力，它是一個非常主動的信號，這比應別人情緒要求而做出的反應要有力得多。微笑還傳達了這樣一個資訊：你是一位能接受我的微笑的人。

① 看守與微笑的囚犯

尼爾森是一位優秀的飛行員，他曾經有一段不尋常的經歷。

在參加西班牙內戰打擊法西斯的一次戰役中，他不幸被俘入獄。在獄中，尼爾森學會了抽菸。

有一次，當他摸出一根香菸，但是沒有找到火柴。沒辦法，尼爾森鼓足勇氣向看守借火。看守惡狠狠地瞪他一眼，冷漠地拿出火柴。

當看守走過來幫尼爾森點火時，兩人的眼光無意中接觸了。尼爾森下意識地對著看守微笑一下。

尼爾森也不知道自己為何要對他微笑，也許是顯示友好吧。然而，就在這一刹那，這抹微笑打破了兩人心靈之間的隔閡。

像受到了微笑的感染，看守的臉上也露出了一抹不易覺察的微笑。

他點完火後並沒有立刻離開牢房，眼睛和善地看著尼爾森，眼神也少了當初的凶氣。臉上仍然帶著微笑，尼爾森也以微笑回應，彷彿他是個朋友。

「你有小孩嗎？」看守先開口問。

「有，你看。」尼爾森拿出皮夾，手忙腳亂地翻出了全家福

照片。

看守也掏出照片，並且開始講述他與家人的故事。

此時，尼爾森的眼中充滿淚水，說他害怕再也見不到家人，怕沒有機會看到孩子長大……

看守聽了以後流下了兩行眼淚，突然，他打開牢門，悄悄帶尼爾森從後面的小路逃離監獄。他示意尼爾森儘快離去，之後便轉身走了，不曾留下一句話。

若干年後，尼爾森回憶說，如果不是那一個微笑，他不知能不能活著離開監獄。微笑竟然救了他一命。

真誠的微笑如春風化雨，潤人心扉。微笑的人給人的印象是熱情、富於同情心和善解人意。你在出門前對鏡子笑一下，自己就會獲得好心情和動力。

微笑其實很簡單，對於微笑的理解是：沒有人富，富到對它不需要；沒有人窮，窮到給不出一個微笑。

你的笑容就是你好EQ的信使，你的笑容能照亮所有看到它的人。

對那些整天都皺眉頭、愁容滿面、視若無睹的人來說，你的笑容就像穿過烏雲的太陽。尤其對那些受到上司、客戶、老師、父母或子女的壓力的人，一個笑容能使他們瞭解到，一切都是有希望的，世界上是有歡樂的。

弗萊奇在他為歐本·海默和卡林公司製作的一則廣告中，毫不吝嗇地對微笑予以讚美：

它不花什麼，但創造了很多成果。

它豐盛了那些接受的人，而又不會使那些給予的人貧苦。

它產生在一剎那之間，但有時給人一種永遠的記憶。

沒有人富得不需要它，也沒有人窮得不會因為它而富裕起來。

它在家中創造了快樂，在商界建立了好感，而且是朋友間的口令。

它是疲倦者的憩站，沮喪者的白天，悲傷者的陽光，又是大自然的最佳良藥。

但它卻無處可買，無處可求，無處可借，無處可偷，因為在你把它給予別人之前，沒有什麼實用的價值。

而假如在耶誕節最後一分鐘的匆忙購物中，店員累得無法給你一個微笑時，就請你留下一個微笑。

因為不能給予微笑的人，最需要微笑了！

因此，如果你要別人喜歡你的話，請遵守這一條規則：

「微笑」。

從心底發出的微笑，它能傳達許多情緒資訊，它似乎在對人說：我喜歡你，我是你的朋友，也請你喜歡我。

微笑具有很強的情緒感染力，它是一個非常主動的信號，這比應別人情緒要求而做出的反應要有力得多。因此，微笑還傳達了這樣一個資訊：你是一位能接受我的微笑的人。

心理學家分析後認為，如果你對他人微笑，對方也會回報以友好的笑臉，但在這回應式的微笑背後，有一層更深的意義，那便是對方想用微笑告訴你，你讓他體會到了幸福。

由於我們的微笑，使對方感覺到自己是一個值得他人表示好感的人，從而有一種被肯定的幸福感。所以他也會快樂地對你微笑，這便是為什麼微笑那麼容易互相感染。

密西根大學心理學教授米柯納的研究表明，面帶笑容的人，比起緊繃臉孔的人，在經營、推銷以及教育方面更容易取得成效。笑臉比緊繃的面孔，藏有更豐富的情報，因而更有感染力，更有可能在人際互動中採取主動。

師生之間，夫妻之間，親子之間，上下級之間莫不如此。研究證實，彼此相互微笑的人，他們動作也協調。動作與生理反應協調，彼此之間越覺得融洽、愉快而且情緒高昂，相處十分自在。

既然微笑有這麼大的魅力，為何還有許多人一直都繃著一張臉，不輕易向人展示笑容呢？

其中主要的原因，是他們想抑制住自己內心的真實感情。他們從小便接受這樣的觀念：「向他人洩露自己的真實情感，是一種不成熟幼稚的表現，是一件讓人感到羞恥與尷尬的事情。」

因此，許多人努力把自己的情感深深地隱藏起來，不讓人洞悉自己的內心世界，久而久之，面部肌肉僵硬，變成了一個不會快樂微笑的人，一個對任何人都擺上一副撲克臉的不受歡迎的人。

具有感染力的微笑是發自內心的，真誠的，那麼，怎樣才能產生具有感染力的笑容呢？

每天清晨洗臉的時候，順便對著鏡子練習。多想一些愉快的事物，或令你有成就感的事物，並學會把這種感情表現在臉上。

然後你帶著愉悅的心情，收緊下巴，深深地呼吸，抬頭向前，走出家門。碰到朋友時，以笑臉相迎，握手時要用力。不必擔心會遭到誤解和嘲笑，在內心不斷重複快樂的信念。這樣，你周圍的人或事便會如你期待的那樣順心合意。

微笑可以改變他人的情緒與反應，每天早晨站在鏡子前面練

習微笑，在短時間內你的性格就會有所改變，你會發現，你漸漸地能傳達自己的情緒，並影響他人，使自己與他人建立友好的關係。

微笑可以產生放鬆的身體狀態，而放鬆的生理狀態與緊張的情緒狀態是不相容的。因此，當你綻開笑容，愉快的情緒會隨之面來。

美國著名的心理學家、哲學家威廉·詹姆士曾說過：「動作與感情是並行的，動作可以由意志直接控制，可是感情卻不行，必須先調整動作，才能夠間接地調整感情。我們是因為跑而害怕，笑而愉快的……」

感情不伴隨動作，是空洞和支離破碎的，微笑這個動作可喚起友好的情感。瞭解了笑容的生理心理基礎之後，微笑就變得容易多了。

讚美別人時，微笑會幫助你的讚美詞更加有份量；懇求別人時，微笑會使對方無法拒絕你；接受別人的幫助時，微笑會幫你表達加倍的謝意；當你無意傷害了對方時，微笑會替你傳達善意，減輕對方痛苦。

微笑，在人際交往中，對於傳遞具有影響力的情緒起了不容忽視的作用，它大大地提高了你的人際EQ。

那麼，從今天起開始微笑吧。

② 讓人們看到你最美麗的一面

微笑可以幫我們扭轉氣氛，它是友好的標誌，是融合的橋樑。微笑可以化干戈為玉帛，協調人與人之間的關係，更可以創造快樂的氣氛。

　　一位顧客從食品店裏買了一袋食品，打開一看，都發黴了。他怒氣沖沖地找到店員：「你們店裏賣的什麼東西，都發黴了！你們這不是拿顧客的健康開玩笑嗎？」

　　幾位顧客聞聲而來。店員卻面帶笑容，連聲說：「對不起，對不起。沒有想到食品會壞，是我工作失誤，非常感謝您給我們指出來，您是退錢還是換一袋呢？」面對誠懇的微笑，顧客還能說些什麼呢？

　　微笑是一種武器，是一種尋求和解的武器。一對鬧翻的朋友又碰面了，兩人先是很尷尬，最後都微笑了，並握了手，不用言語，一切不歡盡皆散去。

　　難以用語言表達心境的情況下，笑，是最好的交流工具。一些不懂得利用微笑價值的人，實在是很不幸的。要知道，微笑在交往中能發揮極大的效果，無論在家裏，在辦公室，甚至在途中遇見朋友，只要你不吝微笑，立刻就會顯示出你優秀的一面。

　　對於一個高EQ者來說，微笑是不可缺少的。

　　一天，布恩去拜訪一位客戶，但是很可惜，他們沒有達成協定。布恩很苦惱，回來後把事情的經過告訴了經理。

　　經理耐心地聽完布恩的講述，然後說：「你不妨再去一次，但要調整好自己的心態，要時刻記住運用你的微笑，用微笑打動對方，讓他看出你的誠意。」

　　布恩試著去做了，他把自己表現得很快樂、很真誠，微笑一直洋溢在他的臉上。結果對方也被布恩感染了，很愉快地簽訂了合約。

　　布恩已經結婚十八年了，每天早上起來去上班，很少對太太笑，或對她說幾句溫柔的話。既然微笑能在商場中發揮如此大的

作用，布恩就決定在家庭中試一試。

第二天早上，布恩把臉上的愁容一掃而空，對著太太微笑。吃早餐時，他向太太問候：「早安，親愛的！」太太驚愕不已。從此以後，布恩在家得到的幸福比過去兩年還多。

布恩上班時，對大樓門口的電梯管理員微笑著；跟大樓門口的警衛熱情地打招呼；站在交易所裏對著那些從未謀面的人微笑。布恩很快就發現，每一個人同時也對他報以微笑。他以一種愉悅的態度，對待那些滿腹牢騷的人，一面聽他們的牢騷，一面微笑著，於是問題就容易解決了。

由微笑開始，布恩學會了賞識和讚美他人，不再蔑視他人。他停止談論自己所需要的，試著從別人的觀點來看事情。這一切改變了他的生活，使他變成了一個完全不同的人，一個更快樂的人，一個在友誼和幸福方面很富有的人。

微笑就是EQ的美麗外衣，你的笑容就是你如意的信差，能照亮所有看到它的人。

③ 用微笑解決問題

所有的人都希望別人用微笑去迎接他，而不是橫眉冷對，冷漠阻礙了心靈的溝通和思想的交流。所以，許多公司在徵聘員工時，以面帶微笑為第一條件，他們希望自己的職員臉上掛著笑容，把自己和公司推銷出去。

美國聯合航空公司宣稱，他們的天空是一個友善的天空、微笑的天空。的確如此，他們的微笑不僅僅在天上，在地面就已經開始了。

一位叫珍妮的小姐參加聯合航空公司的徵聘，她沒有任何關

係，完全是憑著自己的本領去爭取，結果她被錄取了。你知道原因是什麼嗎？因為珍妮小姐臉上總帶著微笑。

令珍妮驚訝的是，面試的時候，主試者在講話時總是故意把身體轉過去背著她，不要誤會這位主試者不懂禮貌，而是他在體會珍妮的微笑，感覺珍妮的微笑，因為珍妮的工作是透過電話工作的，是有關預約、取消、更換或確定飛機航行班次的事情。

那位主試者微笑著對珍妮說：「小姐，你被錄取了，你最大的資本是你臉上的微笑，你要在將來的工作中充分運用它，讓每一位顧客都能從電話中體會出你的微笑。」

雖然可能沒有太多的人會看見她的微笑，但他們透過電話，可以知道珍妮的微笑一直伴隨著他們。

一個真心的微笑，不管是從眼睛看到的或從聲音裏聽到的，都是一個很好的開端。

有時，微笑甚至可以使人成功。

有一次，底特律的哥堡大廳舉行了一次巨大的汽艇展，人們蜂擁而至，選購各種船隻。在展覽中，一位來自中東的富翁，對站在他面前的推銷員說：「我想買一艘價值二千萬美元的汽艇。」

對一個推銷員來說，這是求之不得的事情。可是，推銷員只是冷冷地看著這位顧客，以為他是一個瘋子，不予理睬，臉上冷冰冰的，沒有一絲笑容。

富翁無趣地離展售台，走到了另一艘陳列的汽艇前。這次他受到了一個年輕推銷員的熱情接待。

推銷員臉上掛滿了熱情的微笑，富翁被他的熱情感染了，他

說：「我要價值二千萬美元的汽艇！」推銷員臉上依然掛著微笑說道：「那好，我為你介紹我們的系列汽艇。」簡單的附和便達成了一筆大買賣。

富翁很快便簽了一張五百萬美元的支票作為訂金，他對這位推銷員說：「你很不錯，你不但推銷了你的產品，你還用微笑推銷了你自己。明天我會帶一張一千五百萬美元的支票過來。」

微笑的影響是很大的，即使它本身無法看到。遍佈美國的電話公司有個專案叫「聲音的威力」。在這個專案裏，電話公司建議你在接電話時要保持笑容，而你的「笑容」是由聲音來傳達的。

微笑真是無價之寶，不僅能讓你建立良好的人緣，更能給你帶來獲得財富和成功的機會。

六　真誠的讚美

EQ高和懂得移情的人總是記得，別人的讚賞曾經給予他們多麼大的快樂，他們也總是記得，在萎靡不振時，別人的一句讚美曾給予他們多大的幫助。

① 高情商者贏得信賴的法寶

一個可怕的暴風雨和雷電交加的晚上，蒸汽渡輪「埃爾金淑女號」撞上一艘滿載木材的貨輪。

船在漸漸沉沒，船上三百名乘客全部掉入密西根湖水之中。他們拚命掙扎著等待救援。

一位名叫史賓塞的年輕人奮勇跳入冰冷的湖水中，一次又一次救出溺水者。當他從寒徹入骨的湖水中救出第十七個人之後，終因筋疲力盡而虛脫，再也無法站起來。

從此之後，他在輪椅上度過了自己的餘生。

多年後，一家報紙採訪他，問到那晚之後最難忘的是什麼，史賓塞的回答是：「十七個人當中，竟沒有一個人向我說聲謝謝。」

那位因奮力救人而把自己餘生放進輪椅的青年，他所要的不僅是一聲謝謝，而是對他人格和行為的讚美，然而他失望了。

地球上有三十億人每晚餓著肚子睡覺，有四十億人在每晚睡覺前，渴望得到一句讚美和肯定的話，然而有多少人得到了呢？

記著，把心中的讚美說出來，也許因為你一句讚美的話，就

會有一個人毋需伴著破碎的心和受傷的靈魂入睡。

讚美和認可在交往中也很重要，它是打開影響力通道的第一步。

人們對於讚揚和認可總是不設防的，往往一句簡單又看似無心的讚揚，就是良好關係的開端，人與人的距離由此而拉近。

在未來施加影響的過程中，讚美總是能有效地發揮到激勵和調節情緒的作用。當別人自卑時，用他的某部分優點鼓勵他；當別人有過失的時候，用讚揚使其恢復自信和自尊，由此建立患難真情；當別人開始抵觸時，嘗試用讚美建立雙方的共同立場，減少對立。

讚揚別人是給予的過程，EQ高和懂得移情的人總是記得，別人的讚賞曾經給予他們多麼大的快樂，他們也總是記得，在萎靡不振時，別人的一句讚美曾給予他們多大的幫助。

他們同樣記得，別人的讚揚，曾經多麼神奇地幫助自己克服了自卑情結，他們認識到，周圍的人也都渴望別人的欣賞和讚揚。所以聰明的人從不吝惜自己真誠的讚美。

一個能夠慷慨給予別人讚美和認可的人，一定是一個充分自信的人，他們從不認為讚美別人是助長他人的氣勢。

他們從不擔心給了別人亮，遮住了自己的光。因為他堅信自己是太陽，是光和熱的源泉，故而從不吝惜給予別人溫暖，也從不吝惜用自己的光來照亮別人。他可以創造一個充滿鼓勵的環境，其中的人們會舒心開懷。

許多成功者靠讚美別人脫穎而出。

英國石油公司的總裁布朗勳爵當時被層層提拔，很快就進了CEO的候選班，然後又榮升公司的總裁職務。後來，英國石油公司在世界石油市場上獨佔鰲頭，布朗立下了汗馬功勞。

在很多場合下，布朗將其成績歸功於前任總裁，是他選拔了他，並讓他獨當一面。於是有人問前任總裁，當時他是怎樣看中布朗勳爵的。

前任總裁回答說：「布朗總能在許多出色的人中間脫穎而出，而且，他總能吸引很多出色的人到他身邊，他從來不怕被埋沒在聰明人堆裏。顯然，他總有信心有能力成為其中最出色的，而且，他更知道如何利用自己的讚美來網羅優秀的人才。」

讚美要讓他人知道，只有表現出來的讚美，才能感染別人的情緒。

讚美是以真誠為基礎的，是對別人的付出表示敬佩或謝意的一種表達。恭維是假的，就像假鈔一樣，如果你要使用，最後總會使你惹上麻煩。

讚賞和恭維到底有什麼區別呢？很簡單，一個是真誠的，另一個是不真誠的；一個出自內心的，另一個是出自牙縫的；一個為天下人所喜歡，一個為天下人所不齒。

在墨西哥城的查普特培克宮，卡內基見到了一尊奧布里岡將軍的半身像。在那座半身像之下，刻著奧布里岡將軍的哲學智慧之語：

「別擔心攻擊你的那些敵人，要擔心恭維你的那些朋友。」

英王喬治五世，在他白金漢宮書房的牆上展示著一幅六句的格言，其中有一句是：

「教我如何不奉承也不接受廉價的讚美。」恭維就是廉價的讚美。

讚美絕不是單方面的給予和付出，讚美別人，是學習別人優點和長處的過程，是與人交流時和諧溝通的過程，也是心胸氣度的培養過程。

在讚美聲中，傳遞的是情感和思想，表達的是善意和熱情，化解的是有意無意間與人形成的隔閡與摩擦。

在讚美聲中，別人的精神感染著你，別人的榜樣鼓舞著你，送一點讚美給別人，你的世界會一片燦爛。

讚美猶如心理的空氣，沒有空氣，人類無法生存。人類最渴望的就是精神上的滿足——被瞭解、被肯定和賞識。對人來說，讚美就如同溫暖的陽光，缺少陽光，花朵就無法開放。

如果你發現了別人的長處，就大膽地告訴他。嘉勉要誠懇，讚美要大方，要真誠而不要虛偽。

每個人都有優點，讚美別人會使得對方各方面的情緒得到調動，從而向你展示最好的一面，發揮出他最大的優勢。

如果每個人都可以把這一點做得很好，相信人與人之間的矛盾就會減少，關係也會融洽很多。同時，可以更多地學習別人的優點和長處，使自己在各方面得到完善和提高。

② 給管理者的忠告：讚美

洛克菲勒曾經說過：「要想充分發揮員工的才能，方法是讚美和鼓勵。一個成功的領導者，應當學會如何真誠地去讚許人，誘導他們去工作。我總是深惡挑人的錯誤，而從不吝惜說他人的好處。事實也證明，企業的任何一項成就，都是在被嘉獎的氣氛下取得的。」

真誠地讚賞他人，是洛克菲勒取得成功的秘訣之一。

有一次，洛克菲勒的一個合作夥伴在南美的一宗生意中，使公司蒙受了一百萬美元的損失。

洛克菲勒不但沒有責備他，反而說，你能保住投資的60％已是很不容易的事。這令合作夥伴大為感動，在下一次的合作中，

他獲得了很大的利潤，並挽回了上次的損失。

許多心理試驗顯示，讚揚對於強化人的行為具有重要的作用。因此，它是激勵員工的有效手段之一。

讚美為什麼能產生如此大的效用呢？新喬治州大學的心理學教授亨利·格達德曾經作過一個有趣的測試，他設計了一種測量疲勞程度的能量測定儀。

當他對疲倦的孩子一些讚美時，能量測定儀上的指數急速上升；相反，當斥責孩子時，指數便會突然下降。

雖然關於讚美效力的生理機制，還未有明確的研究結果，有人假設可能與啟動情緒中樞杏仁核，促使激素分泌，提高整個機體的活動水準有關。雖然有待進一步考證，但讚美效力的存在是毋庸置疑的。

從EQ的角度來講，讚美可使他人處於一種積極愉快的情緒狀態。對於人來講，最基本的情感需要便是被肯定、被尊重，公司、企業的員工照樣也不例外。

尼古拉斯曾對幾千名銷售人員和管理人員進行過調查，要他們依次回答，對於銷售人員，什麼是最為重要的因素。

結果，銷售人員幾乎毫無例外地選擇了「工作成績被肯定」這一點，而管理者們認為它頂多只能排在第七位。雙方認識上的差異顯而易見。

調查結果還證實，能對員工的功勞給予恰當的重視與肯定的管理人員，其管理績效也是較好的。

有的管理者為何吝惜給予讚美呢？列維森指出，缺乏同感這一情緒能力的人吝於讚美下屬。

從過去來看，曾經有很長一段時間，在企業管理階層有實權的人，必定是擅長操縱控制他人，以及深信競爭殘酷的人。

如今，企業界發生了巨大的變化，理性至上的管理風格，已不再適合日益國際化、資訊化和科技化的企業，EQ已成為市場競爭致勝的新法寶，和諧的人際關係，團結合作的企業精神，高昂飽滿的士氣已成為未來企業的特徵。

許多企業管理人員認為，去瞭解下屬的感受是荒謬而不理智的，這會影響到企業目標的實現，因為要管理員工，一定要在情感上保持距離，樹立威信。

那麼，作為一個管理者，在讚美員工時需要注意哪些技巧呢？

首先應當注意分寸。企業員工都具有分辨力，虛假、誇大的讚美往往會起到相反效果，不僅無法保持領導者的威嚴，更無法起到激勵的作用。

其次，讚美要具體，針對員工的特定工作進行表揚。管理者應該說的是：「你今天的會議記錄做得很好。」「你提交的報告很有創造性與建設性。」而不是「今天你的表現很好」。

養成讚美員工行為表現的習慣，可以避免領導者因為偏見或袒護而引起誤差，也可使員工明白自己哪種作法是正確的，若能舉出員工的一些個性優點來，會更發揮出激勵的作用。

讚揚要公開化，這與要私下批評是恰好相反的，但道理卻是同樣的。讚揚一定要及時，及時的回饋是強化人們行為的關鍵環節。

有一句著名的古話是：讓他人做你想要他做的事，最好的辦法是讓他認為這件事是他自己想做的。讚美讓你做到這一點。

可見，讚美對於企業管理來說是多麼重要。

七　馬麗亞的傳奇人生

一句鼓勵的話，會使人重新估價自己的能力和信心，重新審視注意所要完成的任務，情緒狀態會提升，使大腦的活動水平提高，從而能更好地完成任務。

一八二三年，在英國南部城市威爾斯的一個小城鎮，一戶窮困潦倒的農家，一個瘦小的女嬰呱呱墜地。她不合時宜的降臨，在愁眉不展的父母看來，只是讓本已窮困的家中又多了一張吃飯的嘴。

更讓父母苦惱的是，女孩兩歲那年，左臉上突然生出一顆指甲大的黑痣，讓她那張本來就不大好看的臉，變得更醜陋了。

來自親人和周圍人們的歧視的目光，讓從小自卑感就很重的女孩變得更加抑鬱了，她常常久久地望著遠方發呆。父母也不喜歡她了，只讓她念了四年書，便讓她去一家農場做工。

女孩默默地聽從了父母的安排，每天除了拼命地工作，一有空閒，她就躲到一個角落裏，癡迷地讀著能夠找到的各種書籍，似乎只有沉浸在書籍的海洋中，她才可以忘卻生活中那無盡的煩惱。如果不是因為一句突如其來的鼓勵，她十有八九會像許多貧苦農家孩子一樣，默默無聞地走過淒苦的一生。

女孩命運的改變是她十三歲那年的春天。

一位赫赫有名的牛津大學的哲學家，偶然在她家農場草場旁，看到了正在全神貫注讀書的女孩，他毫不懷疑地對身旁的人說：「哎呀，這個小女孩雙目有神，心智非凡，將來肯定是這

個小鎮上最有出息的人。她臉上的那顆黑痣，其實是一顆幸運星。」

真的嗎？哲學家本是想鼓勵一下女孩，沒想到他的話像一塊巨石，砸在了女孩的父母和眾人平靜的心海，他們不約而同地打量起平時誰都不願意多瞧幾眼的女孩。

許多事情就從那時突然變得奇怪起來——醜醜的女孩雖然沒有一下子美麗多少，但可愛許多。眾人紛紛搜尋了許多的旁證，來附和哲學家的判斷，以證明女孩的確與眾不同。

眾口一致的鼓勵和讚賞，深深地鼓舞了女孩的父母，女孩臉上的那顆討厭的去不掉的黑痣，在父母的眼裏也陡然成了一種智慧的象徵。

接下來，一連串的幸運降臨到女孩的頭上——本鎮最好的學校主動邀請她免費入學，一位大農場主主動登門認她為乾女兒，為她提供了最好的讀書條件，並幫助她們一家走出了貧困的陰影。

女孩陷入了眾人羨慕和激勵的包圍中，一天天地自信、開朗起來，她的學習成績一年比一年優異，還成了校園裏的活躍分子，她的組織能力在同學中間出類拔萃。女孩臉上的那顆黑痣又擴大了一點兒，但這並沒有妨礙許多英俊的男士頻頻向她示愛，她真的由醜小鴨變成了美麗的天鵝。

後來，女孩取得了康橋大學的博士學位，成了著名的愛丁堡大學當時最年輕的女教授，她還是很有影響力的社會家，再後來，她做了倫敦市的市長助理。

隨著時光的流逝，幾乎沒有人記得女孩卑微的出身和她淒慘的童年，人們把更多的敬慕和讚賞，投給了一步步邁向更大成功的女孩。

女孩三十五歲那年突然病逝，許多人不禁扼腕痛惜，因為她即將被提名為皇家科學院院士。後來，一位醫生道出了女孩死亡的原因——是女孩臉上的那顆黑痣發生了癌變，癌細胞侵入了她的腦組織。

但此時，已經沒有人在意這一點了，人們到處傳頌的是女孩臉上的那顆黑痣，乃是上帝賜予的，象徵智慧和才幹的幸運星，人人都在羨慕女孩，都在渴望自己也擁有那樣一顆神奇的黑痣。

這就是聖安·馬麗亞近乎傳奇的人生故事，它如此真實地告訴人們鼓勵的含義。

本來只是一顆不幸的黑痣，竟然因為不經意的鼓勵，轉瞬間便被附著一股神奇的魔力。人生的不幸，也成了成功攀登的台階，並由此讓卑微的小女孩有了輝煌的一生。

為什麼鼓勵能產生如此大的效果呢？心理學家分析，在人需要鼓勵的時候，往往處於情緒低落期，而情緒會影響人們的行為，情緒越低落，便越少把注意力投注在所要從事的事業上，從而任務完成得越糟糕，更進一步產生無能感，陷入更低落的情緒之中。

此時，若有一句鼓勵的話，便會重新估價自己的能力和信心，重新審視所要完成的任務，情緒狀態會提升，使大腦的活動水平提高，從而能更好地完成任務。

因此，鼓勵是很有效的一種改變、引導他人情緒狀態的方法。**一位哲人曾說過：「如果你要改變一個人而又不冒犯或引起反感，那麼鼓勵將是一劑最佳良方。它使你要對方做的事很容易做到。」**

八 鼓勵可以傳染

鼓勵可以傳染，你受到了鼓勵，就會去鼓勵別人，由此會形成鼓勵的鏈條，人與人之間的關係將大大改善。

美國有一家公司，專門生產精密儀器和自動控制設備。創業初期，在技術改造上碰到了難題，若不及時解決就會影響企業存亡。

一天晚上，正當公司總裁為此冥思苦想時，一位科學家闖進了辦公室闡述了他的解決辦法。

總裁聽完，覺得其構思確實非同一般，便立即給予了言語上的鼓勵。總裁覺得還應該給予物質上的鼓勵，他在抽屜中翻了老半天，最後拿出一件東西，躬身遞給科學家說：「這個給您！」

這東西僅僅是一根香蕉別針，這是他當時所能找到的唯一的獎品了，而科學家也為此感動。因為他所取得的成果已得到了上司的承認，從此以後，一旦有技術人員克服重大技術難題，該公司就獎勵他一隻金製香蕉形別針以資鼓勵。

公司總裁在沒有別的東西，只有一根香蕉別針時也要拿出來作為鼓勵獎品，這樣做至少有兩個好處：

一·是員工的行為受到肯定後，有利於他繼續重複所希望出現的行為。這正如小孩學走路時，當他走出了步態並不雅的第一步後，就立即鼓勵他走出第二步、第三步，直到他真正學會走路為止。

二‧是使其他人看到，只要按制度要求去做，就可以立刻受到鼓勵，這說明制度和上司是可信賴的，因而大家就會爭相努力，以獲得肯定性的鼓勵和獎賞。

你鼓勵什麼就得到什麼，接受鼓勵時的表現，影響再受到鼓勵的數量。為得到更多的鼓勵，就要對鼓勵你的行為加以鼓勵。

比如別人說：「你選擇的衣服很適合你。」你回答：「不，這簡直是破爛。」你將難以再從此人口中聽到讚美之詞。

女士對男士說：「你從來沒有說過你愛我。」男士在壓力下馬上說：「我愛你。」女士卻說：「你撒謊。」可想而知，以後該男士再難以把「愛你」說出口。

老闆給員工加了5％的薪資，員工抱怨：「那也叫加薪？」結果以後可能一點都不會再加薪。

所以對鼓勵你的行為給予鼓勵，你將受到更多的鼓勵。

混沌理論說：在微妙生存的環境當中，任何微小的變化，只要它不斷地進行下去，就能造成巨大的改變。

鼓勵也是可以傳染的，你受到了鼓勵，心情就好；你的心情好，會對別人寬容，就會嘉獎別人。如果你希望有更多的鼓勵，就去鼓勵別人，由此會形成鼓勵的鏈條，人與人之間的關係將大大改善，創造一個充滿鼓勵的輕鬆環境。

九 激戰的士兵為什麼停火

　　成功的領導者或表演者，能夠使千萬人隨著他的情緒共舞，拙於傳遞或接收情緒資訊的人，在人際關係互動上總是滯礙難行。

　　越戰初期，一個排的美國士兵在一處稻田與越軍激戰，這時，突然出現了六個和尚，他們排成一列走過田埂，毫不理會猛烈的炮火，十分鎮定地一步步穿過戰場。

　　美國兵大衛‧布西回憶道：「這群和尚目不斜視地筆直走過去，奇怪的是竟然沒有人向他們射擊。他們走過去以後，我突然覺得毫無戰鬥情緒，至少那一天是如此。其他人一定也有同樣的感覺，因為大家不約而同停了下來，就這樣休兵一天。」

　　這些和尚的處變不驚，在激戰正酣時竟澆熄了士兵的戰火，這正顯示人際關係的一個基本定理：情緒會互相感染。

　　這當然是個極端的例子，一般的憎愛分明沒有這麼直接，而是隱藏在人際接觸的默默交流中。在每次接觸中彼此的情緒正相交流感染，彷彿一股不絕如縷的心靈暗流，當然並不是每次交流都很愉快。

　　這種交流往往細微到幾乎無法察覺，譬如說，同樣一句「謝謝」，可能給你憤怒、被忽略、真正受歡迎、真誠感謝等不同的感受。情感的感染是如此無所不在，簡直讓人歎為觀止。

　　在每一次人際接觸時，人們都在不斷傳遞情感的資訊，並

以此資訊影響對方。社交技巧愈高明的人愈能自如地掌握這種資訊。社交禮儀其實就是在預防情感的不當洩露破壞人際關係和諧，但將這種禮儀運用在親情關係上，必然讓人感到窒息。

情感的收放正是EQ的一部分，受歡迎或個性迷人的人，通常便是因為情感收放自如，讓人樂於與之為伍。善於安撫他人情緒的人更握有豐富的社交資源，其他人陷入情感轉變機制，只是有時變好有時變壞。

情緒的感染通常很難察覺，專家做過一個簡單的實驗，請兩個實驗者寫出當時的心情，然後請他們相對靜坐等候研究人員到來。

兩分鐘後，研究人員來了，請他們再寫出自己的心情。注意這兩個實驗者是經過特別挑選的，一個極善於表達情感，一個則是喜怒不形於色。實驗結果，後者的情緒總是會受前者感染，每一次都是如此。

這種神奇的傳遞是如何發生的？

人們會在無意識中模仿他人的情感表現，諸如表情、手勢、語調及其他非語言的形式，從而在心中重塑對方的情緒。這有點像導演所倡導的表演逼真法，要演員回憶產生某種強烈情感時的表情動作，以便重新喚起同樣的情感。

日常生活的情感類比是很難察覺的，研究者發現，人們看到一張微笑的臉時，會感染同樣的情緒，這可以從臉部肌肉的細微改變得到證明，但這種改變須透過電子儀器偵測，肉眼是看不出來的。

情緒的傳遞通常都是由表情豐富的一方，傳遞給較不豐富的一方，也有些人特別易於受感染，那是因為他們的自主神經系統非常敏感，因此特別容易動容，看到感人的影片動輒掉淚，和愉

快的人小談片刻便會受到感染，這種人通常也較易產生同情心。

俄亥俄州大學社會心理生理學家約翰‧卡西波在這方面有相當深入的研究。

他指出，看到別人表達情感就會引發自己產生相同的情緒，儘管你並不自覺在模仿對方的表情。這種情緒的鼓動、傳遞與協調，無時無刻不在進行，人際關係互動的順利與否，便取決於這種情緒的協調。

觀察兩個人談話時身體動作的協調程度，可瞭解其情感的和諧度。諸如適時的點頭表示贊同，或兩人同時改變坐姿，或是一方向另一方傾斜，甚至可能是兩個人以同樣的節奏搖動椅子。這種動作的協調，與史登所觀察到的母子關係有異曲同工之妙。

動作的協調有利於情緒的傳送，即使是負面的情緒也不例外。

有人做過下面的實驗：請心情沮喪的女士攜同男友到實驗室討論兩人的情感問題，結果發現，兩人的非語言資訊一致，討論完後男友的情緒也開始變糟起來，顯然他已感染了女友的沮喪。

師生之間也有類似的情形，研究顯示，上課時師生的動作愈協調，彼此之間覺得愈融洽、愉快而興趣高昂。

一般而言，動作的高度協調表示互動的雙方彼此喜歡。從事上述實驗的心理學家法蘭克‧柏尼瑞說：「你與某人相處覺得是否自在，其實與生理反應有關，動作協調才會覺得自在。」

簡而言之，情緒的協調是建立人際關係的基礎，這與前面所說的親子情感的調和並無不同。人際關係的好壞與情感協調能力很有關係。如果你善於順應他人的情緒或使別人順應你的步調，人際關係互動必然較順暢。

成功的領導者或表演者，能夠使千萬人隨著他的情緒共舞，

拙於傳遞或接收情緒資訊的人，在人際關係互動上總是滯礙難行，因為別人與其相處感到極不自在，雖然他們可能說不出任何理由。

　　人際互動中決定情感步調的人，自然居於主導地位，對方的情感狀態將受其擺佈。

　　譬如說，對跳舞中的兩個人而言，音樂便是他們的生理時鐘。在人際關係互動上，情感的主導地位通常屬於較善於表達或較有權力的人。通常是主導者比較多話，另一人時常觀察主導者的表情。

　　高明的演說家、政治家或傳道者，極擅長帶動觀眾的情緒，誇張地說，就是調控對方的情緒於股掌之間，這正是影響力的本質。

十 高EQ的老人和盛怒的醉漢

面對一個憤怒的人，最有效的方式就是轉移他的注意，對他的感受表現同情心，進而引導他產生愉悅的感受。

如果說，安撫他人痛苦的情緒是社交技巧的表現，那麼，妥善對待一個盛怒中的人，可能是高難度的EQ表現。

泰瑞·道森所說的一個故事就是極佳的例子。

早年，道森離開美國去日本東京學習氣功。有一天下午，他乘坐地鐵回家，車上遇到一個酒氣沖天的壯碩男子，臉色陰沉沉地彷彿要打架滋事。

這個人一上車來就跌跌撞撞，只見他高聲咒罵，把一個懷抱嬰兒的婦女撞得跌倒在地，一對老夫婦嚇得奔逃到車廂另一端，一車人屏息著不敢出聲，都很害怕。

醉漢又繼續衝撞別人，但因醉得太厲害而失去理智，緊緊抓住車廂正中央一根鐵柱子，大吼一聲想將它連根拔起。

泰瑞每天練八個小時氣功，體能正處於最佳狀況，這時他覺得應該站出來干預，以免其他人無辜受傷。此時，其他乘客都不敢動彈，泰瑞候地站了起來。

醉漢一看見他便吼道：「好啊，一個外國佬，教你認識認識日本禮儀！」接著便作勢準備出擊。

就在此時，突然有人發出一聲宏亮而且愉快的聲音：「嗨！」

那彷彿是好友久別相逢的欣喜，醉漢驚奇地轉過身，只見一個年約七十歲身著和服的矮小日本老人。老人滿臉笑容地對醉漢招了招手說：「你過來一下！」

醉漢大踏步地走過去，怒道：「憑什麼要我跟你說話？」

泰瑞目不轉睛地注意醉漢的動作，準備情況不對時立刻衝過去。

「你喝的是什麼酒？」老人眼睛充滿笑意地望著醉漢。

「我喝清酒，關你什麼事？」醉漢依舊大吼大叫。

「太好了！太好了！」老人熱切地說，「我也喜歡清酒。每天晚上我都和太太溫一小瓶清酒，拿到花園，坐在木板凳上……」

接著，老人又說起他家屋後花園的柿子樹，然後老人愉快地問他：「你一定也有個不錯的老婆吧！」

「不，她過世了……」醉漢哽咽地開始說起他的悲傷故事，如何失去妻子、家庭和工作，如何感到自慚形穢。

老人鼓勵醉漢把所有的心事都說出來，只見醉漢斜倚在椅子上，頭幾乎是埋在老人懷裏。

情緒是可以感染的，憤怒是可以控制的。面對一個憤怒的人，最有效的方式可能就是轉移他的注意，對他的感受表現出無比的同情心，進而引導他產生較愉悅的感受，這種以柔克剛的道理與柔道相類似。

這就是高EQ的精彩表現。

Emotional Quotient

271

十一 贏得歡迎的妙招

　　一個高EQ者，往往能夠快速地贏得別人的好感，與人建立良好的關係，這是因為他們懂得展示自己性格的魅力。

① 對別人感興趣

　　人人都希望自己能受到別人的歡迎，但要做到這一點，並不是很容易的。

　　如果只想在別人面前表現自己，使別人對你感興趣的話，你將永遠不會有許多誠摯的朋友。真正的朋友，不是以這種方式來交往的。

　　已故的維也納著名心理學家亞德勒，他在一本叫做《人生對你的意識》的書中說道：「不對別人感興趣的人，他一生中的困難最多，對別人傷害也最大。所有人類的失敗都出於這種人。」

　　哲斯頓是被公認為魔術師中的魔術師。前後四十年，他到世界各地，一再地創造幻象，迷惑觀眾，使大家吃驚得喘不過氣來。哲斯頓從來未受過正規的學校教育，很小的時候他就離家出走，成為一名流浪者，搭貨車，睡穀堆，沿門乞討，坐在車中向外看著鐵道沿線上的標識時，他認識了字。

　　有人請教哲斯頓先生成功的秘訣，問他的魔術知識是否特別優越。哲斯頓說，魔術類的書已經有好幾百本，而且許多魔術師跟他懂得一樣多。但他有兩樣東西其他人則沒有。

　　第一，他能在舞台上把他的情感個性顯現出來。他是一個表

演大師，瞭解人類天性。他的所做所為，每一個手勢，每一個語氣，每一個眉毛上揚的動作，都在事先很仔細地預演過，而他的動作也配合得分秒不差。

除此之外，哲斯頓對別人感興趣。許多魔術師會看著觀眾，對自己說：「坐在底下的那些人都是一群傻子，一群笨蛋；我可以把他們騙得團團轉。」但哲斯頓完全不同。他每次一走上台，就對自己說：「我很感激，因為這些人來看我表演，我要把我最高明的手法表演給他們看。」

對觀眾感興趣，這就是一位有史以來最著名的魔術師成功的秘方。

如果你要交朋友，就要以高興和熱誠的情緒去迎合別人。當你接電話時，聲音要顯出你很高興他打電話給你。紐約電話公司在訓練他們的接線生時，口氣要顯露出愉快的心情：「您好，我很高興為您服務。」

如果你希望別人喜歡你，就要抓住其中的訣竅：瞭解對方的興趣，針對他所喜歡的話題與他聊天。

許多曾經拜訪過羅斯福的人，都會驚訝於他的博學。不論你是個小牛仔、政治家或外交官，他都能針對你的特長而談。其實這個道理很簡單，當羅斯福知道訪客的特殊興趣後，他會研讀這方面的資料以此作為話題。

羅斯福知道，抓住人心的最佳方法就是談論對方感興趣的事情。

華特爾先生是紐約市一家大銀行的員工，奉命寫一篇有關某公司的調查報告。他知道該公司董事長擁有他非常需要的資料。

於是，華特爾去見董事長，當他被迎進辦公室時，一個年輕的婦人從門邊探頭出來，告訴董事長，她今天沒有什麼郵票可給他。

「我在為我那十二歲的兒子蒐集郵票。」董事長對華特爾解釋。

華特爾說明他的來意，開始提出問題。董事長的說法含糊、概括，模稜兩可。很顯然，這次見面沒有實際效果。

華特爾先生突然想起了董事長感興趣的郵票，他同時想起，他們銀行的外事部從來自世界各地的信件上取下來的那些郵票。

第二天早上，華特爾再去找董事長，他說：「我有一些郵票要送給您的孩子，不知道他是否喜歡。」

「噢，當然。」董事長滿臉帶著笑意，客氣得很。

「我的喬治將會喜歡這些。」他不停地說，一面撫弄著那些郵票。「瞧這張，它真是漂亮極了。」

他們花了一個小時談論郵票，然後又花了一個多小時，華特爾獲得了他所想知道的全部資料——華特爾甚至都沒提議那麼做。董事長把他所知道的，全都告訴了華特爾，甚至傳喚他的下屬，補充一些事實和數字資料。

對一件事感興趣便是關注，帶有感情的關注便是關切。關切跟其他人際關係一樣，必須是誠摯的。關切是條雙向道，它的施與者和接受者都會受益。

馬汀·金斯柏曾提到，他十歲時，一位護士給他的關切深深地影響了他的一生。

「那天是感恩節，我住在一家市立醫院，預計明天就要動一次大手術。我父親已去世，我和媽媽住在一個小公寓裏，靠社會

福利金維生。而那天媽媽剛好不能來看我。

「那天，我完全被寂寞、失望、恐懼的感覺所壓倒。我知道媽媽正在家裏為我擔心，而且是孤零零的一個人，沒人陪她吃飯，甚至沒錢吃一頓感恩節晚餐。

「眼淚在我的眼眶裏打轉，我把頭埋進了枕頭下面，暗自哭泣，全身都因痛苦而顫抖著。

「一位年輕的實習護士聽到我的哭聲，就過來看看。她把枕頭從我頭上拿開，拭去了我的眼淚。她跟我說她也非常寂寞，因為她今天無法跟家人在一起。她問我願不願和她一同進晚餐。

「她拿了兩盤食物進來：有火雞片、馬鈴薯、草莓醬和霜淇淋甜點。她跟我聊天，並試著消除我的恐懼。雖然她本應四點就下班的，可是她一直陪我到將近十一點。她一直跟我玩，聊天，等到我睡了才離開。

「一生中，我過了許多感恩節，但這個感恩節永遠不會忘記。我清楚地記得，我當時沮喪、恐懼、孤寂的感覺，突然因一個陌生人的溫情而全部消失。」

美國最大的橡膠公司的董事長比洛說，一個人除非對自己的事業很感興趣，否則將很難成功。這位實業界的領袖對單靠寒窗苦讀就可成名的古訓並無信心：「我認識一些人，他們成功了，因為他們創業的時候滿懷興趣。後來，許多人變成了工作的奴隸，他們對工作的興趣喪失了，他們從中再也找不到成就感了，因此失敗了。」

確實，要想獲得成就感和滿足感，必須有耐久的興趣。所以，在與人相處時，你要盡量讓他明白，他是個重要人物。

任何人都喜歡那些欣賞和關心他們的人。

人是需要別人對他感興趣的。

② 記住別人名字

錫德‧李維拜訪了一個名字非常難念的顧客。他叫尼古德瑪斯‧帕帕都拉斯，別人都只叫他「尼古」。李維在拜訪他之前，特別用心地念了幾遍他的名字。

當他用全名稱呼他「早安，尼古德瑪斯‧帕帕都拉斯先生」時，他呆住了。過了幾分鐘，他都沒有答話。最後，眼淚滾下他的雙頰，他說：「李維先生，我在這個國家十五年了，從沒有一個人會試著用我真正的名字來稱呼我。」

記住別人的名字很重要，記住對方的名字，並把它叫出來，等於給對方一個很巧妙的讚美。若是把他的名字忘了，或寫錯了，在交往中會對你非常不利。

有時候要記住一個人的名字很難，尤其當它不太好念時。一般人都不願意去記它，心想：算了！就叫他的小名好了，而且容易記。

卡內基被稱為鋼鐵大王，但他創業之初對鋼鐵的製造懂得很少。他手下的好幾百人都比他瞭解鋼鐵。當時，卡內基可能記不住各類鋼材的型號，但他能記住不少下屬的名字。

卡內基在十歲的時候，就發現人們對自己的姓名看得十分重要。他利用這項發現，去贏得別人的合作。

他孩提時代在蘇格蘭的時候，有一次抓到一隻兔子，那是一隻母兔。他很快發現了一整窩的小兔子，但他沒有東西餵牠們。可是他有一個很妙的想法，他對附近那些孩子們說，如果他們找到足夠的苜蓿和蒲公英，餵飽那些兔子，他就以他們的名字來替

那些兔子命名。

這個方法太靈驗了，卡內基一生都無法忘記。

好幾年之後，他在商業界利用同樣方法，獲得了極大成功。他希望把鋼鐵軌道賣給賓夕法尼亞鐵路公司，而艾格‧湯姆森正擔任該公司的董事長。因此，卡內基在匹茲堡建立了一座巨大的鋼鐵工廠，取名為「艾格‧湯姆森鋼鐵工廠」。

記住及重視朋友和商業人士名字的方法，是卡內基領導才能的秘密之一，他以能夠叫出他許多員工的名字為驕傲。他很得意地說，當他親任主管的時候，他的鋼鐵廠從未發生過罷工事件。

德州商業股份有限銀行的董事長班頓拉夫相信，公司愈大就愈冷酷。他認為唯一能使它溫暖一點的辦法，就是記住人的名字。他說，假如有個經理告訴我，他無法記住別人的名字，就等於告訴我，他無法勝任一個很重要的工作，因為他是在流沙上做著他的工作。

加州洛可派洛魏迪斯的凱倫‧柯希，是一位環球航空公司的空中服務員，她經常練習去記住機艙裏旅客的名字，並在為他們服務時稱呼他們，這使得她備受讚許。

有位旅客曾寫信給航空公司說：「我好久沒有搭乘環球航空公司的飛機了，但從現在起，一定要是環球航空公司的飛機我才搭乘。你們的服務員讓我覺得，環球航空公司好像是專屬化了，而且這對我有很重要的意義。」

人們對自己的名字很驕傲，不惜以任何代價使他們的名字永垂不朽。即使盛氣凌人、脾氣暴躁的R‧T‧巴南，也曾因為沒有子嗣繼承巴南這個姓氏而感到失望，願意給他外孫C‧H‧西禮二萬五千美元，如果他願意自稱「巴南‧西禮」的話。

幾個世紀以來，貴族和企業家都資助著藝術家、音樂家和作家，以求他們的作品能夠獻給他們。

圖書館和博物館最有價值的收藏品，都來自於那些一心一意擔心他們的名字會從歷史上消失的人。紐約公共圖書館擁有亞斯都氏和李諸克斯氏的藏書；大都會博物館保存了班傑明‧亞特曼和J‧P‧摩根的名字；幾乎每一座教堂都裝上了彩色玻璃窗，以紀念捐贈者的名字。

多數人不記得別人的名字，只因為不肯花必要的時間和精力去專心地、重複地、無聲地把名字耕植在他們的心中，他們為自己造出藉口：他們太忙了。

但他們可能不會比富蘭克林‧羅斯福更忙。可是他卻花時間去記憶，而又說得出每個人的名字，即使是他只見過一次的汽車機械師。

富蘭克林‧羅斯福知道一個最單純、最明顯、最重要的得到好感的方法，就是記住別人的姓名，使別人覺得受到尊重。但我們有多少人這麼做呢？

當我們被介紹給一個陌生人，聊上幾分鐘，說再見的時候，我們大半都已不記得對方的名字。

一位政治家所要學習的第一課是：「記住選民的名字就是政治才能，記不住就是心不在焉。」

記住他人的姓名，在商業界和社交上的重要性幾乎跟在政治上一樣。

法國皇帝，也是拿破崙的侄兒——拿破崙三世得意地說，即使他日理萬機，仍然能夠記得每一個他所認識的人的名字。

他的技巧非常簡單。如果他沒有清楚地聽對方的名字，就說：「抱歉。我沒有聽清楚您的姓名。」如果碰到一個不尋常的

名字，他就說，「怎麼寫法？」

在談話的當中，他會把那個人名字重複說幾次，試著在心中把它跟那個人的特徵、表情和容貌聯想在一起。

如果對方是個重要的人物，拿破崙三世就要更進一步。一等到他旁邊沒有人，他就把那個人的名字寫在一張紙上，仔細看看，聚精會神地深深記在他心裏，然後把那張紙撕掉。這樣做，他對那個名字就不只是眼睛的印象，還有耳朵的印象。

記住別人的名字並運用它，並不是國王或公司經理的特權，它對每一個人都很重要。每一個名字裏都包含著奇蹟，名字是完全屬於與我們交往的這個人，沒有人能夠取代。名字能使人出眾，它能使他在許多人中顯得獨立。

我們所做的和我們要傳遞的資訊，只要我們從名字這裏著手，就會顯得特別的重要。不管是女侍或總經理，在我們與別人交往時，名字會顯示它神奇的作用。因此，如果你要別人喜歡你，請記住這條規則：

「一個人的名字，對他來說，是任何語言中最甜蜜、最重要的聲音。」

Emotional Quotient

第七篇

EQ的修煉

EQ已在各個領域得到充分的應用，並取得了巨大的成果。

你想提升自己的EQ嗎？那麼，就從細節開始修煉吧。

一 EQ的修煉在於細節

注重細節的EQ，能為你營造融洽的人際關係，使你獲得意想不到的回報。

有一天，正下著雨，有一位老太太走進了匹茲堡的一家百貨公司。

她在櫃台前徘徊了很久，顯然，她不打算買任何東西。大多數售貨員只是看了她一眼，還是忙著自己的事。

一位年輕的男售貨員看到她後，卻立即主動地打招呼，並很有禮貌地問她是否需要服務。

老太太說，自己只是進來避避雨，並不打算買任何東西。

這位年輕人微笑著說：「即使不買任何東西，您仍然受到歡迎。」

他不僅主動地和老太太聊天，並且當她要離開時，還熱心地為她撐開了雨傘。

就這麼普普通通的一件事，年輕人幾乎把它忘記了。直到有一天，他被老闆叫到辦公室。

老闆拿出一封信，這封信正是那位老太太寫的。老太太要求這家公司派一名售貨員到蘇格蘭，代表該公司接下一所豪華辦公樓的建築裝潢業務。

信中，她還特別指定，這項資金龐大的工作，要由這位男店員代表公司來負責。原來，老太太是一家著名跨國公司總裁的夫人。

　　原因很簡單，是這位男店員給老太太留下了深刻的印象，老太太看重的就是男店員注重細節的EQ。

　　注重細節的EQ，能給人帶來良好的人際關係；良好的人際關係，又能帶來良好的信譽和巨大的經濟效益。只要你在細節上多加修煉，你的EQ就能為你營造融洽的人際關係，使你獲得意想不到的回報。

　　EQ是情緒管理方面的智力，是一個人的綜合素質。每個人的細微行為，都可以反映出他EQ的高低。大型的談判合作，朋友間的閒聊，一言一行，一顰一笑，隻字片語，都是一個人內心的完全寫照。

　　所以，要想使自己的行為更完善，必須從頭腦開始打造自己。而打造高EQ的過程，就是透過反覆的實踐去領悟，讓思想逐漸感化自我的過程。

　　培養行為習慣的過程則是重塑自我的過程，也就是說，人們在修整每一個細微行為，或是培養某一個習慣的時候，就是對整體EQ、心態、觀念的調整。

　　這就是EQ修煉時，應從小處，即從細節處著眼的道理所在。

Emotional Quotient

二 EQ自我訓練班

自我訓練班學習的主題，是個人及人際互動中產生的感覺。要探究這個主題，老師和家長都必須專注在孩子的情感生活上，這正是絕大多數學校和家長長期忽略的課題。

十五名小學五年級的學生圍成一圈，盤坐在地上。

上課前，老師開始點名，喊到名字時，學生不是傳統式地答應一聲「有」，而是報分數來表達他當天的心情。一分表示心情低落，十分表示情緒激昂。

看來這一天大家的心情都很不錯。

「傑西。」

「十分：因為是週末，我心情很好。」

「崔克。」

「九分：有點興奮，還有點緊張。」

「尼可。」

「十分：我覺得很快樂。」

這是紐約學習中心EQ自我訓練班的上課情況。自我訓練班學習的主題，是個人及人際關係互動中產生的感覺。要探究這個主題，老師和家長都必須專注在孩子的情感生活上，這正是絕大多數學校和家長長期忽略的課題。

訓練班以孩子們在生活中遇到的實際問題為題材，只要是被排擠的痛苦或是嫉妒，以及可能引發打鬥的紛爭等等，都是上課

時討論的主題。

　　該校的主任兼課程設計人凱倫指出，孩子的學習行為與他們的感覺息息相關。EQ對學習效果的影響，絕不亞於數學或是閱讀等方面的引導。

　　乍一看，情緒教育班給人的是平淡無奇的感覺，似乎不可能解決多而繁雜的青少年問題。但這正是教育的本質，家庭教育也一樣，必須長時間地、經常性地向孩子灌輸一些平凡但卻非常重要的道理。

　　情緒教育的根本價值在於：讓孩子在學習中不斷地累積經驗，直到在腦海中形成明朗的路徑，以至習慣成自然，在面臨威脅、挫折或傷害時，就可以收放自如了。這種看似平凡而瑣碎的課程，卻可以培養出健全的人格。這正是當今社會最迫切需要的。

　　訓練班的同學並不是每天的情緒都很高昂。有時候報出的分數只有一、二分，這時往往會有人關切地詢問。被詢問者當然有不回答的自由，但如果他願意分享心事，大家便有機會討論解決問題的方法。

　　各年級的困擾略有不同，低年級的普遍煩惱包括恐懼、被嘲弄、被排擠等。五六年級又有另外的煩惱，諸如沒人追求、被排擠、朋友太幼稚，都使他們進退兩難。

　　這些看似簡單的事，對小孩子而言卻是天大的問題。通常都是在校園邊緣私相流傳，在午餐上或朋友談心時說，但更多的孩子根本無人可以傾訴，留待晚上自己輾轉困擾。而在自我訓練班上，這些想說又無處可訴的事，都可以成為當日的話題。

　　他們的教學內容非常的豐富，包括自我意識的增強，各種情緒及其表達方式的認識，思維、感覺與行為關係的分析，做決定

時根據是思維還是感覺的分析，並將這些應用於實際。此外，還教導學生認清自己的優缺點，對自我保持正面但務實的期待。

另一個教學重點是情緒的管理，即去瞭解情緒背後的真正因素（如憤怒可能是因為覺得受到傷害），學習如何舒緩焦慮、憤怒、悲傷等情緒。另一個重點是學習為自己的行為與決定負責，落實對自己或對別人的承諾。

另外，同情心是很重要的社會能力，即要瞭解並尊重別人的感受與觀點。因此人際關係也是教學重點，學習傾聽與發問的技巧，注意別人的言行與你的反應及判斷有多少落差，學習不卑不亢的態度，學習與人合作、協調與解決衝突的藝術。

自我訓練班是不計分的，人生的歷程就是期末考試。當學生將要離開學校時，會有一次口試。

諸如問些這樣的問題：「假設你的朋友常被人作弄，或受到大家的排擠，你如何協助他解決問題？」「試舉出抒解壓力、憤怒或恐懼的方式。」

情緒教育還可以融入到學校生活中，譬如說一年級的國文課會讀到一則青蛙與蟾蜍的故事。青蛙急於和正在鐵道下面睡覺的蟾蜍朋友玩，想要惡作劇使他早點醒來。

同學們便以此為素材討論友誼及被作弄的感受，進而擴大討論其他相關的問題，如自我意識、關心朋友的需求、被作弄的滋味、如何與朋友分享心事等。年級越高，設計的故事愈複雜，講座的問題也越深入，其內容則包括同情心、嘗試別人的觀點、關懷別人等。

另外，還有一個方法可將情緒教育融入學校生活，就是對違規同學的處罰方式提供意見。專家認為，這不但有助於提高孩子克制衝動、表達感受與解決衝突的能力，也可讓孩子了解，除了

懲罰以外還有更好的管教方式。

例如，當老師看到三個一年級學生爭先恐後要進興趣小組，便可以建議他們猜拳決定先後。

這時，學生立即學到的教訓是：類似的芝麻小事，可以用公平客觀的方式解決。更深刻的啟示是：任何紛爭都可以得到協調解決。

互不相讓的爭執是低年級學生中常見的現象，甚至是有些人終身難改的惡習。孩子如果能從小接受正確的觀念，當然受益匪淺。比起一句命令式的「不准爭吵」，豈不是有意義得多？

在美國，情緒教育雖然仍存在很多的問題，但其效果是明顯的。

一位已畢業的女學生告訴老師，如果當年沒有上情緒教育課，今日的她大概難逃未婚媽媽的命運。

另一位原本與母親關係極為不合的學生，與母親交談時總是惡言相向。後來她學會了平心靜氣與三思而後行的道理。她母親說，現在，她們終於可以像正常母女一樣知心地交談了。

在紐哈芬的一所學校，某七年級社會發展班的情況也令人印象深刻。一位老師讓同學自願敘述最近發生的一件和平收場的事。

一個十三歲圓圓胖胖的女孩主動舉手：「有個女同學和我本來是好好的，突然說她要跟我吵架，還說放學後在某個角落等我。」

但她並沒有憤怒地要去硬碰硬，而是嘗試班上教的一個方式──下結論以前先查明真相。

「我直接去找那位女同學，問她為什麼要說那些話。她說她

根本沒有講過那些話，所以我們又和好如初了。」

　　這種情緒教育班的影響之大，可以從該校統計的數字得到印證。該校規定，學生打架將被勒令休學，絕不寬容。開辦情緒教育班以來，被勒令休學的人數已穩定下降。

　　其中更值得注意的是，許多學生的學業成績也得到改善。實質上，有太多的孩子不善於疏導情緒，難以克制衝動，對學業不負責任、不關心，更無法專心。這麼多的問題，只要任何一項獲得改善，都有助於教育品質的提高。

　　這種課程對孩子的人生也有整體的幫助。將來，無論他們是扮演朋友、學生、子女、配偶、員工、老闆、父母、市民等任何角色，都將更為稱職。

三　創造，EQ的最高追求

EQ不僅能營造良好的創造心境，而且還能為科學家提供一種和諧的人際環境，甚至直接為創造提供具體條件。

創造需要有一個良好的、有利於產生創造的心境，這在創造學中叫做創造心境。營造創造心境，是高情商的一個重要標誌。

創造心境是進入創造角色時的一種自我心理體驗，是一種主客觀交融的和諧美，是一種生氣勃勃的、積極進取的精神狀態。

創造心境包括動機的產生和創造的需要。創造衝動是由於對創造活動的嚮往而產生的一股躍躍欲試、不可遏制的激情。但它是一個短暫的過程，這種激情只有轉化為創造心境，創造才能持續下去，才可能實現創造的目的。

長期處於創造心境中有利於創造活動，而具有長期維持創造心境的能力，是EQ高的一種表現。因為維持創造心境，需要不斷地克服包括焦慮、畏懼等內在的負面情緒。

EQ不僅能營造一種良好的創造心境，而且它還能為科學家提供一種和諧的人際環境，甚至直接為創造提供具體的條件需要。

現代社會中，社會交往在許多研究中的作用也越來越重要。創造也變得更具合作性，這在自然科學研究方面表現得尤為明顯。

很多科學成果的產生過程顯示，往往是一人提供一個前提條件，另一人提供另一個前提條件，最後，第三個人再從這兩個前

提中得出結論。顯然，高EQ包括妥善處理人際關係的能力，在以合作作為創造的重要條件時，具有更大的優勢。

也就是說，一個具有創造性的人，在獲得其他具有創造性的人的幫助時，他更容易獲得成功。因為，他會與其他人，甚至是競爭對手相得益彰。研究表明，能與其他科學創造者合作的科學家，比那些孤立的人有更長的創造生涯和更多的創造成果。

神馳，是創造者最佳工作狀態的體驗，是人處於情緒的最佳狀態，也是最完美的創造心境。在這種狀態下，人已達到了駕馭情感的最高境界，因此，也最容易進入創造性的活動。

一位作曲家曾這樣描述他思如泉湧時的情形：

我如醉如癡，似乎自我不復存在。我曾有過多種這樣的體驗，好像手已不屬於自己，揮灑自如。我坐在那裏，目送手揮，意到筆隨，曲譜一蹴而就。這就是人們對情緒情感巔峰狀態的描述。

在神馳狀態下，情感不是自我克制，也不是規行步矩，而是意氣風發，積極進取，處理眼前的工作得心應手。

神馳是一種愉快至極的體驗，人在神馳狀態下心無旁騖，專心致志，以至於達到很高的創造境界。

神馳也是一種忘我的境界，此時，任何憂慮等消極的情緒都不復存在，拋開一切的瑣事，對自己手中的事情駕輕就熟，對任何變化都應付自如，自身的潛力就會發揮得淋漓盡致。

神馳要求注意力高度集中，自制冷靜，這樣，就能使人進入創造的遐思之中，獲得創造的動力，達到創造的目的。

四　上下級間的EQ

對於管理者和被管理者來說，運用自己的EQ進行有效的溝通，將有助於工作上的協調和同步，發揮積極的團隊效應。

① 不要因為你是上司

一位女經理經常發火，她也知道自己亂發脾氣不好，很想控制自己發怒的情緒，可就是做不到。於是，她去看心理醫生。

醫生問，「你都跟誰發火？跟市長你敢嗎？」她說不敢。

「跟頂頭上司你敢發火嗎？」她說也不敢。

醫生說：「那你都跟誰發火？」

女經理說，她經常對下屬發火。

其實，女經理的自制力相當強，該發火時發火，不該發火時就不發火。跟市長和上級不敢發火，因為她對他們有一種畏懼心理，即使她想要發怒的時候，也只能去竭力控制。

而對於下屬，她有一種優越感，這種心理使她唯我獨尊。當對下屬稍有不滿情緒的時候，根本不用顧忌和克制，火氣自然會迸發出來。

這種現象並不可觀。在與下屬相處時，領導者一定要控制好自己的情緒，慎防發怒。如果經常對下屬發怒，自然會失去領導的威力。

當然，可以適當對自己比較親近的下屬發怒。因為這可以使其更理解自己，並且不至於破壞與下屬的感情。發怒時，不要把

事情做絕，留有可以挽回的餘地，並注意事後一定要有所補救。

用一種親切感來對待下屬，往往可以取得成功。

盛田昭夫曾經總結過新力公司取得成功的經驗，其中最重要的因素就是力求和工人親近。

在公司裏，從公司總裁到普通員工，一律穿藍色工作服，以示在公司內沒有等級觀念。公司也會經常舉行各種戶外活動，以增進相互之間的瞭解。為了培植「新力家庭觀念」，盛田主張把每個工人都當成正常人來看，不把他們看作是出錢買來的勞動力。

人往往因為自己優於別人而驕傲自大，看不起卑微者。人之於人，在人格上都是平等的。作為上司來說，如果藐視比自己地位低的人，他絕對得不到下屬的尊重。

實際上，很多成功的上司都會善待下級。這是因為，他們有著很高的EQ，善於運用人際溝通的能力，自然也會得到下屬的尊重。

十六世紀時，神聖的羅馬皇帝領著一批隨從走過大畫家提香的畫室，忽然，提香的一支筆脫手落地。皇帝彎腰拾起畫筆，遞到了提香手裏，並笑著說：「世界上最偉大的皇帝，給最偉大的畫家拾起一枝筆。」

羅馬皇帝無疑是善於利用EQ製造影響力的。首先他使下屬感到被尊重，同時讚美了他是最偉大的畫家，創造了自己平易近人、善待臣民的形象，樹立了威望。

② 如何與下屬進行有效溝通

對上司而言，與員工進行溝通是極為重要的。

上司要做出決策，就必須從下屬那裏得到相關的資訊，而只

有透過與下屬之間的溝通才能獲得資訊。

　　與此同時，決策要得到實施，又要與員工進行溝通。再好的想法，再有創見的決議，再完善的計劃，離開了與員工的溝通，都是無法實現的空中樓閣。

　　可見，溝通的目的在於傳遞資訊。如果資訊沒有被傳遞到每一位員工，或者員工沒有正確地理解管理者的意圖，溝通就出現了障礙。

　　那麼，上司如何才能與員工進行有效的溝通呢？

　　員工誤解或者對上司的意圖理解得不準確，是溝通的最大障礙。

　　為了減少這種問題的發生，上司可以讓員工對管理者的意圖做出回應。比如，當上司向員工宣布了一項任務之後，可以接著詢問他們：「你明白我的意思了嗎？」同時要求員工把任務複述一遍。

　　如果複述的內容與上司的意圖一致，說明溝通是有效的。如果員工對管理者意圖的領會出現了差錯，便可以及時地進行糾正。或者，上司可以透過觀察他們的眼睛或體態舉動，瞭解他們是否正在接收其資訊。

　　在同一個機構中，不同的員工往往有不同的年齡、教育和文化背景，這就可能使他們對相同的話產生不同的理解。

　　另外，由於專業化分工不斷深化，不同的員工都有不同的行話和技術用語。而上司往往沒注意到這種差別，以為自己說的話都能被其他人恰當地理解，從而也會給溝通造成障礙。

　　由於語言可能會造成溝通障礙，因此，上司應該選擇員工易於理解的辭彙，使資訊更加清楚明確。

　　在傳達重要資訊的時候，為了消除語言障礙帶來的負面影

Emotional Quotient

響，可以先把資訊告訴不熟悉相關內容的人。比如，在正式分配任務之前，讓有可能會產生誤解的員工先閱讀書面講稿，對他們不明白的地方做出解答。

溝通是雙向的行為，要使溝通有效，雙方都應當積極投入交流。當員工發表自己的見解時，上司應當認真地傾聽。

當別人說話時，人們很多時候只是被動地在聽，而沒有主動地對資訊進行搜尋和理解。

積極的傾聽，這就要求上司把自己置於員工的角度上，以便正確理解他們的意圖，而不是自己認為的意思。同時，傾聽的時候應當客觀地聽取員工的發言，最好不做出判斷。

當上司聽到與自己觀點不同時，先不要急於表達自己的意見。因為這樣會打斷員工的思維，從而使你錯失剩下的資訊。積極的傾聽應當是先接收他人所言，而把自己的意見延後到說話人說完之後。

在傾聽他人的發言時，上司還應當注意透過肢體語言，來表示對對方的關注。比如，贊許性的點頭，恰當的面部表情，積極的目光相配合等。不要看錶或翻閱文件，或是拿著筆亂畫亂寫。

如果員工認為你對他的話很關注，他就會樂意向你提供更多的資訊；否則，員工即使知道更多的資訊，也可能怠於向你回報。

研究證實，在面對面的溝通當中，一半以上的資訊不是透過辭彙來傳達的，而是通過肢體語言來傳達的。要使溝通富有成效，上司必須注意，自己的肢體語言與自己所說的是否一致。

比如，上司告訴下屬，他很想知道他們在執行任務中遇到了哪些困難，並願意提供幫助。但同時，上司又在瀏覽別的東西，這便是「言行不一」的表現。員工會懷疑你是否真的想幫助他。

在接受資訊的時候，接收者的情緒會影響到他們對資訊的理解。情緒能打亂人們客觀理性的思維活動，取而代之，可能做出情緒化的判斷。上司在與員工進行溝通時，應該盡量保持理性和克制。如果情緒出現失控，則應當暫停進一步溝通，直到恢復平靜為止。

交談是人與人之間最常用的溝通方法。交談的優點是快速傳遞和快速反饋。在這種方式下，資訊可以在最短的時間內被傳遞，並且得到對方的答覆。

但是，當資訊需經過多人傳送時，口頭溝通的缺點就顯示出來了。在此過程中捲入的人越多，資訊失真的可能性就越大。

因此，上司在與員工進行溝通的時候，應當盡量減少溝通的層級。如果每個人都以自己的方式理解資訊，當資訊到達終點時，其內容常常與開始的時候大相逕庭。所以，越是高層的管理者越要注意與員工直接溝通。

③ 上對下的方式

這是下屬最不願意聽到的話：

「這事全給你辦砸了，難道你就不會用腦子再好好想想？」

「全世界最傻的人也不會這樣子。」

「算了，我看別再做了，我另找他人，免得誤事。」

這些話聽來多麼令人心碎！這種帶有人身攻擊性質、輕蔑、諷刺與厭惡口氣的批評，給員工帶來的是毀滅性的感受。這會引發員工產生自我防衛、敵意、憤怒、冷戰與逃避責任的情緒。

從EQ的角度來看，批評者這種全然不顧下屬感受、以偏概全式的定論，不僅不利於問題的解決，而且會影響到下屬的情緒，對他們的工作動力和信心帶來巨大的打擊。

批評，尤其是毀滅性的、帶有人身攻擊的批評是無效的，反而會使被批評者掩飾錯誤，努力尋找理由來證明他的言行並沒有錯。

批評是危險的，因為它可能傷及人的自尊心，並引發人的憤恨。

一位心理學家經由實際的調查，發現受過攻擊性批評的員工，多半會自我防衛，找藉口來逃避責任，或是冷戰，避免與上司有任何接觸。員工的這類反應反過來更加激怒上司。如此惡性循環，最終可能以辭職或被開除等後果收場。

然而，建設性的批評卻會收到截然不同的效果。

心理學家在倫斯勒工技學院做過這樣一項實驗：一個人設計一種新型洗髮精的廣告，由另一個人加以批評。試驗分兩組進行。

研究人員讓批評者給予兩種批評：一種是溫和、具體而且帶有建設性的，另一種則帶威脅且專挑設計者的缺陷。

結果可想而知，受到攻擊式批評的人會感到憤怒、充滿敵意，而且拒絕與批評者繼續進行任何的合作，很多人甚至不想與批評者再進行接觸。被批評者士氣遭到嚴重挫折，不但不願再努力，而且自信心嚴重受損，自我評價下降。

而另一組，受批評者的自信心與士氣不但絲毫未損，反而熱情高漲。他們樂意與批評者進行合作，他們之間建立了信任與理解。

因此，對一個團體而言，批評是有必要的。它可以幫助修正錯誤，並協助步調一致的完成任務。但需要掌握批評的技巧，這

也是管理人員EQ的體現。

　　對於如何使批評富有成效，心理學家提出了以下幾個原則。

　　批評要私下面對面傳達。批評的目的是為了達到良好的效果，並不是使對方退縮。即使批評的動機完全正確，也不能忽略他的接受方式。

　　不論指責如何正確無誤，只要有第三者在場，便容易招致對方的怨恨。因為被批評者會覺得自尊心受損，臉面盡失。而書面或其他遠距離方式的批評，不但不夠直接，而且會讓對方沒有回答與澄清的機會。

　　在進行批評前，先要肯定對方的成績。因為肯定、讚揚對方，能夠製造良好的氣氛，可以使對方情緒安穩、平靜下來，知道自己並沒有受到攻擊。反之，若把下屬召來，一開始便劈頭蓋臉地訓斥，下屬便會很自然地產生一種反射性地防衛以保衛自己。一旦產生了這種防衛心理，即使批評得再正確，也很難被聽進去了。

　　批評要具體、有針對性、就事論事。如果只告訴對方你做得不好，而不說明錯在哪裡，往往收效甚微。

　　因為使一個人承認自己錯了絕不是件容易的事，這種結論式的批評更無法使他服氣。因此在提出批評時，一定要言之有物，言之有理。絕對不要拐彎抹角，指桑罵槐。

　　提出解決方案。在指出對方錯誤的同時，應該指出正確的解決方法。因為批評的目的，並不只是指出對方的錯誤，而是要對方改正錯誤，避免再犯。

　　作為員工，最大的不滿就是：「我不知道該怎麼做才好，上司總是不滿意。他自己怎麼不乾脆告訴我們呢？」

　　當上司總是不能指出解決之道時，員工們逐漸就會不服氣。

這種不平會在內心慢慢積蓄醞釀起來，直到有一天突然爆發，發生惡性的衝突，變得難以收拾。因此，在工作出現問題時，若能指出正確的解決方案，讓員工有所遵循，改正錯誤，企業一定會有光明的前景。

不能用命令的方式要求員工怎麼做。用命令的口吻對下屬提出指示，容易使員工產生不平等的壓迫感，會失去人心。

運用拜託、請求的方式，可以使員工自覺成為團體的一員。這種參與意識和團隊精神所產生的合作精神，比強制性的命令要更有效。

「我是老闆，你就按我說的去做。」

「我們的目標都是一樣的，倘若大家能這樣做，我相信一定能達到目標。」

兩種不同的說法，給人帶來的感受是截然不同的。與其單純地命令對方怎麼做，不如讓對方產生一種修正自己做法的動機，這樣會更為有效一些。

對於員工所犯的某個錯誤，只要提醒一次就夠了。第二次批評是不必要的，第三次便是囉嗦的。因為批評的目的，不是為了戰勝員工的自我，而是更好地完成任務。有時管理者在批評下屬時，總傾向於把以前的舊賬翻出來，如此喋喋不休，不僅愚蠢，而且於事無補。

批評結束，最後要鼓勵。

「好了，你可以走了」，這往往是一頓訓斥的結語，是否真的是「好了」呢？如果改為「我想你一定已經明白了我的意思，好好做吧」，不是更妥當嗎？

作為一個管理者，有時需要嚴厲，甚至要對人進行批評；有時又應體貼，不時地對下屬來幾句稱讚，關鍵要適當，要適度。

這樣的管理者，才能夠調動員工的情緒，鼓舞員工的士氣，從而提高工作效率，圓滿地完成工作。

④ 成功地管理上司

如果讓上司覺得，什麼事都是你說的對，他在工作上離不開你了，那麼你和上司的關係是不可能融洽的。因為這樣上司就會覺得沒有了尊嚴，他就沒有了安全感。長此以往，你必遭「殺身之禍」。

此時，唯有高EQ者才能改變這種局面，他能適當地犯一些小錯誤，同時讓上司感覺到，你之所以優秀是因為他的存在。

當你被別人說不行的時候，是一件傷自尊的事情。你本身很行，卻佯裝表現得不行，還讓別人去鄙薄你，這豈不是找苦吃？只有具備高EQ的人才做得到。

在第二次世界大戰期間，史達林在軍事上最倚重兩個人，一個是軍事天才朱可夫，一個則是蘇軍大本營的總參謀長華西里耶夫斯基。

史達林在晚年逐漸變得獨裁，「唯我獨尊」的個性使他不允許有人比他高明，更難以接受下屬的不同意見。

在二戰期間，史達林的這種過分的自尊曾使紅軍大吃苦頭，遭到了不可估量的損失和重創。一度提出正確建議的朱可夫，曾被史達林一怒之下趕出了大本營。

但有一人例外，他就是華西里耶夫斯基，他往往能使史達林不知不覺中採納他正確的作戰計劃，從而發揮巨大的作用。

華西里耶夫斯基的進言妙招之一，便是潛移默化地在休息中施加影響。

在史達林的辦公室裏，華西里耶夫斯基喜歡同史達林談天說地地「閒聊」，並且往往還會「不經意」地「隨便」說說軍事問題，既非鄭重其事地大談特談，也不是講得頭頭是道。

由於受了啟發，等華西里耶夫斯基走後，史達林往往會想到一個好計劃。過不多久，史達林就會在軍事會議上宣佈此一計劃。

華西里耶夫斯基在和史達林交談時，有時會有意識地犯一些錯誤，給史達林充分的機會去糾正錯誤，表現其英明，然後把自己最有價值的想法含混地講給史達林聽，由史達林形成完整的戰略計劃公開「發表」。當時史達林的許多重要決策就是這樣產生的。

華西里耶夫斯基就是靠與領導人之間的隨意交流，逐步啟發、誘導著史達林，使自己的種種想法得以實現，以至於連史達林本人也認為這些好主意是他自己想出來的。

就這樣，華西里耶夫斯基使自己成為史達林不可或缺的助手，發揮著巨大的甚至是無可替代的影響力，其手段不可謂不高。

實際上，是華西里耶夫斯基成功管理好了他的上級史達林。因為他想的事情，透過史達林成功了，同時又保全了自己，繼續做自己想做的事。

成功管理好自己上司的標準，就是看你是否和上司形成了「魚水」情。**魚因水而存活，水因魚而顯得有靈氣。當自己是「水」時，不要認為「魚」離不開你，由此而居功自傲；當你是「魚」時，不要覺得「水」需要自己才能顯出靈氣。**

達到這個境界，就可以組織上司有效地完成自己想做的事

了。

在「管理」上司的過程中，還應該注意一些方法。

說話做事要注意分寸，既要幫助上司解決困擾，也要注意不要使上司對你產生信任危機，不要隨便揭露上司的秘密，也不要混淆上下級之間的界限。

上司始終是你的上級，即使他表現得是你的朋友，也要在不同的場合遵守適當的規則。

適當的時候要適當的糊塗，隱藏自己的才能，不要過於鋒芒畢露，不能讓上司感到被威脅。

五 夫妻間的EQ

EQ高的夫妻，總是善於體會配偶話語背後真實的情緒，能進行較好的情緒溝通。

① 男人與女人的情緒模式

一個年輕人氣沖沖地從家裏跑出來，臉上的表情十分僵硬。

緊跟其後的是他的妻子，她氣急敗壞地指著他的背影責罵：「你這個沒良心的！你為什麼不能對我好一點？」

妻子前後矛盾的咒罵與懇求，以及漸漸離她遠去的背影，代表了所有怨偶的關係：她要求對話，他卻不斷退卻。

在婚姻關係中，一方對另一方的要求是不同的，這與社會文化背景及兒童時代所受的教育有很大的關係。

在男權社會中，男人很少注意自己的感情生活，同時，他對女性的感情也很馬虎。男人用於情感的能量，大都被轉移到社會競爭、事業成敗等其他方面，或者說，有某種無形的力量要求他這樣做。

女孩子自小時候起就與父母討論情感問題，家庭教育要求她們注重自己和他人的情緒。父母給女兒講故事時，用字用句也常富有情感意味。在這種教育氛圍中，女孩子的腦子裏漸漸有了情感的概念。

因此，一般來說，女性的情感能力比男性成熟得要早，也更為豐富。而男孩子的教育要求他們克制和掩飾，在他長大成人後，許多人表現為EQ低下。

社會對個人的情緒要求，在孩子的遊戲中可以找到答案。

女孩一起玩時，通常人數較少，關係較親密，她們強調減少敵意，促進合作。而男孩一起玩時則人數較多，關係較簡單，遊戲規則凌駕於情感之上，否則將導致團體的摒棄。

在遊戲中，如果有人受傷了，其他的女孩子會停下手中的遊戲，到哭泣的女孩身邊去安慰她。但是，如果一個男孩發生同樣的情況，他應當退出遊戲並停止哭泣，好讓剩下的人維繫先前的遊戲規則。

女孩比較注重個人的心靈體驗，為了個人的心靈體驗，有的要求外在的關係作出讓步。這在男孩世界裏是不允許的。男孩被要求不能失去自主，女孩尋求的是情感上的關懷，這也使兩性在對話時有不同的預期。

女孩的語言表述能力比男孩成熟的早，因而比較善於表達情感。男孩通常不被鼓勵說出自己的情感，所以對自己和別人的情感較不敏感。

女孩的這種語言優勢，一直保持到婚姻關係中。

在婚姻中，她們表現出較好的情緒控制能力，甚至把良好的溝通看作婚姻的基石。而許多男性即使在婚姻陷入危機時仍不明白，為何疏於與妻子溝通會導致婚姻的危機。

不少男子結婚後，仍不知道如何控制和表達自己的情感，意識不到夫妻間交流感情的方式將決定婚姻的存續。他們看中的是社會地位、金錢和權力的獲得，以及做愛次數、子女教養方式、財物的處置等等。

善於同妻子進行情感溝通的丈夫，通常不會使婚姻瀕臨決裂的邊緣。

一九八九年，英國伯明罕市落成了一座「離婚宮殿」，只要

是被判決離婚的夫婦，都可以在此舉行一個簡樸的離婚儀式。

在儀式上，準備離婚的夫婦一邊手拉著手，一邊依照規定說：「再見了，感謝您與我度過以往的美好時光，祝您未來生活幸福！」

爾後分手。

據主持人說，建造此宮殿的目的，是使即將分手的夫婦消除緊張情緒，讓他們微笑著彼此告別。

在此舉行離婚儀式的夫婦，許多人都是揮淚而別的，甚至有些原本決心離婚的夫婦，在最後一刻的情感交流中，回憶起初婚的幸福情景，又重修舊好。

等到在離婚儀式上進行感情交流未免太遲了，為什麼這些夫婦不把最後一刻的感動，放在生活的每一刻？在他們相處的日子裏，在彼此的攻擊和吵鬧中，又何曾有最後一刻的愧疚？

其實，維持感情的藝術在婚姻的開端、結束都是相同的，只是在相處的時刻，人們把它忘掉了。

② 婚姻認知模式

夫妻EQ中有兩種認知模式：樂觀的和悲觀的。

凱安與麗莎夫婦坐在客廳裏看電視，孩子在一旁吵鬧。

凱安有些不耐煩了，他提高噪門對麗莎說：

「你不覺得孩子太吵了嗎？」

（凱安的真正想法是：麗莎太放任孩子。）

麗莎聽到這話也深感不快，她頂了丈夫一句：

「他正玩在興頭上呢！讓他再玩一會吧！」

（麗莎心裏想的是：一天到晚沒好臉色，一會兒這一會兒那

的。）

　　凱安此時真的生氣了，他很惱火地說：「是不是要我把他叫到房裏睡覺？」

　　（凱安想的是：這點小事也不肯辦，這種事也讓我惱火。）

　　麗莎有些害怕了：「我叫他去睡覺就是了。」

　　（麗莎心想：他發脾氣了，我跟孩子都會遭殃，不如妥協。）

　　這個例子說明，夫妻之間的交談真正的含意是由情緒來傳達的，語言只是傳達意義的一部分而已。而導致婚姻危機的不是平日的話語，而是談論這些話語時真正的情緒狀態。

　　麗莎覺得丈夫發脾氣強加給她與孩子，讓家裏不得安寧。凱安則覺得妻子總是不按自己的話去做，沒有得到足夠的尊重。

　　婚姻中的情緒一方表現為迫害，另一方則怨憤難平，其結果必然是火上澆油，彼此傷害。兩個人在情緒的把握上越離越遠，互相拆對方的台，不到激烈的衝突時不會妥協。

　　這種情緒衝突一旦成為習慣，受情緒壓迫的一方，將不斷從配偶的行為中找根據，凡是跟他的期望不符的行為，一律忽略或只以自己的意思加以理解。

　　這是情緒背後的邊界想法，不可不加以重視，因為它隨時都可能觸動神經警戒機制，導致不可收拾的局面。就以上的例子，麗莎假如不作妥協，叫孩子睡覺這樣一件小事，就可能激發一場家庭戰爭。

　　在情緒失控導致的對立中，雙方念念不忘的只是配偶平日的種種不是，至於配偶相識以來的好處卻全部拋至腦後。妻子的溫柔，則被理解成口是心非，丈夫的稍有不快可能被理解成大發雷

霆。

EQ較高的夫妻，總是善於體會配偶話語背後的真實含意，也就能進行較好的情緒溝通。他們能夠很快地忘掉種種不快，對當前的狀況做出溫和的解釋，所以能夠避免情緒失控。而即使失控，也能較快地復原。

情緒背後的真實想法，在婚姻進入平穩階段後，就成為較為穩定的婚姻認知模式。樂觀的情緒認知，有助於婚姻關係的維持和發展，而悲觀的情緒認知則是婚姻的暗礁。

假如妻子一直這樣想：他是個自私自利的人，他的教養很差，本性難移。他成天讓我給他做牛做馬，卻從不關心我的感受。

這樣的情緒解讀，會流露在夫妻交流的每一種情緒中，隨時可能會因雞毛蒜皮的小事，引發無休止的爭鬥。

但假如一個妻子的情緒認知是這樣的：他今天似乎有點不太高興，但他以前一直是很溫柔的，恐怕今天碰到什麼不順心的事，會不會是工作上遇到麻煩了？這樣的認知模式作為情緒的解讀，即使偶有不快，也不致會有翻船的危險。

夫妻雙方都是婚姻這艘航船上的舵手，單靠某一方是開不好這艘船的。而兩個舵手間的配合顯得十分重要，互相拆台的舵手，船隨時會有傾覆的危險。

同行的舵手，彼此應當盡可能地進行樂觀的情緒認知，常持悲觀的想法，容易導致情緒失控，一個好端端的行為，可能導致非常荒唐的結局，動不動就因對方的行為感到憤怒或難過，好像婚姻總是無可挽救，與此同時必然訴諸批評或輕蔑，而對方則可能以逃避或冷漠來表示反抗。

悲觀的認知模式加上暴力傾向，婚姻就非常危險了。

研究證實，暴力傾向明顯的丈夫，在家庭中就彷彿學校中的惡霸，好端端的行為也可能被引為乖張的口實，以發洩他心中的惡氣。

受他壓迫的妻子未必在情緒上總是流露出輕視、排斥或羞辱，但他卻總是以情緒認知模式，接納從妻子一方傳來的情緒資訊。

他會以為妻子較長時間地同一個英俊男子交談，是在與他談情說愛，並對自己表示輕蔑，從而在家中打罵妻子。平時妻子略有不合意處，動不動就大發雷霆，置婚姻的小舟於狂風大浪之中而不顧。

③ 男人與女人的戰爭

夫妻之間不同的婚姻認知模式，決定著婚姻關係中對配偶情緒含意的理解，也決定著情緒衝突的界限。

不當的情緒認知，使得情緒失控頻繁出現，舊創添新傷，導致一連串的婚姻危機，情緒衝突最後忍無可忍，內心充滿各種可怕的感覺，思考混亂，而且很容易導致惡性循環。

不同的人，婚姻認知模式的界限是不同的，有些人可以容忍極大的情緒起伏，有些人只要聽到配偶一句批評即刻爆發。

通常來說，情緒爆發的程度與心跳速率有關，在休息狀態下男性每分鐘心跳70下左右，女性80下左右，情緒緊張時每分鐘大約加快10下。當盛怒或痛哭時，心跳可能達到每分鐘一百下，此刻身體分泌腎上腺素及其它荷爾蒙，使得高度痛苦的狀態維持一段時間。

情緒失控時，肌肉繃緊，呼吸急促，視角狹隘，思想混亂，幾乎不可能改變當事人的觀點，或達成什麼協定。

妻子：我們應當好好談一談。

（她心裏想：我們不應該再這樣吵下去了。）

丈夫：有什麼好談的！

（他想：她又來找我吵架了。）

在情緒失控的狀態下，好的初衷，也可能引發新一輪的情緒波折。舊有的認知模式是那樣強烈，正常的情緒碰到這樣的模式也立即扭曲，經過變形後的情緒認知，就成為情緒衝突的藉口。

這樣的情緒衝突，在婚姻關係中是最為危險的，夫妻關係面臨著質的變化。

在被扭曲的情緒認知模式面前，一方無時無刻不看到的配偶最壞的一面，對其舉止言行所做的解釋也是最負面的。

平地常起爭執，一點小事可能爆發大的衝突。一旦衝突成為習慣，總是越出認知模式界限的一方，定然悲觀地認為婚姻關係已經無法挽回，洪水已溢出堤岸，修築工事也是徒勞的。

溝通變成不可能的奢望，過問對方也是枉然，從此兩個人過著貌合神離、同床異夢的生活。雖然生活在一起卻如身陷荒原，心靈的危機使他們總有自身難保之感。

固執的傳達男女兩性對婚姻的不同態度，是婚姻問題背後的一個原因。研究證實，即使一對共同生活了四十年的夫婦，雙方對於情感的處理仍有不同。

通常說來，男性認為夫妻吵架是非常不愉快的，應當儘量避免，而妻子較能忍受婚姻中的衝突，認為吵架是不容易避免的。

男性常用冷戰來對付婚姻中的爭吵。

研究證實，當冷戰開始後，妻子心跳迅速加劇，說明她陷入了高度的痛苦，希望能與丈夫進行正常的溝通，同時男性的心率每分鐘減少10下，他因為沉默而放鬆。

　　男性常常發動冷戰，而妻子則經常批評配偶，常主動檢討婚姻關係。但在丈夫一方看來，檢討的結果只會越演越烈，導致不可收拾的衝突局面，於是便冷漠置之。

　　妻子看到丈夫沒有討論的誠意，就會加大嗓門，詞語也更加情緒化，對事的抱怨演變成對人的批評。

　　在丈夫的感受中，自己處於妻子的情緒壓迫之下，看到妻子越發怨恨不平，情緒崩潰可能一觸即發。為了避免情緒崩潰，丈夫可能繼續自我防衛，或者索性冷戰到底，強烈的情緒衝突的結果，是使妻子也情緒崩潰。這種惡性循環必使婚姻的元氣大傷。

　　婚姻諮詢專家告訴人們，基於兩性對婚姻的情緒態度大有不同，為了維繫婚姻關係，應該注意哪些問題呢？

　　男性最好勇於面對爭論，當妻子對某些問題表示不滿或提出某項建議時，很可能是出於維護婚姻的動機，妻子的憤怒和不快，並不能理解為對自己的人身攻擊。在多數情況下，妻子只是想強調自己對事件的強烈感受。

　　積聚太久的不滿終將要爆發，但只要有溝通的機會，壓力就會減弱，在情緒溝通中，丈夫不可急於拋出解決問題的方案，因為妻子更加重視的是丈夫是否用心聆聽，是否能體會她的感受。

　　妻子往往會把丈夫輕率提出的解決方案，解釋成丈夫不重視她的感受。所以丈夫最好耐心地協助妻子渡過盛怒期，讓妻子覺得貼心並受到尊重，這樣，妻子一般都會很快平靜下來。

　　對於妻子來說，要明白男性最感困擾的是對自己的抱怨過於激烈，人身攻擊應當盡量避免。不要把對某件事的怨怒，上升為對某個人的批評，更不可在批評中夾雜著輕蔑。否則，丈夫在盛怒之下，通常都會採取防衛或冷戰，結果必然增加怨憤。

　　另外，妻子不妨讓丈夫感到自己的抱怨是出於對對方的愛，

丈夫明白了這一點，通常都能使自己的情緒在崩潰前冷靜下來。

④ 婚前婚後判若兩人的男女

婚後，丈夫和妻子各自向他們的朋友抱怨。

丈夫：我想和她一塊做事，她卻只想跟我講話。

妻子：沒結婚時我就話多，但那時候無論我講多少廢話，他都愛聽。如今我一開口，他就皺眉頭，嫌我煩。

戀愛時，男性較願意聽女友談心，一旦結了婚，就愈來愈少與妻子交談。男女對於交談的不同態度和期望，無意中降低了交談的品質，表現為EQ的降低。

固然，婚前婚後女方想說的話有了很大的變化。婚前的交談主要是關於兩個人的關係，愛的囈語即使反覆嘮叨，也只是說明愛之深切，愛侶自然不會反感。

然而婚後，愛的囈語沒有了。取而代之的是關於生活小事的煩惱，自己的憂愁、身體的不舒服、家務的勞累等等，丈夫對這些並非沒有感知，但他寧願兩人一塊做事，也不願聽無窮無盡的抱怨。

丈夫對於婚姻的預期通常比妻子更樂觀。一項研究說明，丈夫在婚姻的各個層面，如性關係、財務情況、是否傾聽、能否相互包容等方面，都比妻子更為樂觀，而妻子則更多地注意到婚姻的問題，所以也就比丈夫更會抱怨。

妻子一般都把丈夫當作傾訴的對象，女性情感較豐富，對各種刺激的反應較明顯，容易引發情緒的大起大落。而丈夫卻很少像婚前那樣溫柔地安撫她，會使她對丈夫有失望感，這種失望反而加劇了她的絮叨，希望這樣會引起丈夫的重視，而丈夫最好的方式是聆聽。

情緒必然透過體態語言加以表達，夫婦間惡意相向時，表示輕蔑在所難免，但憤怒加上輕蔑，會使情緒處於決堤的邊緣。

因而，EQ較高的夫婦都努力避免這種情況。比如最常見的形式是侮辱或嘲諷的字眼：混蛋、不要臉的、軟弱無能等等。體態語言如嗤之以鼻、眼睛上揚、嘴角微偏等。

研究證實，即使夫妻一方只是略為表現某種意含輕蔑的表情，另一方也會迅速作出無言的反應：心跳加快，呼吸急促。長期如此，不但彼此情緒惡化，健康狀況也必定每況愈下。

輕蔑表示夫婦對伴侶作了最低的評價，訴諸語言或行動之後，對方不得不逃避或採取守勢。倘若在發怒時導致惡言相向，在長期的衝突中，一方可能乾脆不說話，導致一方進攻，一方沉默的冷戰。

冷戰是由於夫妻雙方根本不進行情感交流，所以，它比惡言相向更威脅婚姻的穩固。

研究證實，通常的情況是妻子對丈夫表示輕蔑，而丈夫以無聲加以回擊，婚姻關係到這一步，伴侶已形同陌路，甚至如人與人之間偶爾的心靈撞擊，在伴侶間都找不到了。

⑤ 聽我把話說完

丈夫：求求你別這樣大聲叫，行不行？

妻子：我不大聲行嗎？你根本就沒在聽我說，一個字也沒聽進去！

這樣的對話發生在許多夫妻之間，卻不是每對夫妻都明白。

傾聽是維繫婚姻的重要力量，往往在上面的對話過後，伴隨的是更加激烈的爭吵，雙方誰也不聽對方在說什麼，只顧批評和辱罵對方。

其實丈夫的意思可能是：我正在聽你說，請你小聲一點。

妻子的意思可能是：你只要表現出在聽我說話的樣子，我就會小聲了。

爭吵的爆發，顯然是雙方都置對方的和解意圖於不顧。被抱怨的一方急於自我防衛，把對方的抱怨視為攻擊，要嘛充耳不聞，要嘛立刻駁斥。

許多最終離婚的夫妻都是被怒火沖昏了頭，一味在爭論的問題上糾纏不清，根本不考慮對方話語中的和解意圖，不將抱怨理解為一種謀求改變的呼喚。

誠然，在爭吵中仍能保持冷靜的人是不多的，大多數人在幾句爭吵中就昏了頭。正因為如此，保持反思能力就變得十分重要。

在情緒衝突中保持反思能力是一種較高的修養，它幫助你修正從配偶那裏得到的資訊，不把自己的認知強加到對方之上，而是將敵意或負面的成分過濾掉，如去掉侮辱、輕蔑、過分的批評等，對對方的資訊有一個正確的理解。

通常，夫婦一方過頭的情緒表現的目的，在於引起配偶對自己感受的注意，明白了這一點，就不會對情緒之激烈大驚小怪。

假如妻子說：「你等我講完再打岔好不好？」可能你不會因她的盛氣凌人怒上加怒，而會耐心地聽她把話講完。

在情緒衝突中，保持反思力的最高境界是同理心，也就是彼此都能明白對方的話語背後的真實含意。

要達到同理心，就必須理解對方的感受，而自己必然是冷靜和克制的，否則同理心只會變成曲解，一旦失去冷靜，同理心就無從說起。

在自己的感受強烈希望別人能夠理解的時刻，是很難心平氣

和地理解他人的感受的。傾聽可使自身得到安寧，也使對方因你的安寧而安寧，情緒通常都這樣做著無言的傳達。

　　婚姻治療中，一種常見的傾聽技巧是「反射法」：一方抱怨時，另一方用自己的話重複一遍，不但要表現抱怨的內容，還要傳達抱怨的情緒。

　　如果對方一次表達不出真實的感受，那就再來一遍，此方法看上去挺簡單，真正做起來卻不容易。

　　這樣做的結果，不但使我們理解對方話語所包含的情緒內容，而且能使雙方產生真正的情感交流，簡單的重複，就使即將爆發的情感衝突湮滅於無形，防止了新一輪情緒崩潰的發生。

　　在婚姻中，只有彼此尊重與愛才能化解敵意，坦誠的溝通應該避免所有恐嚇、威脅、侮辱等字眼，或是各種不恰當的自我防衛：找藉口、推卸責任、反唇相譏等。

　　在爭吵中，能夠從別人的觀點來觀察問題是很必要的，這樣，即使最後不能達成一致，也不至於形成激烈的情緒衝突。即使情緒一時無法緩和，你也要告訴對方，自己在傾聽對方的談話，懂得對方說話的意義。

　　人在自我感覺受到傷害的情況下，第一個反應是原先最早的反應模式，所以懂得了以上的道理，在吵架時未必能馬上派上用場。作為一個習慣的反應模式，它必須在吵架的情境中不斷地練習，才能在情緒衝突來臨時自覺地加以應用。

　　無疑，做到了這一點，婚姻生活的EQ就提高了一大步。

後　記 Behind the Scene

　　開發和改善EQ，對改善職業生涯和個人生活具有重要的意義。對於公務員、公司員工，以及那些正在努力奮鬥渴望改變自己命運的人們，情商EQ的培訓和修煉更值得關注。

　　情感智商是一個心理學概念，因此，有關EQ的書籍專業化、理論化都比較深奧，為方便讀者閱讀和向更多的人普及EQ知識，本書在保持原著精髓的基礎上，力求將其編譯得深入淺出，讓各個階層的讀者輕鬆地進入魅力無窮的情商世界。

　　本書在編譯的過程中採用了有關論著的一些資料和觀點，在此向原資料的創作者表示誠摯的感謝。由於時間倉促，書中難免會有疏漏之處，希望讀者不吝賜教，批評諫言。

健康養生小百科好書推薦

圖解特效養生36大穴
NT：300（附DVD）

圖解快速取穴法
NT：300（附DVD）

圖解對症手足頭耳按摩
NT：300（附DVD）

圖解刮痧拔罐艾灸養生療法
NT：300（附DVD）

一味中藥補養全家
NT：280

本草綱目食物養生圖鑑
NT：300

選對中藥養好身
NT：300

餐桌上的抗癌食品
NT：280

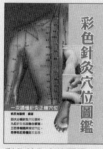

彩色針灸穴位圖鑑
NT：280

鼻病與咳喘的中醫快速
療法 NT：300

拍拍打打養五臟
NT：300

五色食物養五臟
NT：280

痠痛革命
NT：300

你不可不知的防癌抗癌
100招 NT：300

自我免疫系統是身體最好的醫院
NT：270

心理勵志小百科好書推薦

全世界都在用的80個
關鍵思維NT：280

學會寬容
NT：280

用幽默化解沉默
NT：280

學會包容
NT：280

引爆潛能
NT：280

學會逆向思考
NT：280

全世界都在用的智慧
定律 NT：300

人生三思
NT：270

陌生開發心理戰
NT：270

人生三談
NT：270

全世界都在學的逆境
智商NT：280

引爆成功的資本
NT：280

每個人都要會的幽默學
NT：280

潛意識的智慧
NT：270

10天打造超強的成功智慧
NT：280

華志文化事業有限公司
HUACHIH CULTURE CO., LTD

116 台北市文山區興隆路 4 段 96 巷 3 弄 6 號 4 樓

E-mail： huachihbook@yahoo.com.tw　電話：(886-2)22341779

【圖書目錄】

書號	書名	定價	書號	書名	定價
	健康養生小百科 18K				
A001	圖解特效養生 36 大穴（彩色）	300 元	A002	圖解快速取穴法（彩色）	300 元
A003	圖解對症手足頭耳按摩（彩色）	300 元	A004	圖解刮痧拔罐艾灸養生療法(彩色)	300 元
A005	一味中藥補養全家（彩色）	280 元	A006	本草綱目食物養生圖鑑（彩色）	300 元
A007	選對中藥養好身（彩色）	300 元	A008	餐桌上的抗癌食品（雙色）	280 元
A009	彩色針灸穴位圖鑑（彩色）	280 元	A010	鼻病與咳喘的中醫快速療法	300 元
A011	拍拍打打養五臟（雙色）	300 元	A012	五色食物養五臟（雙色）	280 元
A013	痠痛革命	300 元	A014	你不可不知的防癌抗癌 100 招(雙色)	300 元
A015	自我免疫系統是最好的醫院	270 元	A016	美魔女氧生術（彩色）	280 元
A017	你不可不知的增強免疫力 100 招(雙色)	280 元	A018	關節炎康復指南(雙色)	270 元
A019	名醫教您：生了癌怎麼吃最有效	260 元	A020	你不可不知的對抗疲勞 100 招(雙色)	280 元
A021	食得安心：專家教您什麼可以自在地吃（雙色）	260 元	A022	你不可不知的指壓按摩 100 招(雙色)	280 元
A023	人體活命仙丹：你不可不知的30個特效穴位	280 元	A024	嚴選藥方：男女老少全家兼顧的療癒奇蹟驗方	280 元
	心理勵志小百科 18K				
B001	全世界都在用的 80 個關鍵思維	280 元	B002	學會寬容	280 元
B003	用幽默化解沉默	280 元	B004	學會包容	280 元
B005	引爆潛能	280 元	B006	學會逆向思考	280 元
B007	全世界都在用的智慧定律	300 元	B008	人生三思	270 元
B009	陌生開發心理戰	270 元	B010	人生三談	270 元
B011	全世界都在學的逆境智商	280 元	B012	引爆成功的資本	280 元
B013	每個人都要會的幽默學	280 元	B014	潛意識的智慧	270 元
B015	10 天打造超強的成功智慧	280 元	B016	捨得：人生是一個捨與得的歷程，不以得喜，不以失悲	250 元

國家圖書館出版品預行編目資料

EQ：用情商的力量構築一生的幸福/克里‧摩斯作；譚春虹譯. -- 初版. -- 新北市：華志文化, 2014.05
面；　公分. --（心理勵志小百科；19）
譯自 Emotion quotient
ISBN 978-986-5936-77-8（平裝）

1. 情緒商數　2. 情緒管理

176.5　　　　　　　　　　　　　　　　103005278

系列／心理勵志小百科 ０１９
書名／ＥＱ：用情商的力量構築一生的幸福

作　　者　克里‧摩斯
執行編輯　林雅婷
美術編輯　簡郁庭
封面設計　黃雲華
文字校對　陳麗鳳
企劃執行　康敏才
總　編　輯　黃志中
社　　長　楊凱翔
出　版　者　華志文化事業有限公司
電子信箱　huachihbook@yahoo.com.tw
地　　址　116 台北市興隆路四段九十六巷三弄六號四樓
電　　話　02-22341779
印製排版　辰皓國際出版製作有限公司

總經銷商　旭昇圖書有限公司
地　　址　235 新北市中和區中山路二段三五二號二樓
電　　話　02-22451480
傳　　真　02-22451479
郵政劃撥　戶名：旭昇圖書有限公司（帳號：12935041）
電子信箱　s1686688@ms31.hinet.net

出版日期　西元二〇一四年五月初版第一刷
售　　價　二二〇元

版權所有　禁止翻印

Printed in Taiwan

華志文化事業有限公司

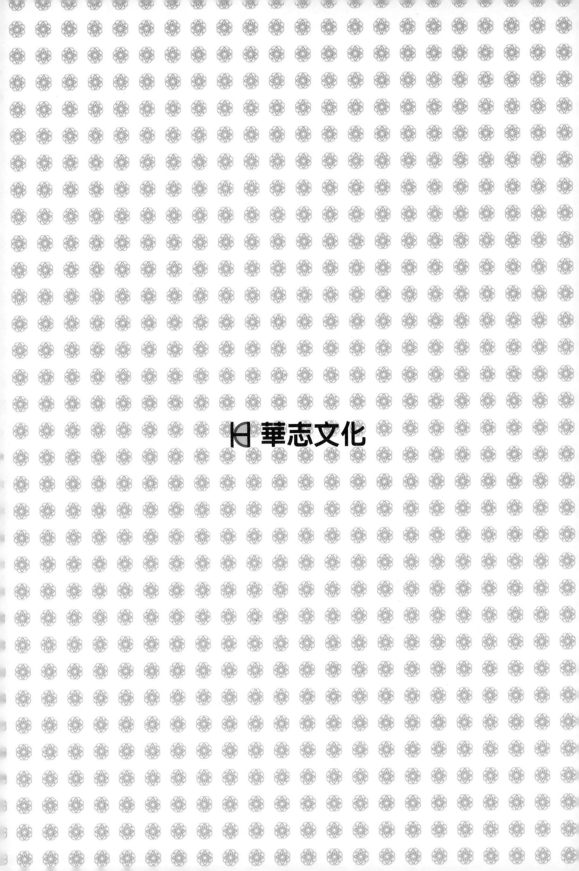
華志文化